Rationale Akteure und soziale Institutionen

Beitrag zu einer endogenen Theorie des sozialen Tauschs

von
Thomas Voss

R. Oldenbourg Verlag München 1985

CIP-Kurztitelaufnahme der Deutschen Bibliothek

Voss, Thomas:
Rationale Akteure und soziale Institutionen :
Beitr. z. e. endogenen Theorie d. sozialen
Tauschs / von Thomas Voss. – München :
Oldenbourg, 1985.
ISBN 3-486-52511-5

Gesamtherstellung: arco-druck gmbh, 8605 Hallstadt

ISBN 3-486-52511-5

Meinen Eltern

Inhaltsverzeichnis

Vorbemerkung

Dieses Buch ist eine leicht überarbeitete Fassung meiner Dissertation, die unter gleichem Titel im Herbst 1983 der Sozialwissenschaftlichen Fakultät der Ludwig-Maximilians-Universität München vorgelegt wurde.

Zu danken habe ich an erster Stelle meinem Doktorvater Rolf Ziegler für sein Interesse an der Arbeit und seine großzügige Unterstützung. Er gewährte mir den für die Fertigstellung nötigen Freiraum. Diskussionen mit ihm und gemeinsam veranstalteten Seminaren verdanke ich eine Reihe von Anregungen. Werner Raub (Universität Nürnberg) danke ich nicht nur für seine freundschaftliche Ermutigung während der Phase der Vorbereitung und Erstellung der Dissertation, sondern auch für die genaue und kritische Prüfung des gesamten Manuskripts vor der Drucklegung. Leider konnten aus technischen Gründen nicht alle seiner konstruktiven Verbesserungsvorschläge bei der Überarbeitung berücksichtigt werden. Für die verbliebenen Unzulänglichkeiten ist deshalb in besonderem Maße der Verfasser allein verantwortlich. Außerdem möchte ich den Mitgliedern des (informellen) deutsch-holländischen Netzwerks strukturell-individualistischer Soziologen danken, zu denen ich direkte oder indirekte Kommunikationskanäle unterhalten konnte und die mir ihr Interesse an meiner Arbeit signalisiert haben. Für einen terminologischen Verbesserungsvorschlag zu Kapitel 3.2 möchte ich schließlich Rudolf Schüßler (Universität Gießen) danken.

In den verschiedenen Stadien der Bearbeitung und der Vorbereitung des Manuskripts für den Druck, der Korrekturen und Anfertigung von Zeichnungen haben mitgewirkt: Frauke Wilkens und Marion Hormel, Wolfgang Voges und Josef Brüderl.

München, im Oktober 1984 T.V.

Vorwort

Dies ist eine systematische, theoretische Arbeit. Theoretisch geht es um die Auslotung des Erklärungspotentials eines bestimmten Ansatzes - der strukturell-individualistischen Theorie rationalen Handelns - für eine ganze Klasse zentraler soziologischer Problemstellungen: den Bedingungen für Entstehen und Stabilisierung sozialer Institutionen. Systematisch ist das Vorgehen insofern, als stringent theorie-immanent argumentiert wird und Probleme nicht dadurch "gelöst" werden, daß man sie in den Datenkranz abschiebt oder ad hoc und oft implizit auf theoriefremde Argumentationsfragmente zurückgreift, sondern indem man sie im Rahmen des gewählten theoretischen Ansatzes zu konzeptualisieren und zu erklären versucht.

Emile Durkheim und die seiner Theorietradition verpflichteten Soziologen haben mit Nachdruck die These vertreten, daß es von einem rein utilitaristischen Ansatz her keinen Zugang zur Soziologie geben kann. Gemeinsame Glaubens- und Wertvorstellungen müssen als nicht-kontraktuelle Elemente der Existenz eines Vertrages systematisch (nicht historisch) vorausgesetzt werden und begründen die auf seine Einhaltung gerichteten Sanktionen. In der Tat enthalten viele soziale Situationen ein strukturelles Dilemma: jeder Handelnde hat einen Anreiz, unabhängig vom Verhalten der anderen seine Ressourcen zurückzuhalten, d.h. den Vertrag nicht zu erfüllen, wodurch der Pareto-inferiore Zustand der ursprünglichen Ressourcenverteilung erhalten bleibt. Das gilt auch für den sozialen Tausch, bei dem zudem die Einhaltung eingegangener Verpflichtungen durch eine externe Sanktionsinstanz kaum kontrolliert werden kann, da die künftigen Handlungen relativ unspezifiziert sind oder sogar - wie im Falle des sog. indirekten Tausches - die künftigen Tauschpartner im vorhinein unbestimmt bleiben. Wie man dennoch nutzentheoretisch Entstehen und Stabilisierung einer sozialen Ordnung endogen erklären kann, ohne externe Erzwingungsstäbe oder Reziprozitäts- und Solidaritätsnormen als unerklärte

Randbedingungen vorauszusetzen, ist Gegenstand der Studie von Thomas Voss.

Er begnügt sich nicht mit den in der Literatur vorherrschenden quasi-funktionalistischen Analysen, sondern arbeitet die besonderen Merkmale "ökonomischer" Erklärungen sozialer Institutionen heraus, entwickelt eine sehr allgemein anwendbare Typologie problematischer, Institutionen generierender Situationen und nennt Bedingungen für die endogene Entstehung und Stabilisierung von Institutionen, aus denen testbare, qualitative Hypothesen hergeleitet werden können. Mit seiner Arbeit hat der Verfasser einen wichtigen Beitrag zur neubelebten Diskussion um die grundsätzliche Erklärbarkeit sozialer Ordnung in einem utilitaristischen Ansatz geliefert, dessen Fruchtbarkeit bei der Anwendung auf konkrete, empirische Fragestellungen es zu erweisen gilt.

München, im August 1984 Rolf Ziegler

0. Einleitung

In der neueren soziologischen Theoriediskussion, die immer noch durch eine gewisse Orientierungslosigkeit charakterisiert zu sein scheint, finden "strukturell-individualistische" Erklärungsansätze zunehmende Verbreitung. Deren Ziel ist es, soziale Ereignisse, Strukturen und Prozesse derart zu erklären, daß Annahmen und Theorien über individuelles Handeln und seine Grundlagen explizit verwendet und die sozialen Bedingungen sowie kollektiven Folgen dieser Handlungen berücksichtigt werden. Haben vor zehn bis fünfzehn Jahren noch an behavioristischen Verhaltenstheorien orientierte Hypothesen über individuelles Handeln im Rahmen eines solchen Programmes dominiert, so sind es heute in noch zunehmendem Maße Abkömmlinge der Theorie rationalen Handelns, in der Form wie sie paradigmatisch die Entscheidungs- und Spieltheorie geliefert hat.

Eine solche Vorgehensweise, die mit erklärenden Verhaltensannahmen operiert, die üblicherweise in der Ökonomie verwendet werden, ist keineswegs neu. Sie findet sich in der 'ökonomischen Klassik' der schottischen Moralphilosophie, aber auch - mehr implizit - bei Marx, Max Weber und einer Reihe weiterer bedeutender Soziologen. Sie ist jedoch unter dem Einfluß von Autoren wie Durkheim oder Parsons durch an anderen Programmatiken orientierte Erklärungspraktiken verdrängt worden. Bedeutsame Ausnahme dieser Entwicklung ist die _Theorie des sozialen Tauschs_, die zumindest in der frühen Skizze bei Homans (1958) noch als Anwendung der Theorie rationalen Handelns auf soziale Beziehungen aufgefaßt wird (vgl. hierzu allgemein Heath 1976). Nahrung erhielt diese "sociological economics" oder - eine weitere Bezeichnung - das "ökonomische Programm in der Soziologie" außerdem durch die _Neue Politische Ökonomie_, einen der Ökonomie entstammenden Forschungsansatz, in dem es darum geht, politische und andere nicht-marktliche Strukturen und Institutionen zu untersuchen. Weiter wäre hier zu nennen die ("neue") _institutionelle Ökonomie_ mit ihrem Interesse an der Analyse institutioneller Rahmenbedingungen von Marktsystemen. Dieser neue Institutionalismus in der Ökonomie knüpft an den älteren der Klassik und der österreichischen Schule an, weil - im Gegensatz zum älteren amerikanischen Institutionalismus und zur deutschen historischen Schule - nichtmarktliche Institutionen unter dem Gesichtspunkt ihrer Entstehung und Stabilisierung durch ein selbstinteressiertes rationales Handeln individueller Akteure sowie ihrer Wirkungen auf deren Handlungsbedingungen und -ergebnisse betrachtet werden.

Der in der institutionellen Okonomie aber auch in der Soziologie und anderen Sozialwissenschaften verwandte Institutionenbegriff ist vieldeutig (vgl. z.B. Vanberg 1983). Manchmal versteht man darunter Organisationen, also dauerhafte, zweckgerichtete Zusammenschlüsse von Akteuren, die einen Koordinations- und Anreizmechanismus einschließen, der eine im wesentlichen auf hierarchischen Befehl-Gehorsams-Relationen und auf mehr oder weniger formalisierten Regeln und Normen beruhende Verhaltenssteuerung der die (kollektiven) Zwecke anstrebenden Akteure ermöglicht. Einige Autoren bezeichnen auch andere soziale Einheiten wie die Familie oder Bildungseinrichtungen wie Schulen als Institutionen, wobei gelegentlich weniger diese Einrichtungen selbst, als vielmehr die auf sie Anwendung findenden Komplexe normativer Regelungen unter den Begriff fallen sollen. In der ökonomischen Literatur werden insbesondere Geld und Rechte, etwa Eigentumsrechte, als Institutionen bezeichnet. Auch hier kann wieder eine uneinheitliche Sprachregelung konstatiert werden. Einmal werden nämlich die organisierten Gebilde, die solche Rechte oder die Verwendung des Tauschmediums Geld garantieren, als Institutionen bezeichnet (Staat, Rechtsinstitutionen usw.). Andererseits versteht man unter einer Institution die Verhaltensregelmäßigkeiten in grundlegenden wiederkehrenden Situationen sozialer Interdependenz (z.B. die Anerkennung von Eigentumsrechten), mögen diese Regelmäßigkeiten auf Aktivitäten organisierter Gebilde, der Anerkennung internalisierter Normen oder der freien Verfolgung privater Interessen beruhen. Ein solcher Institutionenbegriff ähnelt dem Konzept typischer Regelmäßigkeiten sozialen Handelns bei Max Weber (1976:14-16 u. passim). Beispiele für Institutionen im Sinn Webers sind "Brauch", "Sitte" und "interessenbedingtes" soziales Handeln. Diese Typen von regelmäßigen Abläufen sozialen Handelns unterscheiden sich durch die jeweils gegebene "Chance ihres empirischen Bestandes" (Weber 1976:15): "Brauch" (oder "Konvention") beruht auf tatsächlicher "Überlegung", die Akteure passen sich einem Brauch "äußerlich" an, weil sie sonst mit Nachteilen rechnen müßten (Mißbilligung durch unorganisierte andere Akteure, jedoch keine Sanktion durch einen Rechtsstab). "Sitte" hingegen beruht auf lange "eingelebter", spontaner und freiwilliger Anpassung an eine Regel. Preisbildung auf dem Wettbewerbsmarkt beruht demgegenüber darauf, daß die beteiligten Akteure aufgrund der Verfolgung ihrer privaten Interessen ihr Verhalten wechselseitig konsistent machen, so daß eine Ordnung entsteht, die aussieht "als ob" sie auf der Orientierung an einer als geltend vorgestellten Regel beruhen würde (vgl. ibid.). Institutionen in diesem Sinn sind eng verwandt mit "sozialen Normen". Popitz (1980:10 u. passim) etwa schlägt in einer neueren konzeptuellen Arbeit über Normen vor, unter "sozialen Normen" solche Verhaltensregelmäßigkeiten zu verstehen, die auf reziproken, "desiderativen" Verhaltenserwartungen der Akteure in bestimmten Situationen sozialer Interdependenz beruhen und durch Sanktionen abgestützt werden.

Wir werden zunächst keinen auf soziale Normen in diesem Sinn eingeschränkten Institutionenbegriff verwenden, sondern unter einer Institution allgemein stabile Abläufe des Verhaltens einer angebbaren Menge von Akteuren in angebbaren sich wiederholenden Situationen verstehen. Die in Frage kommenden Typen von Situationen sind von besonderem Interesse, wenn sie im Sinn Webers "soziales Handeln" der Beteiligten erfordern, d.h. eine Orientierung "am vergangenen, gegenwärtigen oder für künftig erwarteten Verhalten anderer" (Weber 1976:11).

Rekonstruiert man den Begriff einer sozialen Situation unter Verwendung der Konzeption rationalen Handelns, so wäre dies eine Situation, in der mindestens einer der Beteiligten seine Handlungen als strategisch interdependent mit denen anderer Akteure perzipiert, d.h. genauer, daß seine Handlungsergebnisse nicht nur von seinen eigenen Aktionen abhängen, sondern auch von denen anderer. Soziale Situationen, die für eine Analyse von Institutionen von besonderem Interesse sind, sind dann gegeben, wenn eine Allokation der relevanten Ressourcen über einen vollkommenen Wettbewerbsmarkt nicht effizient 'funktioniert'. Es handelt sich um Situationen, die durch externe Effekte bestimmter Art charakterisiert sind, nämlich im Sinn von Buchanan und Stubblebine (1962) durch bestimmte ("pareto-relevante") Interdependenzen des Aktivitätsniveaus A_i und der Nutzenfunktion U_j der betrachteten Personen i und j ($i \neq j$). Diese Interdependenzen verhindern eine pareto-optimale Ressourcenallokation unter gewöhnlichen Marktbedingungen und schaffen Anreize, institutionelle Änderungen herbeizuführen, die pareto-superiore Zustände möglich machen. An dieser Stelle erscheint es uns jedoch nicht sinnvoll, eine Beschränkung unserer Betrachtung auf soziale Situationen strategischer Interdependenz vorzunehmen. Es ist zwar zu beachten, daß Externalität eine Situation ist, in der definitionsgemäß eine im Konzept des vollkommenen Marktes vorausgesetzte strategische Unabhängigkeit nicht gegeben ist. Vielfach wird es unter dem pragmatischen Aspekt einer Bewältigung der Komplexität theoretischer Modelle jedoch sinnvoll sein, Situationen, die faktisch strategische sind, als parametrische zu behandeln. Tatsächlich ist ein Großteil der Beiträge zur ökonomischen Analyse sozialer Institutionen nicht in einer spieltheoretischen Sprache abgefaßt, sondern unter Verwendung von Ausdrucksmitteln der traditionellen neoklassischen Mikroökonomie, obwohl die betrachteten Institutionen Verhaltensregelmäßigkeiten in Situationen strategischer Interdependenz sind. Ein solches Vorgehen hat nicht nur Nachteile, stößt allerdings vermutlich dort an Grenzen, wo es um eine über einen Quasi-Funktionalismus ('Institutionen haben die Funktion, bestimmte Situationen in pareto-superiore Situationen zu überführen') hinausgehende Erklärung von Institutionen geht.

Eine parametrische Beschreibung strategischer Situationen trägt dem "sozialen" Charakter von Situationen im Sinn Webers keine Rechnung. Es ist aber nicht nur ein Mangel ökonomischer Analysen, daß institutionelle Bedingungen, die bei mikroskopischer Feinanalyse als Resultat einer Nash-Gleichgewichtslösung einer komplexen und über die Zeit erstreckten Situation strategischer Verflechtungen von Akteuren erscheinen, behandelt werden als wären sie Parameter des Verhaltens analog den Preisen und Budgetrestriktionen auf vollkommenen Märkten. Auch in der Soziologie ist es weitverbreitet, institutionelle Regelungen wie Rollenstrukturen und Normen zu parametrisieren und als 'soziale Tatsachen' (Durkheim) zu behandeln, die von Akteuren bei ihren Handlungsentscheidungen zu berücksichtigende stabile Ressourcen sind. Damit werden zwar die bei Weber (oder in anderen Traditionen der soziologischen Theoriebildung) anklingenden Interdependenz- und Koorientierungsaspekte ausgeblendet, aber es wird eine Vereinfachung der theoretischen Argumentation erreicht, die eine Beantwortung vieler interessanter Fragestellungen erst möglich zu machen scheint. Es können dies solche Probleme sein, bei denen es auf die Untersuchung von Konsequenzen der als stabil angenommenen Institutionen und weiterer Bedingungen ankommt und weniger auf deren Entstehen oder Stabilitätsbedingungen. Wie wir sehen werden, ist die genannte Vorgehensweise auch in anderer Hinsicht vertretbar, da institutionelle Lösungen struktureller kollektiver Handlungsprobleme in gewisser Weise eine Parametrisierung strategischer Situationen ermöglichen.

Wenn wir unter einer sozialen Institution in erster Annäherung eine Verhaltensregelmäßigkeit in bestimmten fundamentalen und wiederkehrenden sozialen Situationen verstehen, erhalten wir einen Untersuchungsgegenstand, der zu heterogen und umfangreich erscheint. Mit gutem Grund könnten dann nämlich unterschiedliche Markt-Institutionen darunter fallen, bei denen in sozialen Situationen einer komplementären Kontrolle von Akteuren über Ressourcen regelmäßig Tauschtransaktionen und -gleichgewichte sich herausbilden, die darauf beruhen, daß sich die Akteure in ihrem Verhalten an Preisen und ihren eigenen Ressourcen orientieren. Auch Max Weber sah - wie oben erwähnt - im Markt eine typische Regelmäßigkeit sozialen Handelns. Darüberhinaus würden unter diesen Institutionenbegriff Verhaltensregelmäßigkeiten fallen, die im Sinn Max Webers auf "Recht" beruhen, d.h. u.a. dem Droh- und Sanktionspotential spezialisierter Erzwingungsstäbe regelkonformen Verhaltens. Die Grundlage dieser Art von Verhaltensregelmäßigkeit ist das Bestehen 'korporativer Akteure' (Coleman), z.B. eines Staates oder allgemein bestimmter Herrschaftsstäbe, die Verhalten in bestimmten Grenzen sanktionieren können. Demgegenüber haben Soziologen unterschiedlicher Traditionen solche Institutionen herausgestellt, die auf "Brauch", "Konvention" oder "Sitte" beruhen, also nicht auf exogene Erzwingungsstäbe angewiesen sind, aber auch nicht aus der spontanen Verfolgung (kurzfristiger) privater Interessen erklärbar scheinen. Die 'Tatsache der Gesellschaft' beruht in der Sichtweise der von Durkheim oder Parsons beeinflußten Traditionen gerade auf solchen Institutionen, die jenseits von Staat und Markt liegen, ihrerseits aber als Solidaritätskerne die Stabilität von Markt- und politischen Institutionen möglich machen.

Wir werden uns im folgenden schwerpunktmäßig den Bedingungen der Entstehung und Stabilität dieser Solidaritätskerne zuwenden. Hintergrund dieses Vorgehens ist dabei einmal die Vermutung, daß diese normativen Regelungen solidarischer und anderer 'pro-sozialer' Verhaltensweisen tatsächlich in gewisser Weise zu den institutionellen Voraussetzungen der genannten anderen Institutionen zählen oder zumindest diese anderen Institutionen stabilisieren oder effizienter machen können. Zu den elementarsten sozialen Institutionen zählt aus der Sicht eines Ansatzes rationalen Handelns in der Soziologie der "soziale Tausch", also eine bestimmte Form einer Markt-Institution. In diesem Zusammenhang wurde vermutet (z.B. Gouldner, Blau u.a. in der Tradition Durkheims, Malinowskis oder Mauss'), daß das Bestehen und Gelten einer Norm der Reziprozität Bedingung für eine Ingangsetzung oder Stabilität sozialer Tauschbeziehungen ist, weil nämlich gerade beim Tausch auf den Schattenmärkten sozialer Beziehungen, der z.T. aus Transfers von Eigentumsrechten über bestimmte, relativ unspezifizierte, zukünftige Handlungen der Tauschpartner besteht, eine Überwachung der Einhaltung der eingegangenen Verpflichtungen durch eine externe Instanz weitgehend unmöglich ist. Unter diesen Bedingungen geraten die potentiellen Tauschpartner in ein strukturelles Dilemma, daß nämlich ein für beide vorteilhafter Tausch nicht zustande kommt, weil es für jeden der Beteiligten vorteilhaft ist - unabhängig von den Handlungen des anderen - seine Verpflichtungen nicht einzuhalten. Auf Varianten dieser Problematik haben bereits Durkheim und Parsons aufmerksam gemacht, und sie haben gleichzeitig - das ist der zweite Grund für unsere Vorgehensweise - eine Herausforderung an Vertreter eines "utilitaristischen" oder ökonomischen Erklärungsansatzes formuliert, nämlich das Entstehen von sozialem Tausch endogen zu erklären, statt die angenommenen institutionellen Voraussetzungen in Form von Reziprozitäts- und Solidaritätsnormen nur als Randbedingungen vorauszusetzen. Diese Herausforderung wird von gegenwärtigen Vertretern eines Parsonsschen Ansatzes immer noch als unbeantwortet gewertet (z.B. Münch 1982:passim).

Zielsetzung unserer Arbeit ist, zu zeigen, daß diese Durkheimsche Herausforderung, deren Berechtigung wir nicht in Zweifel ziehen, mittlerweile durchaus aufgenommen und bewältigt werden kann. Es existieren bereits Umrisse einer im erläuterten Sinn "endogenen" Theorie des sozialen Tauschs, die es möglich machen, soziale Bedingungen der Entstehung und Persistenz sozialer Tauschbeziehungen anzugeben.

Bevor wir uns dieser Fragestellung im einzelnen zuwenden können, scheint es angebracht, vorbereitende Überlegungen anzustellen. Im Kapitel 1 soll versucht werden, einige generelle Probleme der Anwendung von Theorien rationalen Handelns in der Soziologie zu diskutieren, wobei das Hauptaugenmerk bereits auf die Schwierigkeit einer Behandlung sozialer Institutionen gerichtet werden soll. Das sich anschließende Kapitel 2 wird die bereits angedeutete Thematik der 'Herausforderung Durkheims' unter theoriegeschichtlichen und systematischen Aspekten behandeln. Kapitel 3 stellt einen ersten Versuch dar, mögliche Antworten auf die Kritik der Durkheim-Tradition zusammenzutragen. Gegenstand dieses Kapitels sind allgemeine Aspekte einer 'ökonomischen' Erklärung sozialer Institutionen. Ausgehend von einer Analyse ausgewählter, repräsentativer Beispiele solcher Erklärungsansätze wird deren 'quasi-funktionalistischer' Charakter aufgezeigt sowie einige allgemeine soziale Bedingungen der Institutionengenerierung, die Bausteine endogener Theorien sein dürften. Es werden außerdem unterschiedliche Typen sozialer Institutionen angegeben. Aufgrund der systematischen Bedeutung für die Sozialtheorie werden abschließend (Kapitel 4) soziale Institutionen, die aus Gefangenen-Dilemma-Situationen entstehen, ausführlicher analysiert.

1. Soziale Konsequenzen rationalen Handelns in sozialen Situationen: Die Theorie rationalen Handelns in der Soziologie

Ein Ergebnis der Spezialisierung innerhalb der erklärenden Sozialwissenschaften war die Herausbildung und Verwendung unterschiedlicher "Menschenbilder" ("models of man"). Dem rationalen Produzenten oder Konsumenten von am Markt erhältlichen Gütern und Diensten wurde, z.B. schon von Pareto, ein emotionaler, auf soziale Tatsachen reagierender, regel- und normgeleiteter, hochsozialisierter Akteur (homo sociologicus) gegenübergestellt, der nur unter bestimmten Bedingungen wie ein homo oeconomicus handelt. Die Konzeption eines homo sociologicus sollte dabei einerseits die Eigenständigkeit, zum anderen aber auch die größere Allgemeinheit der Soziologie im Vergleich zur Ökonomie belegen (vgl. exemplarisch das Werk von Talcott Parsons für eine solche Auffassung).

Unter Anknüpfung an vor allem durch die britischen Moralisten (Hume, A. Smith, Ferguson, Bentham) und die österreichische Schule der Nationalökonomie begründete Ideen hat sich in neuerer Zeit ein Forschungsprogramm herausgebildet, das sozusagen erklärtermaßen diesen Spieß umdreht. Nach diesem ökonomischen "Ansatz" der Analyse menschlichen Verhaltens (so die Bezeichnung bei Becker 1976) soll nämlich ein naher Verwandter des homo oeconomicus das Erklärungsmodell für ein Verhalten liefern, welches in einem sozialen Kontext abläuft, in dem üblicherweise nur ein homo sociologicus agiert. Darüberhinaus wird von Vertretern dieser Programmatik behauptet, auch dieser Kontext sozialer Strukturen und institutioneller Regelungen könne als - möglicherweise unintendiertes - Resultat des Verhaltens einer Vielzahl rationaler Akteure erklärt werden. Obwohl die meisten Beiträge zu dieser Forschungstradition aus der Ökonomie stammen[1)], handelt es sich hierbei weder um einen völlig einheitlichen, noch um einen eindeutig "ökonomischen" Ansatz. Die Annahme zielgerichteten, rationalen Verhaltens ist in der Soziologie seit langem verbreitet, nur wurde sie häufig nicht explizit gemacht oder als unwesentlicher, selbstverständlicher bzw. trivialer Teil eines Erklärungsarguments angesehen (vgl. Boudon 1977; Simon 1978), was insofern problematisch ist, als dadurch eine systematische Ausarbeitung, Anwendung und Kritik der Verhaltensannahmen in den Hintergrund getreten ist.

Ziel der folgenden Ausführungen ist, einige gemeinsame Bausteine verschiedener Varianten eines solchen "ökonomischen Programms in der Soziologie" zusammenzutragen. Insbesondere soll der Frage nachgegangen werden, ob im Rahmen dieser Forschungsstrategie entwickelte heuristische oder theoretische Ideen identifiziert werden können, die geeignet erscheinen, einige naheliegende Einwände gegen die Fruchtbarkeit oder Durchführbarkeit des Ansatzes zu entkräften. Diese Einwände sind einmal solche genereller Natur (z.B. Probleme der Interpretation der Nutzentheorie, der Nutzenmessung usw.), und zum anderen beziehen sie sich auf die Möglichkeit bestimmte Aspekte sozialen Verhaltens zu konzeptualisieren bzw. zu erklären (z.B. moralisches Handeln, Selbstbindung usw.). Nicht beabsichtigt ist, das ökonomische Programm in der Soziologie in aller Breite und Ausführlichkeit darzustellen. Dazu kann z.B. ergänzend zurückgegriffen werden auf Albert (1978, 1979), Frey (1980), Frey und Stroebe (1980), Opp (1978), Lindenberg (1981, 1983a). Vielmehr sollen die Aspekte hervorgehoben werden, die üblicherweise vernachlässigt werden bzw. für unsere Thematik von besonderem Interesse sind.

1.1 Grundzüge und Ziele des Programms

Die konstitutiven Annahmen des hier zu skizzierenden Programms können grob eingeteilt werden in (1) eine Annahme über eine in den Sozialwissenschaften generell fruchtbare Erklärungsstrategie, (2) Annahmen über die im einzelnen zu verwendenden erklärenden Hypothesen über individuelles Verhalten und (3), (4)

Annahmen über die Anwendung dieser Hypothesen in erklärenden Argumenten.

(1) Gemeinsam mit anderen Erklärungsprogrammen teilt der ökonomische Ansatz die Idee des methodologischen Individualismus[2]. Danach sollen (kollektive) soziale Phänomene wie Institutionen, Normen, soziale Strukturen usw. unter Verwendung theoretischer (gesetzesartiger) Aussagen über individuelles Handeln erklärt werden, wobei gleichzeitig berücksichtigt werden soll, wie sich der soziale Kontext (kollektiver) sozialer Phänomene auf Bedingungen individuellen Verhaltens auswirkt. Somit ergibt sich eine Erklärungsstrategie, in der einerseits analysiert werden muß, wie die soziale Umgebung von Akteuren die Randbedingungen ihres Verhaltens beeinflußt (Problem der 'Koordination'); zum anderen muß gezeigt werden, wie sich das zu erklärende soziale Phänomen als Aggregateffekt der individuellen Handlungen ergibt (theoretisches Problem der Aggregation oder 'Transformation').

Diese Idee eines methodologischen Individualismus ist jedoch weitgehend neutral gegenüber der zu verwendenden Verhaltenstheorie, und tatsächlich hat in der Soziologie längere Zeit eine an den behavioristischen Lerntheorien orientierte Variante eines individualistischen Forschungsprogramms dominiert (z.B. Homans, Emerson, Kunkel). Nachteile der behavioristischen Verhaltenstheorien, die zu einer Verdrängung dieser Hypothesen in Erklärungsskizzen für soziale Phänomene geführt haben, sind kurz zusammengefaßt folgende Punkte:

(i) Bekannt sind die generellen Einwände gegen das im Behaviorismus vertretene kausalistische "model of man", nach dem Akteure durch externe oder interne Faktoren gezwungen werden, bestimmte Handlungen auszuführen. Die Theorie rationalen Handelns repräsentiert demgegenüber ein intentionales Modell des Akteurs (vgl. z.B. Elster 1978:157-163; Boudon 1977; Coleman 1973:1 und passim). Ein kausalistisches Handlungsmodell ist vermutlich unvereinbar mit einer möglichen regulativen Idee über die Aufgabe der Sozialwissenschaften, nämlich den Menschen von kausalen Zwängen zu befreien und ihm die Verfolgung seiner Intentionen zu ermöglichen (Elster 1978:158).

(ii) Es existiert eine umfangreiche Diskussion über logisch-konzeptuelle und empirische Schwächen der unterschiedlichen behavioristischen Lerntheorien. Zu erwähnen wäre hier a) das Problem des tautologischen oder empirischen Charakters des Effektgesetzes. b) Für eine Reihe komplexer Verhaltensweisen, insbesondere auch im Bereich sozialen Verhaltens, erscheint es unwahrscheinlich, daß diese auf komplexen Kombinationen erlernter Stimulus-Reaktions-Stimulus-Ketten beruhen, weil es für das Erlernen derartiger Verhaltens-Sequenzen erforderlich ist, daß die entsprechenden Stimuli und Reaktionen in der Vergangenheit tatsächlich wiederholt aufgetreten und konsistent verstärkt worden sind. Das erscheint aber - so Chomskys bekannte These - für sprachliches Verhalten unmöglich, und wir möchten hinzufügen, auch für andere soziale Verhaltensweisen.

(iii) Ein entscheidender Nachteil einer Anwendung behavioristischer Theorien in der Soziologie, den wir besonders hervorheben möchten, liegt in den starken Voraussetzungen begründet, die hinsichtlich der Informationen über Verstärkungs-Kontingenzen der Akteure erforderlich sind. Im Prinzip muß zur Feststellung der Randbedingungen verhaltenstheoretischer Hypothesen die relevante Lerngeschichte der Akteure bekannt sein, was unter Bedingungen des kontrollierten Labors denkbar ist. Eine Anwendung auf natürliche soziale Situationen, insbesondere solche die über die Kleingruppenebene hinausgehen, erscheint aber nur dann möglich, wenn man über begründete Annahmen verfügt, die tendenziell korrekt Ergebnisse der Lerngeschichten großer Aggregate von Akteure hinsichtlich der interessierenden Fragestellungen zusammenfassen. "Historicity makes least trouble when the forces acting on men or societies are convergent, when, that is, strong forces are tending to make men or societies more like one another, whatever their initial differences. In explanation we can then afford to neglect the details of the paths by which they reached this similarity", führt Homans (1974:41) zu diesem Problem aus. Die Möglichkeit

Soziologie zu betreiben beruht in der Sicht eines behavioralen Ansatzes darauf, daß die - z.B. in der Umfrageforschung üblicherweise erhobenen - sozialen Hintergrundmerkmale von Akteuren mit bestimmten Lerngeschichten korrelieren, so daß die Ausprägungen dieser Variablen mehr oder weniger valide Indikatoren für vergangene Verstärkungs-Kontingenzen ergeben (vgl. ähnlich auch Homans 1974:42). Es fehlen jedoch systematische Versuche, "Brückenhypothesen" (Lindenberg 1981) aufzustellen, die die empirischen Regelmäßigkeiten der Beziehungen zwischen diesen sozialen Parametern und Lerngeschichten zusammenfassen.
(iv) Ein prinzipielles Problem der behavioristischen Lerntheorie ist auch Konsequenz der von Homans hervorgehobenen "Historizität" ihrer Aussagen. Es gibt offensichtlich zahlreiche Situationen, die die Akteure vor strukturell neue Probleme stellen. Bei diesen Situationen ist es fraglich, ob Prozesse der Stimulus-Generalisierung oder -Diskriminierung eine überzeugende Erklärung für resultierende Handlungen liefern können. Die behavioristische Lerntheorie billigt Akteuren eine zu geringe Kompetenz zu, auf strukturell neuartige Situationen in systematischer, aber von Lerngeschichten weitgehend unabhängiger Weise, zu reagieren. Sie führt damit zu einem - von ihren Befürwortern bekämpften - übersozialisierten Bild des Akteurs, der sich einerseits normativen Erwartungen, für die er in der Vergangenheit belohnt wurde, beugt, und der andererseits keine systematischen Reaktionen in Situationen zeigt, für die er nicht hinreichend sozialisiert wurde.
Es ist offensichtlich, daß im Rahmen einer behavioral orientierten Soziologie viele Probleme, die gemäß einem strukturell-individualistischen Ansatz als zentral erscheinen, nicht behandelt werden können. Nichtintendierte Konsequenzen sozialen Handelns stellen für eine nicht-intentionalistische Verhaltenstheorie keine relevanten Probleme dar. Probleme, die aus einer strukturellen Verflechtung von Akteuren im Sinn strategischer Interdependenz resultieren, können ebenfalls nicht analysiert werden mit einer Verhaltenstheorie, die keine Kognitionen, rationalen Erwartungen und dgl. kennt.

Vermutlich sind sich viele Vertreter eines verhaltenstheoretischen Programms dieser Schwierigkeiten selbst bewußt. Jedenfalls finden sich in den jüngeren Beiträgen zur behavioralen Soziologie Versuche, die lerntheoretischen Aussagen durch rationalistische zu ergänzen (Homans 1974:43-50 u. passim; Kunkel 1975:57-59, 84-86 u. passim). Nur so kann es Homans gelingen, einige seiner interessantesten Analysen durchzuführen, z.B. über Gruppennormen als kollektive Güter (Homans 1974: 98-102).

Die Versuche, soziologische Problemstellungen mit Hilfe behavioristischer Lerntheorien zu lösen, werden immer spärlicher, diejenigen, die im Rahmen eines "ökonomischen" Ansatzes arbeiten, nehmen zu. Die Theorie rationalen Handelns ergibt nämlich eine Forschungsstrategie, für die die genannten Schwierigkeiten nicht zutreffen, insbesondere auch, was die Möglichkeit betrifft, mit sparsamen Informationen über individuelle Dispositionen auszukommen. Dafür ergibt sich jedoch eine zur Historizität der Verhaltenstheorie konverse Problematik, nämlich die statische Orientierung mit der Schwierigkeit, Lernprozesse zu konzeptualisieren.

(2) Entscheidendes Merkmal der hier vorzustellenden Programmatik ist die Annahme, daß menschliches Verhalten intentional ist und mit Theorien des rationalen Handelns erklärt werden kann. Dabei ist unter rationalem Verhalten, über die elementare Konzeption einer Zweck-Mittel-Rationalität hinausgehend, wie sie etwa in Max Webers 'Zweckrationalität' zum Ausdruck kommt (Handeln, "welches ausschließlich orientiert ist an (subjektiv) als adäquat vorgestellten Mitteln für (subjektiv) eindeutig erfaßte Zwecke" (Weber 1973:428)), ein Verhalten zu verstehen, das auch eine Wahl zwischen alternativen "Zwecken" ermöglicht (vgl. Harsanyi 1976:89). Eine solche verfeinerte Rationalitätskonzeption liefert die (neo-)klassische Ökonomie. Der homo oeconomicus gibt nämlich Zwecke auf, für die ihm keine oder geringe Mittel zur Verfügung stehen, um solche Zwecke

zu realisieren, die er zwar in geringerem Grade "wünscht", jedoch mit den ihm verfügbaren Mitteln erreichen kann.

Rationale Wahl kann intuitiv durch zwei Filterprozesse auf der individuellen Ebene beschrieben werden (Elster 1979:65). Die objektiven und subjektiv wahrgenommenen Restriktionen des Handelnden filtern zunächst aus der Menge der im Sinne des Akteurs 'denkbaren' Handlungen diejenigen aus, die realisierbar oder möglich sind. Traditionell werden die Opportunitäten durch das Einkommen und die Marktpreise bestimmt, jedoch kann man in einem allgemeineren Sinn eine Vielzahl struktureller Umstände als Restriktionen ansehen, die die dem Akteur verfügbaren Ressourcen und damit die Wahlmöglichkeiten einschränken. Der zweite Filterprozeß besteht aus der Anwendung einer Entscheidungsregel, die die tatsächlich realisierte Handlung festlegt. Die traditionell verwendete Entscheidungsregel ist die der Maximierung des Nutzens bzw. des erwarteten Nutzens.

Als Optimierungsannahme zur Modellierung dieses zweiten Filterprozesses, die schwächer scheint als die der Maximierung, hat Simon (1955) das Prinzip des "satisficing" vorgeschlagen. Weitere Varianten sind evolutionäre Konzeptionen dieses zweiten Filterprozesses, nach denen diejenigen Akteure (resp. Firmen) größere Überlebenschancen besitzen, die in sich wiederholenden Entscheidungssituationen optimale Verhaltensregeln befolgen (Alchian 1950; vgl. neuerdings Nelson und Winter 1982). Es ergibt sich hier also die Vorstellung einer unter bestimmten Bedingungen erfolgenden evolutionären Imitation des zweiten Filters. Schließlich sei erwähnt, daß es neben den deterministischen Theorien rationalen Handelns, die zur Auszeichnung einer eindeutigen Menge optimaler Handlungen (bezogen auf die Wünsche und die Erwartungen des Akteurs) führen, eine Reihe probabilistischer Formulierungen gibt, die den verschiedenen Alternativen lediglich Wahrscheinlichkeiten zuordnen. Manche dieser, auf der Individualebene experimental-psychologischer Laborsituationen vermutlich empirisch fruchtbaren, probabilistischen Theorien machen auch deutlich, daß die beiden genannten Filterprozesse nicht voneinander unabhängig sind (z.B. Tversky 1972; Smith und Yu 1982). Auf diese kaum noch überschaubaren Verzweigungen der Theorien des rationalen Verhaltens kann hier nicht näher eingegangen werden, was insofern wenig problematisch ist, als den meisten dieser Varianten (noch) keine Bedeutung im Rahmen eines ökonomisch-makrosoziologischen Erklärungsprogramms zukommt. Verzichten müssen wir auch auf eine Darstellung der unterschiedlichen Rationalitätspostulate für strategisch unabhängiges Verhalten in Situationen der Sicherheit, des Risikos oder der Unsicherheit über Konsequenzen von Handlungsalternativen (vgl. z.B. Harsanyi 1977:Kap.3).

Für Spielsituationen strategischer Interdependenz, in denen die Ausgänge von den Handlungen anderer Akteure abhängen und die insofern Situationen eines "sozialen Handelns" im Sinn Max Webers repräsentieren, sind ebenfalls Rationalitätspostulate formuliert worden. Abgesehen von wenigen Ausnahmen jüngeren Datums (z.B. Harsanyi, Selten) beziehen diese Rationalitätspostulate sich auf "klassische Spiele" (Harsanyi 1977:6-7), d.h. es handelt sich um Spiele, die folgende Bedingungen erfüllen (vgl. ibid.):

- Die Spieler besitzen vollständige (complete) Information über die Regeln des Spiels, also v.a. die eigenen und der anderen Spieler Nutzenfunktionen und Strategiemöglichkeiten.

- Das Spiel ist entweder kooperativ oder nichtkooperativ. Ein Spiel heißt dabei kooperativ, wenn die Spieler vor dem Spielen (playing) bindende (enforceable) Vereinbarungen eingehen können.

- Das Spiel muß in Normalform darstellbar sein.

Für die sozialwissenschaftlich am wenigsten interessanten Spiele, nämlich Zwei-Personen-Nullsummenspiele, ist seit langem bekannt, daß sie eindeutige Lösungen (Paare rationaler Strategien) besitzen. Allgemeine nicht-kooperative Spiele dagegen besitzen zwar mindestens einen Nash-Gleichgewichtspunkt, jedoch nicht immer eine eindeutige Lösung. Lösungskonzepte für kooperative und Verhandlungsspiele sind nach wie vor umstritten, z.B. auch Harsanyis Theorien, die gerade auch für diese empirisch bedeutsamen Spielsituationen eindeutige Lösungen ergeben sollen. Auf eine ausführliche Darstellung und Diskussion spieltheoretischer Grundlagenprobleme muß hier verzichtet werden. Wir müssen uns im folgenden auf im genannten Sinn klassische Spiele beschränken und können auch nicht in jedem Fall die verwendeten Begriffe erläutern, die wir im allgemeinen der richtungsweisenden Darstellung Harsanyis (1977) entnehmen. Bei der Untersuchung der uns interessierenden nichtkooperativen Spiele (und der kooperativen Koordinations-Spiele) werden wir im allgemeinen mit dem Nash-Gleichgewichtsbegriff auskommen.

(3) Die Grundideen des ökonomischen Ansatzes lassen sich knapp in zwei Thesen zusammenfassen:

(I) Rekonstruktionsthese:

Soziologische Explananda und allgemein soziale Situationen können unter Verwendung (der unterschiedlichen Varianten) der Theorie rationalen Handelns rekonstruiert werden.

Bereits diese Annahme, und nicht nur die stärkere Erklärungsthese, ist kontrovers. Von vielen Gegnern ökonomischer Erklärungsansätze wird bestritten, daß es möglich sei, Phänomene wie altruistisches Verhalten, Selbstbindung (commitment) oder moralisches Handeln nutzentheoretisch zu konzeptualisieren. Insbesondere normgeleitetes, moralisches oder "wertrationales Handeln" (M. Weber) wird in der Nachfolge einer langen Tradition, die sicher mit den ältesten ethischen und sozialphilosophischen Ideen begonnen hat, gegen nutzenorientiertes, interessengeleitetes Handeln scharf abgesetzt.

(II) Erklärungs- und Endogenisierungsthese:

Soziologische Explananda können erklärt werden unter wesentlicher Verwendung von Annahmen über rationales Handeln. Soziale Situationen können systematisch unter Verwendung der Annahme rationalen Handelns endogenisiert werden.

In Abhängigkeit davon, ob man das ökonomische Programm eher aus soziologischer oder einer traditionell ökonomischen Sicht betrachtet, wird man den Akzent stärker auf die Erklärungs- oder die Endogenisierungsthese setzen. Die Endogenisierungsthese besagt, daß es möglich ist, alle sozialen Institutionen, Strukturen und Prozesse - insbesondere solche, die traditionell in die Randbedingungen abgeschoben wurden - ökonomisch zu erklären. Erwähnt werden soll in diesem Zusammenhang, daß man es als eine Konsequenz der Endogenisierungsthese ansehen kann, wenn der Entscheidungsprozeß selbst ökonomisch analysiert wird. Daraus ergibt sich dann die Konzeption rationalen Handelns, die im Rahmen des ökonomischen Programms bislang am häufigsten Verwendung findet.

Diese Konzeption eines rationalen Akteurs ist die eines modifizierten (neoklassischen) homo oeconomicus, der allerdings gewissermaßen noch "ökonomischer" handelt als sein Stammvater. Ist der homo oeconomicus ein vollständig informierter, unter perfekten Marktbedingungen seine (zu konsumierenden oder produzierenden) Güterquantitäten derart auswählender Akteur, daß ein globales Maximum seiner Nutzenfunktion (unter Berücksichtigung von Restriktionen) erreicht wird, so gibt sich sein Abkömmling u.U. mit weniger zufrieden[3]. Es ist nämlich keineswegs einsichtig, warum Optimierungsverhalten auf bestimmte Objekte (Marktgüter und Dienste, Einsatz von Produktionsfaktoren usw.) beschränkt sein soll, wenn gleichzeitig angenommen wird, daß menschliches Verhalten tendenziell (gesetzmäßig) unter allen Umständen rational ist. Folglich wird ein rationaler Akteur, dem realistischerweise (a) nicht alle Informationen kostenlos ohne eigene Anstrengungen geliefert werden und der (b) kognitiven und sonstigen (zeitlichen, usw.) Beschränkungen der Informationsverarbeitung ausgesetzt ist, nicht nur über die "eigentlichen" Wahlobjekte optimieren, sondern auch über die Informationskosten (vgl. Stigler 1961, als klassischen Beitrag), so daß im Ergebnis ein Verhalten resultieren kann, das auch als "statisficing" interpretiert werden kann, weil das Ergebnis nur bezogen auf den begrenzten Informationsstand optimal, bezogen auf eine Welt kostenloser Informationen jedoch "befriedigend" war (vgl. ähnlich auch Riker und Ordeshook 1973:20-23).

Eine in diesem Kontext wichtige weitere Idee, auf die wir noch ausführlich eingehen werden, besteht darin, nicht nur über die im Rahmen von Tauschbeziehungen relevanten Güter und Ressourcen zu optimieren, sondern auch über die "Reibungs"-Kosten alternativer institutioneller Arrangements von Transaktionen (Transaktionskosten).

Eine weitere Idee, die bei Becker (1979:10) eine größere Rolle zu spielen scheint als bei anderen Autoren, ist die Markt- und Gleichgewichtskonzeption. Danach wären auch solche sozialen Beziehungen und die Allokation solcher Ressourcen, die nicht über den gewöhnlichen Marktsektor gesteuert werden, als "Schattenmärkte" zu konzeptualisieren, die im Gleichgewicht "Schattenpreise" besitzen.

(4) Die Vorgehensweise des ökonomischen Ansatzes besteht darin, unter Verwendung der Verhaltensannahme rationalen Verhaltens testbare konditionale Hypothesen über qualitative soziale Regelmäßigkeiten zu generieren (vgl. Becker 1979:15; Coleman 1975:89; Boudon 1979), z.B. über die Aggregateffekte von (Schatten-)Preisänderungen auf die Nachfrage nach Gütern, die Verwendung von Ressourcen usw. Es ist also keineswegs beabsichtigt, mikroskopische Details des Verhaltens einzelner Akteure vorherzusagen. Obwohl die Vorgehensweise individualistisch und der theoretische Primat beim Individuum ist, liegt der analytische Primat bei der Gesellschaft (Lindenberg)[4].

1.2 Probleme und ihre Konsequenzen für die Durchführung des Programms

Nach dieser Skizze für den ökonomischen Ansatz konstitutiver Annahmen, sollen im folgenden einige Probleme des Ansatzes und Vorschläge für ihre Lösung beschrieben werden. Redet man in der Sprache der modernen Wissenschaftstheorie, so geht es also nicht mehr um den "harten" oder den "Struktur-Kern" des ökonomischen Programms, sondern um heuristische Regeln und theoretische Ideen, die diesen Kern gegen "Widerlegungen" schützen sollen.

Im folgenden werden zwei Gruppen von Einwänden gegen das ökonomische Programm unterschieden. (1) Zunächst soll die immer wieder laut werdende Kritik, die Theorie rationalen Handelns sei eine empirisch falsche und impraktikable Theorie individueller Entscheidungsprozesse, kurz diskutiert werden. (2) Aus dem Bereich der Soziologie wird der ökonomischen Theorie seit längerem entgegengehalten, daß (trivialerweise) eine Analyse von Präferenzänderungen mit einer statischen Theorie wie sie die Nutzentheorie repräsentiert, unmöglich sei, andererseits aber diese Frage für soziologische Problemstellungen entscheidend sei.

1.2.1 Zur Interpretation der Nutzentheorie

Gemäß (1) liefert die Nutzentheorie eine empirisch fragwürdige Beschreibung menschlicher Entscheidungsprozesse und ist demzufolge ungeeignet, soziale Phänomene zu erklären. Um den Stellenwert dieses Arguments zu klären, empfiehlt es sich, einige Unterscheidungen verschiedener Varianten von Interpretationen der Nutzentheorie zu diskutieren (vgl. z.B. Simon 1978; Schoemaker 1982:538-541).

Zunächst könnte die Nutzentheorie als normative Theorie aufgefaßt werden, die einerseits rationale Strategieempfehlungen und andererseits normative Bewertungsstandards für Entscheidungsverhalten liefern soll. Gemäß dieser Interpretation könnte sie auch eine heuristische Funktion haben, indem sie in empirischen Erklärungen eine Art von "baseline" (oder "Idealtypus") bereitstellt, "gerade um die Tragweite des Zweck<u>irr</u>ationalen abschätzen zu können" (Weber 1973:430). Eine solche Interpretation ist zwar möglich, zumal die Aussagen der Nutzentheorie nach Harsanyi (1958) genau wie ethische Aussagen in die Form "hypothetischer Imperative" gebracht werden können: Wenn Dein Verhalten den Rationalitätspostulaten R genügen soll, dann wähle in einer Situation S Handlung X. Eine über die genannte heuristische Verwendung hinausgehende Funktion der Nutzentheorie in empirischen Erklärungsargumenten wird dadurch jedoch nicht prinzipiell ausgeschlossen. Der empirische Charakter nutzentheoretischer Erklärungen kann in der (Gesetzes-)Annahme über die Disposition des Handelnden gesehen werden, generell ein Verhalten zu zeigen, das den Antezedentien der hypothetischen Imperative im Sinne Harsanyis genügt. Empirisch sind natürlich auch die als Randbedingungen fungierenden Annahmen über die konkreten Glaubens- und Wünschensdispositionen eines Handelnden.

Die <u>empirischen</u> Interpretationen der Nutzentheorie können weiter untergliedert werden in diejenigen, die eine deskriptive Verwendung vorschlagen, und solche, die die Nutzentheorie prädiktiv oder gar postdiktiv verwenden. Eine <u>deskriptive</u> Interpretation der Theorie rationalen Handelns würde als stärkste Variante eine Abbildung sowohl der Entscheidungsprozesse (einschließlich der Informationsverarbeitungsprozesse) als auch der Resultate dieser Prozesse verlangen. Zur Beschreibung der (kognitiven u.a.) Vorgänge im Rahmen von Entscheidungsprozessen ist die Nutzentheorie aber vermutlich weniger geeignet (Simon 1978). Bereits intuitive Introspektion zeigt, daß es extrem selten ist, daß man bewußt erwartete Nützlichkeiten alternativer Handlungsmöglichkeiten abwägt und eine optimale Handlung "kalkuliert". Insofern scheint eine bescheidenere "als ob" - Interpretation von rationalem Verhalten in der <u>prä-</u>

diktiven Absicht einer Vorhersage von resultierenden Handlungen angemessener. In dieser Sicht kann die Nutzentheorie Aussagen über Ergebnisse "Rationalität" genannter kognitiver und unbewußter Prozesse machen, muß diese jedoch als "black box" betrachten. Ein solches Vorgehen ist übrigens nicht unbedingt als "instrumentalistisch" und kontra-intuitiv abzulehnen, wenn man bedenkt, daß es weit verbreitet ist, im Ergebnis so zu handeln, als ob das Handeln auf der Anwendung eine komplexen Systems von Regeln beruhte, obwohl der Handelnde das Regelsystem gar nicht kennt (z.B. sprachliches Handeln: Befolgung grammatikalischer Regeln; Friedmans Billardspieler usw.)[5]. Eine letzte, "postdiktive" Vorgehensweise (Schoemaker 1982) besteht darin, prädiktiv vorzugehen und bei Fehlschlägen regelmäßig so lange die Modellannahmen zu modifizieren, bis die Ergebnisse angepaßt sind. Dieses nach üblichen methodologischen Standards unerlaubte Verfahren, soll hier nicht weiter untersucht werden.

Akzeptiert man die prädiktive Deutung der nutzentheoretischen Aussagen, so wird man im Unterschied zur postdiktiven Auffassung die vorliegenden empirischen Evidenzen berücksichtigen müssen. Resultate zahlreicher Laborexperimente (vgl. für Übersichten z.B. Tversky 1975; Schoemaker 1982) zeigen, daß viele Rationalitätsannahmen der Nutzentheorie regelmäßig verletzt werden. Obwohl möglicherweise in Einzelfällen Zweifel an der externen Validität dieser Tests für natürliche Situationen angebracht sind, wird man diese Ergebnisse kaum ignorieren können und sich der Frage stellen müssen, ob dadurch nicht die Fruchtbarkeit des Programms beeinträchtigt wird. Hier können lediglich einige - recht unsystematische - Hinweise über die Richtungen gegeben werden, in die mögliche Antworten gehen können. Zunächst könnte das pragmatische Argument vorgebracht werden, daß es gegenwärtig wohl keine ernstzunehmende Alternative zur Nutzentheorie gibt, die ähnlich gut geeignet wäre, Makrophänomene (zumindest potentiell) zu erklären. Das Ziel einer individualistischen Erklärung von Makrophänomenen wird prinzipiell nur um den Preis stark idealisierender oder simplifizierender Annahmen möglich sein. Je komplexer und "realistischer" die verwendete Verhaltenstheorie ist, um so aufwendiger und schwieriger wird es, Konsequenzen dieser angenommenen Verhaltenstendenzen in komplexen sozialen Situationen zu überschauen (vgl. auch Boudon 1977; Coleman 1975). Entscheidender scheint folgende inhaltliche Überlegung (Simon 1978:6-8). Im Rahmen des ökonomischen Erklärungsprogramms wird die Nutzentheorie auf soziale Situationen angewendet, in denen der "erste Filter" struktureller "Zwänge", institutioneller Regelungen, ökologischer Bedingungen usw. die Handlungsmöglichkeiten derart einschränkt, daß den Akteuren nur sehr wenige diskrete Alternativen offenstehen, die zudem mit hohen Nutzendifferenzen verbunden sind. Unabhängig davon, ob der zweite Filtermechanismus nun Nutzenmaximierung bedeutet oder eine schwächere Optimierungsannahme, wird sich dann die gleiche Handlung ergeben. Es zeigt sich also, daß in solchen Entscheidungssituationen, die institutionell vorgeformte Alternativen involvieren (oder analytisch so vereinfacht werden können, daß wenige diskrete Alternativen verbleiben), mit weniger starken Rationalitätsannahmen gearbeitet werden kann als dann, wenn es, wie in der traditionellen Mikroökonomie, um die Wahl von Mengen teilbarer Gütereinheiten geht. Aber selbst wenn es um die Wahl quantitativer Alternativen geht, kann man immer noch qualitative Aussagen über systematische Effekte relativer Preis- und damit Opportunitätsänderungen machen, ohne streng nutzenmaximierendes Verhalten voraussetzen zu müssen. Becker (1976:157-163) zeigt, daß eine ganze Reihe verschiedener Entscheidungsregeln Nachfragekurven mit negativer Steigung ergeben können, wenn die "Filter" jeweils so gestaltet sind, daß es eine positive Beziehung zwischen der gewählten Menge und der Verfügbarkeit eines Gutes gibt. Es scheint also, daß eine Anwendung der Nutzentheorie auf solche Objektbereiche, die durch eine starke institutionelle Determination von Opportunitäten gekennzeichnet sind, und auf Fragestellungen, die qualitative Aussagen über Effekte von Änderungen solcher Gelegenheitsstrukturen auf Aggregatniveau verlangen, mit relativ harmlosen Annahmen über individuelle Verhaltenstendenzen auskommen können.

Man könnte einwenden, daß es unter diesen Bedingungen nicht erforderlich sei, die Theorie rationalen Handelns zu verwenden. Wenn es ohnehin möglich ist, mit schwächeren Annahmen auszukommen, warum dann stärkere verwenden? Der Grund, der dennoch für eine Verwendung der traditionellen Theorie rationalen Handelns in Form mathematisch formulierter Aussagensysteme sprechen kann, liegt in der Möglichkeit, zusätzliche und interessantere Konsequenzen ableiten zu können als aus entsprechenden schwächeren, verbal formulierten Aussagen.

1.2.2 Zum Problem exogener Präferenzen

Die Hauptgruppe (2) von Einwänden gegen eine Verwendung der Nutzentheorie in soziologischen Erklärungen bezieht sich darauf, daß Präferenzen oder Nutzenfunktionen exogen sind. Die Theorie rationalen Handelns allein schränkt (trivialerweise) den Bereich möglicher Präferenzen nicht ein, weshalb bereits Parsons (1937:59-60) eine "randomness of ends" als Grundannahme der ökonomisch-utilitaristischen Theorietradition identifiziert hat.

Wenn es aber keine systematischen Annahmen über die Präferenzen von Akteuren gibt, dann dürfte es schwierig sein, die Nutzentheorie in Erklärungszusammenhängen für Ergebnisse des Handelns großer Aggregate von Akteuren zu verwenden. Die Überprüfung der dabei zum Tragen kommenden Annahmen über die Nutzenargumente wäre dann möglich, wenn es geeignete Meßverfahren für Nützlichkeiten gäbe. Eine Sichtung der vorhandenen Meßverfahren zeigt jedoch, daß diese einzig in relativ klar strukturierten und kontrollierten Laborsituationen anwendbar sind (wobei die bisher am weitesten entwickelten Verfahren über Effekt-Indikatoren überdies die Gültigkeit der Nutzentheorie voraussetzen müssen, um die Präferenzen abschätzen zu können), nicht aber in natürlichen Situationen (vgl. z.B. Blalock und Wilken 1979:67-77).

Noch problematischer wird eine Anwendung der Nutzentheorie über diese statischen Ein-Zeitpunkt-Analysen hinaus in komparativ-statischen oder gar dynamischen Zusammenhängen. Wie oben angedeutet, ergibt sich ein beträchtliches Maß an Vereinfachung (und Abschwächung von Annahmen) in der theoretischen Argumentation, wenn Effekte von Opportunitätsänderungen eine hohe Robustheit gegenüber Variationen von Verhaltensannahmen haben. Dabei müssen jedoch die Präferenzen als zeitlich stabil angenommen werden. Sollte es keine Berechtigung für diese Annahme geben, wäre es notwendig, entweder für zusätzliche Zeitpunkte Nutzenmessungen vorzunehmen oder theoretisch fundierte Annahmen über die Richtung der zu erwartenden <u>Nutzenänderungen</u> zu verwenden.

Es gibt außerdem inhaltliche Problemstellungen, die eine Berücksichtigung von Nutzenänderungen wünschenswert erscheinen lassen. Abgesehen davon, daß es für bestimmte makrosoziologische Fragestellungen (einer Modernisierungstheorie) anscheinend einer Handlungstheorie bedarf, die diese Anforderungen erfüllt (vgl. die Hinweise bei Raub und Voss 1981:50-53), wäre eine Argumentation naheliegend, in der gezeigt wird, daß eine Anwendung der Theorie rationalen Handelns auf soziologische Objektbereiche, u.a. (a) das Problem des zeitlichen Ablaufs und damit einer langfristigen Rationalität sowie (b) das Problem einer Konzeptualisierung und Erklärung von endogen geänderten Präferenzen in den Griff bekommen müßte. Zu diesem Zweck könnten die unterschiedlichen Eigenschaften der Transaktionen auf vollkommenen Wettbewerbsmärkten und in der realen Welt "sozialer Tauschbeziehungen" ins Gedächtnis gerufen werden (vgl. z.B. Blau 1964:Kap. 4,7 u. passim; Heath 1976:112-123; Ben-Porath 1980). Die ökonomische Modellwelt, auf die sich die meisten Sätze über Existenz und Optimalität von statischen Marktgleichgewichten beziehen, hat, sehr vergröbert, folgende Eigenschaften:

(1) Es gibt "sehr viele" Akteure auf beiden Seiten eines jeden Marktes (Produzenten, Konsumenten), d.h. die Akteure sind nicht strategisch interdependent und verhalten sich als Preisnehmer. (2) Akteure und Güter sind in dem Sinne homogen, daß weder Anbieter noch Käufer bestimmte Transaktionspartner präferieren (bei konstant gehaltenem Güterangebot). (3) Alle Akteure sind vollständig informiert über die Marktpreise. Diese für jede Einheit eines jeden Gutes angebbaren Preise ermöglichen einen Tausch äquivalenter Werte.

Die Tauschbeziehungen auf sozialen Märkten sind im Unterschied hierzu keine zeitlos-mechanischen, punktuellen, durch einen zentralen Preismechanismus gesteuerten, Transaktionen zwischen wechselnden Partnern ohne Identität, sondern Sequenzen von Transfers zwischen denselben Personen bzw. innerhalb eines personell oder positionell über die Zeit stabilen Netzwerkes von Akteuren.

Es gilt, daß (1') die Zahl der Akteure nicht sehr groß ist, weshalb strategische Interdependenz eine Rolle spielen kann. (2') Die getauschten Gegenstände und Tauschpartner sind inhomogen. Vergangenheit und Zukunft des Marktes spielen eine entscheidende Rolle. Tauschpartner sind durch hohe transaktionsspezifische Investitionen aneinandergeheftet. Transaktionen bestehen häufig aus (einseitigen) Transfers und commitments, die nur im antizipierten langfristigen Mittel für die Beteiligten zu wechselseitig vorteilhaften Transaktionen werden. (3') Es gibt keine Wettbewerbspreise. Normative Regelungen (z.B. Solidaritätsnormen, Regeln distributiver Gerechtigkeit) fungieren als Schattenpreise.

In sozialen Austauschbeziehungen spielt damit der zeitliche Ablauf von Handlungen eine Rolle. Außerdem werden hier normative Regelungen, die solche Tauschbeziehungen erst ermöglichen und ihre Kontinuität sicherstellen, bedeutsam. Viele Soziologen sehen im Anschluß an Parsons' einflußreichen Vorschlag ein soziales System dann als normativ geregelt an, wenn sich in ihm "a sentiment attributable to one or more actors that something is an end in itself, regardless of its status as a means to any other end (...)" (Parsons 1937:75) findet. Solche moralischen sentiments, die unbedingte, "kategorische" commitments, im Sinn gemeinsamer Normen und Werte zu handeln, beinhalten, hängen nach dieser Konzeption sicher mit den Präferenzen zusammen, sofern man überhaupt die Vorstellung akzeptiert, daß sowohl "moralisches" als auch "eigeninteressiertes" Handeln auf rationalem Verhalten beruhen. Es stellt sich dann die Frage, wie diese Art von rationalem Handeln konzeptualisiert und sein Auftreten erklärt werden kann.

Eine Möglichkeit, wertorientiertes oder moralisches Handeln nutzentheoretisch zu erklären, beruht auf der Idee, von der Vorstellung einer Determination des Verhaltens durch Normen und Werte Abschied zu nehmen und einen indirekten, über die Präferenzen vermittelten, Mechanismus der normativen Verhaltensdetermination einzuführen (vgl. z.B. Elster 1979:138). Ganz ähnlich konzipieren viele Autoren im übrigen auch altruistisches Verhalten über nicht-selbstinteressierte Präferenzen (z.B. Becker 1976:Kap. 13; Becker 1981: 172-173 u. passim; Taylor 1976:Kap. 4; vgl. als Übersicht über die ökonomische Analyse des Altruismus Collard 1978), d.h. technisch gesprochen z.B., daß die Nutzenfunktion eines Akteurs i auch von einer positiven Funktion des Nutzenniveaus eines begünstigten Akteurs j abhängt (Becker 1981:173). Im Fall moralischen oder "wertrationalen" Handelns (M. Weber) würde entsprechend die Konformität (bzw. der "Konformitätsgrad") zu einer Norm ein Nutzengegenstand sein. Bereits diese Konzeption verdeutlicht, daß unter sehr allgemeinen Bedingungen - nämlich unter der Annahme, daß moralisches Handeln Opportunitätskosten mit sich bringt, worauf immer diese beruhen mögen - kein maximaler Konformitätsgrad zu erwarten ist, bzw. moralisches Handeln dort seine Grenzen hat, wo es für den Akteur mit zu hohen Kosten verbunden ist. Man könnte etwa annehmen, daß die Nutzenfunktion eines Akteurs einerseits abhängt von dem Grad der Konformität zu einer Norm, M (z.B.: "Man soll Freunden, die in

Schwierigkeiten sind, helfen"), und zweitens von dem Ausmaß der Erzielung weiterer, "nichtmoralischer" Belohnungen, N. Es ist eine naheliegende, sozusagen 'technologische' Annahme, daß es einen Punkt P gibt, an dem M mit wachsendem N abnimmt, weil die für die Erzeugung nicht-moralischer Belohnungen benötigten Ressourcen für die Produktion moralischen Verhaltens verlorengehen. Nimmt man an, daß sowohl M als auch N positiven Nutzen und konvexe Indifferenzkurven ergeben, so wird sich (vgl. Abb. 1.1) ein Optimum E ergeben, das unterhalb eines Maximums konformen Verhaltens liegt.

Abb. 1.1: Beispiel für das trade-off zwischen moralischen und nichtmoralischen Belohnungen

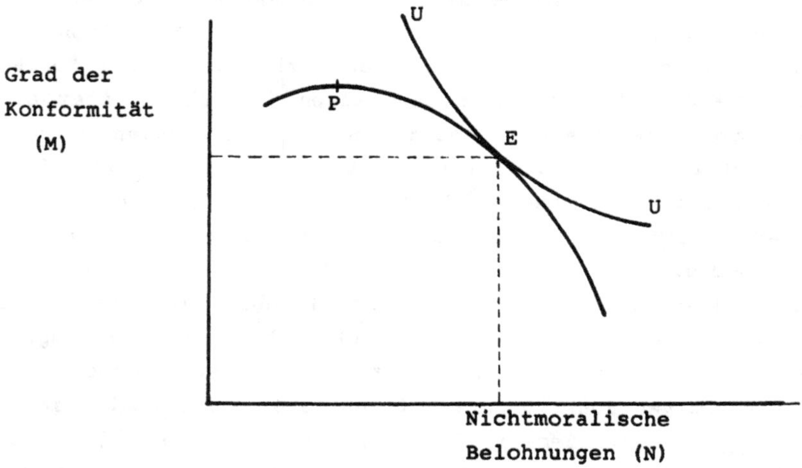

Dieser Aspekt wird auch deutlich bei Lindenberg (1983b), einer der wenigen expliziten Konzeptualisierungen moralischen Handelns im Lichte der Nutzentheorie. Lindenberg (1983b) will mit seinem Modell moralischen Handelns vor allem ein von ihm identifiziertes Dilemma des Soziologen bei der Analyse von Normen auflösen. Dieses Dilemma besteht darin, daß moralische Regeln zwar einerseits auf Sanktionen beruhen sollen, zum anderen aber nicht nur auf (Kosten-Nutzen)-'Berechnungen' ("expediency"). Das vorgeschlagene Modell ermöglicht es, moralisches Handeln, da auf Präferenzen beruhend, nicht auf Berechnung (expediency) zurückzuführen, jedoch den Einfluß von Sanktionen und anderer Opportunitätskosten zu berücksichtigen.

Lindenbergs Konzeptualisierung moralischer Entscheidungssituationen besteht in einer Anwendung seines Diskriminationsmodells rationaler wiederholter Entscheidungen (Lindenberg 1980). Gemäß diesem Modell werden in sich wiederholenden (nicht-strategischen) Entscheidungssituationen zwischen Alternativen (z.B. Konformität vs. Nichtkonformität) die stabilen Zustandswahrscheinlichkeiten P_i für die Wahl der i-ten Alternative bestimmt durch (1) den Erwartungswert des Wahrscheinlichkeitsvektors P_i, der sich aufgrund der 'globalen Belohnung' ergibt (z.B. marginaler Nutzen der Konformität) und (2) einen Faktor, der alle dieser zwischen den Alternativen aufgrund ihrer Erwartungswerte erfolgenden Diskriminierung entgegenwirkenden Nutzen-Komponenten (d.h. Kosten) zusammenfaßt. Diese zweite Determinante führt also zu einer Verschiebung der P_i und P_j. Anschaulich ausgedrückt würden moralische Entscheidungssituationen nach Lindenberg charakterisiert sein durch die kombinierte Wahl der Inhalte zweier Körbe: Der 'Haupt-Korb' enthält das Gut 'Konformität zu einer moralischen Regel'. Der 'Seiten-Korb' enthält die Kosten-Aspekte, die zu einer Abweichung von einer durch den Hauptkorb diktierten 'reinen Strategie' führen, z.B. Sanktionen, Opportunitätskosten anderer Art, Kosten der Unterwerfung unter eine Regel usw. In Abhängigkeit von der Gewichtung dieser Nutzenargumente ergibt sich ein Aggregat-Wert für den gesamten Seiten-Korb, der die Zustandswahrscheinlichkeit in die eine (Konformität bei Überwiegen der Sanktionswirkungen) oder andere Richtung (Nichtkonformität bei Überwiegen anderer Komponenten) verschieben kann. Das Modell ist so konstruiert, daß der Hauptkorb moralischer Präferenzen in seinen Wirkungen auf die Verhaltenswahrscheinlichkeiten durch die nicht-moralische Belohnungsstruktur abgelenkt werden kann. Umgekehrt kann man auch sagen (Lindenberg 1983b), daß moralische Präferenzen in dieser Sicht die Funktion haben, eine "Ordnung" der nicht-moralischen Präferenzen herbeizuführen. Diejenigen Handlungen, die durch moralische Präferenzen unterstützt werden, bekommen auch bei gleicher Intensität nicht-moralischer Belohnungen ein stärkeres Gewicht. Es ist hier nicht der Ort, um detaillierter auf Einzelheiten dieses Modells einzugehen. Einige der Thesen Lindenbergs über das Verhältnis von Moral und 'Berechnung' (expediency) können im übrigen auch im Rahmen traditionell mikroökonomischer bzw. nutzentheoretischer Argumentation belegt werden. Ein Vorteil des Ansatzes ist jedoch zweifelsohne die Konzeptualisierung moralischen Handelns als Verhaltensregelmäßigkeit in sich <u>wiederholenden</u> Entscheidungssituationen.

Es sei noch erwähnt, daß ein anderer - wenig ausgearbeiteter - Vorschlag wertorientiertes Verhalten zu konzipieren, auf der Idee beruht, dieses unter Verwendung lexikographischer Präferenzen zu analysieren (Elster 1979:137, 141; 124-127). Ein Merkmal lexikographischer Präferenzordnungen ist, daß sie das sog. Axiom von Archimedes (vgl. z.B. Borch 1969:40-41) nicht erfüllen. Gemäß diesem, der Neumann-Morgenstern-Nutzentheorie zugrundeliegenden Axiom gibt es im Prinzip zwischen allen Nutzengegenständen trade-offs, sofern die entsprechenden Gütermengen erhöht werden. Bezogen auf Moralität heißt das, daß hinreichend hohe nicht-moralische Belohnungen den Grad an Konformität vermindern können, ein Aspekt, der in Lindenbergs Modell ausgedrückt werden kann. Würde man demgegenüber moralische Präferenzen durch lexikographische Präferenzen repräsentieren, so wäre ein solches trade-off unmöglich. Vermutlich kann eine derartige Konzeption eher als eine Archimedische den oben angesprochenen Aspekt einer <u>un</u>bedingten moralischen Verpflichtung abbilden. Es ist natürlich eine empirische Frage, ob diese Konzeption sich als fruchtbar erweisen wird; gegenwärtig existieren unseres Wissens keine inhaltlich interessanten Anwendungen. Es würde zu weit führen, die Möglichkeiten einer Analyse der in diesem Zusammenhang interessanten Phänomene einer Selbstbindung, z.B. durch freiwillige Einschränkung der Handlungsalternativen, zu referieren und zu diskutieren (vgl. Elster 1979).

Die genannten Konzeptualisierungsversuche moralischen und normorientierten Handelns geben zwar einen möglichen Weg an, die Rekonstruktionsthese zu belegen, führen jedoch zu einem gemeinsamen Problem. Ist es eines der Ziele, die Entstehung sozialer Institutionen und Normen aus einem unstrukturierten "Naturzustand" zu erklären, müßte im Zuge einer solchen Erklärung unter anderem die Änderung von Präferenzen berücksichtigt werden (vgl. z.B. MacRae 1978:1253; Hannan 1982). Darüberhinaus müßten in dieser Sicht zahlreiche weitere soziologische Problemstellungen über Präferenzveränderungen konzipiert werden: Wirkungen von Sozialisationsprozessen, Effekte der "Gewöhnung" in sozialen Beziehungen (positive interpersonelle Sentimente als Konsequenzen häufiger Interaktionen), Effekte von Beeinflussungsversuchen, Lebenszykluseffekte usw.

Für Vertreter eines ökonomischen Erklärungsansatzes ergeben sich zwei alternative Lösungsmöglichkeiten dieser Problemlage. Die weniger überzeugende Lösung bestünde darin, eine exogene Dynamisierung der Nutzentheorie durch Verwendung anderer Verhaltenstheorien zu erreichen. Manche Autoren streben z.B. eine Modifikation und Erweiterung der ökonomischen Theorie mittels sozialpsychologischer kognitiver Theorien, etwa der Festingerschen Dissonanztheorie, an (Lehner 1983). Andere Kandidaten für solche eklektischen Bemühungen sind selbstverständlich verschiedene Lerntheorien. Man muß sich jedoch darüber im klaren sein, daß eine solche externe Dynamisierung, unter dem Gesichtspunkt der internen Geschlossenheit und der Eleganz einer Forschungsstrategie betrachtet, eher eine Schwächung als Unterstützung der Grundannahmen des Programms bedeutet.

Demgegenüber wäre es überzeugender, Nutzenänderungen als endogene Geschmacksänderungen zu deuten und damit nutzentheoretisch zu erklären. Obwohl es zu dieser Frage endogener Nutzenänderungen schon einige theoretische Beiträge gibt (vgl. Elster 1979:77-86), sind diese Konzeptionen noch nicht genügend ausgereift, um in Erklärungsskizzen für tatsächliche Prozesse der Präferenz-Adaptation aufgrund vergangener Handlungen und externer Einflüsse eingehen zu können (ein vielversprechender erster Versuch ist Weizsäcker 1983).

Einflußreich ist eine Annahme, die solche Versuche einer Erklärung von Präferenzveränderungen für vom Ansatz her falsch erklärt, jedenfalls was ihre Relevanz für ein ökonomisches Programm in der Soziologie betrifft[6]. Diese vor allem von Gary Becker (vgl. Stigler und Becker 1977, Becker 1976) explizit formulierte Position geht davon aus, daß Präferenzen über die Zeit stabil und interindividuell (und -kulturell) ähnlich sind; sie erklärt Verhaltensänderungen aus geänderten Opportunitäten und Nebenbedingungen. Die Rolle dieser Annahmen kann zunächst anhand des Beckerschen "Haushalts-Produktionsfunktions-Ansatzes" erläutert werden (vgl. z.B. Becker 1976: 131-149). Nach diesem Ansatz ist ein Haushalt eine simultan produzierende und konsumierende soziale Einheit. Die Nutzenfunktion hängt von bestimmten Gegenständen (commodities) oder "Grundbedürfnissen" ab, über die man gegenwärtig (noch) wenig informiert ist (z.B. Gesundheit, soziales Ansehen, sinnliche Vergnügen usw.). Es ist im allgemeinen nicht erforderlich, explizite Annahmen über die Art der Bedürfnisse oder Motive zu machen, vielmehr ist es entscheidend, Faktoren zu bestimmen, von denen in einem bestimmten sozialen Kontext diese Nutzenquellen - was immer sie sein mögen - abhängen. Becker formuliert seine Theorie in der Weise, daß diese Gegenstände vom Haushalt produziert werden unter Einsatz von Ressourcen wie Marktgütern, Zeit, Fähigkeiten, Umgebungsfaktoren und anderen inputs. Marktgüter oder andere "Nutzenargumente" wie Freizeit sind nach dieser Formulierung Produktionsfaktoren, die mit Hilfe einer "Technologie" des Haushalts in Nutzengegenstände transformiert werden. Diese Nutzengegenstände haben in der Konzeption Beckers keine Marktpreise, sondern "Schattenpreise", die durch die Produktionskosten bestimmt sind. Die Ressourcenbeschränkungen sind im Unterschied zu üblichen Analysen nicht nur diejenigen des verfügbaren Geldeinkommens unter Berücksichtigung der Geldpreise, sondern das "volle Einkommen" hängt auch vom Wert der Ressource "Zeit" ab und entspricht dem durch optimale Allokation dieser Ressource mit anderen Ressourcen erzielbaren maximalen Geldeinkommen. Eine Konsequenz dieser Konzeption ist, daß sich das Schwergewicht der Analyse von den Präferenzen zu den Opportunitäten bzw. constraints verschiebt: Die Produktions- und Investitionstätigkeit unter Verwendung beschränkter Ressourcen bilden in theoretischen Analysen die explikativen Variablen, die überdies relativ leicht "beobachtbar" sind, während Präferenzen als konstant festgehalten werden.

Damit wäre es weniger entscheidend, Verfahren zur Nutzenmessung im herkömmlichen Sinn (als Effektindikatoren) zu entwickeln. Im Licht dieser Perspektive liegt es nahe, so etwas wie "Ursachen-Indikatoren" (Blalock und Wilken 1979:73) zu verwenden, die anzeigen, wovon in einem gegebenen Kontext Nützlichkeiten abhängen. Langfristige Rationalität würde gemäß diesem Ansatz nicht als Eigenschaft von Menschen, bestimmte Zeitpräferenzen zu besitzen, aufgefaßt, sondern wäre als Investition von Ressourcen aufzufassen, deren Erträge möglicherweise erst im (diskontierten) langfristigen Mittel - gemessen an einer für jede Zeitperiode identischen Nutzenfunktion - einen positiven Nettonutzen ergeben. Habitualisierungen, Gewöhnungseffekte usw., also Phänomene, die nach üblicher Interpretation auf Veränderungen von Präferenzen beruhen, würden bei Becker auf geänderte Produktionstechnologien, Ressourcenbeschränkungen, Fähigkeiten und Informationen zurückgeführt (vgl. Stigler und Becker 1977). Die Konformität zu Normen könnte einerseits durch Sanktionserwartungen erklärt werden und andererseits z.B. über Informationskosten, nicht aber durch Konformität als inhärenten Wert (und als Nutzenargument).

Es kann hier nicht ausführlich begründet werden (vgl. hierzu genauer Kap. 3.1.2 unten), daß eine der Beckerschen ähnliche

Erklärungsstrategie in vielen Beiträgen zur sog. "Theorie der Eigentumsrechte" (property rights) ebenfalls feststellbar ist (vgl. Furubotn und Pejovich 1974, für eine Sammlung zentraler Beiträge). Hier geht es nämlich z.T. darum, wie sich unterschiedliche hierarchische institutionelle Regelungen (Bürokratie, kapitalistische Aktiengesellschaften usw.) auf diskretionäre Verhaltensfreiräume, auf die Verwendung von Ressourcen, die der Organisation gehören, und auf das Optimierungsverhalten auswirken. In der ökonomischen Theorie der Bürokratie von Niskanen (1971) wird etwa gezeigt, daß die Produktion privater Ziele (also Nutzenströme) von Bürokraten positiv mit der Höhe des Budgets der Bürokratie zusammenhängt, so daß rationale Bürokraten tendenziell die Verhaltensmaxime der "Budgetmaximierung" befolgen werden. Das bedeutet aber nicht, daß sie "motiviert" wären, das Budget zu erhöhen, weil sie daraus direkt Nutzen ziehen.

Die Forschungsrichtung der Property-Rights-Tradition ist vermutlich deshalb so interessant für soziologische Fragestellungen, weil hier zentral die <u>institutionelle Abhängigkeit</u> von Nutzenargumenten thematisiert wurde, ohne dabei den "direkten" Weg über individuelle Motivationen zu beschreiten (vgl. Lindenberg 1981). "Institutionelle Abhängigkeit" von Nutzenargumenten bedeutet dabei, daß die Nutzengegenstände (commodities) im Sinn Beckers in bestimmten institutionellen Kontexten unter Verwendung institutionell vorgeformter Ressourcen produziert werden können. Zum Beispiel können Politiker in modernen Demokratien nach der ökonomischen Theorie der Demokratie von Schumpeter (1950) und Downs (1968) ihre privaten Ziele durch die Maximierung von Wählerstimmen realisieren, weil die Ressourcen, die zur Produktion dieser Ziele geeignet sind (Parteibudget, Zugang zu politischen Ämtern usw.), im allgemeinen in positiv monotoner Weise mit den Stimmen zusammenhängen. Neben Untersuchungen aus der Theorie der property rights sind also auch viele Konzepte der Neuen Politischen Ökonomie dadurch charakterisiert, daß sie es möglich machen, auf eine "Listenstrategie" (Lindenberg 1981) der Enumeration und Gewichtung individueller Nutzenargumente zu verzichten und statt dessen von wenigen, relativ einfachen strukturell vorgeformten Alternativen und Zielfunktionen der Akteure auszugehen.

Anmerkungen

* Dieses Kapitel ist eine erheblich revidierte und erweiterte Fassung von Voss (1983a).

(1) Neben Gary Becker und weiteren Repräsentanten der Chicagoer Schule können als Hauptvertreter einer solchen Auffassung gelten: die Public-Choice-Schule um James Buchanan sowie weitere Vertreter der Neuen Politischen Ökonomie (z.B. Downs, Olson), die Property-Rights-Tradition (Alchian, Demsetz, Pejovich u.a.), der "law and economics"-Ansatz (Posner), weitere Vertreter der institutionellen Ökonomie (z.B. Williamson) und Autoren wie J.C. Harsanyi oder T.C. Schelling. Die bekanntesten Vertreter diese Programms unter den Soziologen sind J. S. Coleman und R. Boudon.

(2) Vgl. hierzu z.B. Opp (1979), Raub und Voss (1981), Raub (1984) und die dort angegebene Literatur.

(3) Dieser Abkömmling eines homo oeconomicus ist der in der Chicagoer Schule, bei Public-Choice- und bei Property-Rights-Autoren beschriebene Akteur.

(4) Insofern trifft die Kritik, die Hannan (1982:71) an Beckers Familientheorie übt, ins Leere: "I suspect that the theories, even though pitched at the level of individual decision-making will better describe aggregate distributions (in stable institutional environments) than even the average features of the sample paths describing individual histories."

(5) Es wäre natürlich eine wichtige Forschungsfrage zu untersuchen, aufgrund welcher Mechanismen ein solches "als ob"-Handeln zustande kommt und ob die Entstehung einer Kompetenz zu solchem "als ob"-Handeln ein generelles Merkmal der menschlichen Gattung ist oder interindividuell verschieden ausgeprägt ist.

(6) Die im folgenden vorgenommene Interpretation der Annahme stabiler Präferenzen unterscheidet sich von derjenigen Blaugs (1980:241-242). Blaug sieht in dieser Annahme eine methodologisch motivierte Regel, die der Vermeidung von Ad-hoc-Erklärungen dienen soll und zum unüberprüfbaren harten Kern des Chicagoer Forschungsprogramms gehört. Hier hingegen wird diese Annahme, die ja im Unterschied zu den drei Kernannahmen prinzipiell testbar ist, als "Hilfshypothese" gedeutet, die das umfassendere ökonomische Programm in der Soziologie vor Widerlegungen schützen soll.

2. Das Markt-Modell der sozialen Ordnung und soziale Institutionen

Zu den wichtigsten Entdeckungen der ökonomischen Theorietradition, insbesondere der ökonomischen Klassik der schottischen Moralphilosophie, zählt die Herausarbeitung der sozialen Konsequenzen einer bestimmten Art von Institution, nämlich der des Tauschs bzw. des Marktes. Entgegen der Intuition führt ungeregeltes, rationales und eigeninteressiertes Verhalten hier keineswegs zu Chaos und Unfrieden, sondern zu einem Zustand sozialer Ordnung, der alle Beteiligten zufriedenstellt. Dieses Markt-Modell der sozialen Ordnung, das übrigens auch bei den Schotten bereits durch andere institutionelle Regelungen sowie soziale Motivationen als zusätzlichen Bedingungen der gesellschaftlichen Ordnung ergänzt wurde, war von Seiten einer spezifisch soziologischen Tradition, deren Beginn man bei Durkheim ansetzen kann, lange der Kritik ausgesetzt. Diese Kritik kann dahingehend zusammengefaßt werden, daß Märkte soziale und institutionelle Voraussetzungen haben, die in der ökonomischen Konzeption zu den unexplizierten Randbedingungen gehören, und daß diese institutionellen Bedingungen nur unter Verwendung eines anderen - spezifisch soziologischen - Erklärungsansatzes untersucht werden können. Die Kritik mündete in der Behauptung, daß ganz andere Faktoren für die Entstehung und Stabilität sozialer Ordnung verantwortlich sind als die im Marktmodell angenommenen egoistisch motivierten, rationalen Handlungen der beteiligten Akteure.

In den nachfolgenden Ausführungen soll diese Diskussion in groben Strichen nachgezeichnet werden, wobei die Intention der Darstellung die Herausarbeitung der systematischen Argumente und weniger eine historisch orientierte Exegese klassischer Texte ist. Zunächst wird (2.1) eine Skizze der klassischen Markt-Lösung des Ordnungsproblems gegeben. Im Anschluß (2.2) wird die Kritik von Durkheim (und später auch von Parsons u.a.) an dieser Markt-Konzeption erläutert und rekonstruiert. Es wird danach (2.3.) eingegangen auf die im Rahmen der Theorie des sozialen Tauschs entwickelte Markt-Konzeption der sozialen Ordnung und auf die Frage, ob die Herausforderung Durkheims auch für diese Ansätze zutrifft. Im letzten Teil dieses Kapitels (2.4) wird die Lösung des Ordnungsproblems, die in der Tradition Durkheims und Parsons' selbst vorgeschlagen wurde, analysiert.

2.1 Das Problem der sozialen Ordnung und die Markt-Lösung

Talcott Parsons (1937) hat - wie vor ihm z.B. Georg Simmel - unter Anknüpfung an die klassische Sozialphilosophie Hobbes' eine in gewisser Weise 'transzendentale' Fragestellung in die Soziologie eingeführt, nämlich die nach den Bedingungen (der Möglichkeit) sozialer Ordnung. Dieses Problem bildet, wie Parsons ausführt, "the most fundamental empirical difficulty of utilitarian thought." (Parsons 1937:91).

Bei der Darstellung des Ordnungsproblems geht Parsons von der durch Hobbes (1976: Kap. XIII) beschriebenen Situation eines Naturzustandes der Menschheit aus. Diese 'natürliche Bedingung der Menschheit' (Hobbes 1976:63) ist dadurch charakterisiert, daß die Menschen unbeschränkt ihren natürlichen Neigungen (passions) folgen können. Diese Neigungen sind darauf gerichtet, Güter ("Good"), deren Auftreten Befriedigung ("pleasure") verschafft, anzustreben und Übel ("Evill") zu meiden. Was "gut" oder "schlecht" ist, bestimmt sich dabei (im Naturzustand) lediglich nach den Wünschen der betrachteten natürlichen Person (vgl. Hobbes 1976:24-25). Die von Hobbes verwendete Verhaltensannahme ist eine frühe Form der Theorie rationalen Handelns:
"(...) man by nature chooseth the lesser evill, (...) rather than the greater (...). And this is granted to be true by all men (...)." (Hobbes 1976:72)[1]. Diese Wünsche und Neigungen führen zu permanentem Wettbewerb und Konflikt. Hobbes geht davon aus, daß es Ressourcen gibt, die die Befriedigung indivi-

dueller Wünsche ermöglichen oder fördern können. Die Gesamtheit der natürlichen oder erworbenen Ressourcen einer Person nennt Hobbes (1976:43) Macht. "THE POWER of a Man, (to take is Universally) is his present means, to obtain some future apparent Good." (Hobbes 1976:43). Die natürlichen Ressourcen (oder Machtquellen) sind nach Hobbes z.B. Körperkraft oder Intelligenz. Erworbene oder instrumentelle Ressourcen können aus dem Gebrauch der Fähigkeiten (natürlichen Ressourcen) anderer Personen resultieren. Der Erwerb dieser Ressourcen hängt wiederum ab von den natürlichen Ressourcen einer Person (Hobbes 1976:43). Eine entscheidende Annahme, die Hobbes über die Menschen im Naturzustand trifft, ist die einer im Durchschnitt gleichen Ausstattung mit solchen Ressourcen bzw. einer gleichförmigen Machtverteilung (Hobbes 1976:63). Außerdem sind die 'Dinge' und Ressourcen, die die Menschen entsprechend ihren Neigungen produzieren oder anstreben, knappe, private Güter, es kommt folglich zum Wettbewerb: "From this equality of ability, ariseth equality of hope in the attaining of our Ends. And therefore if any two men desire the same thing, which neverthelesse they cannot both enjoy, they become enemies (...)" (Hobbes 1976:63). In dem norm- und rechtlosen Naturzustand wirkt sich diese Konkurrenz nach Hobbes so aus, daß jeder Akteur eine potentielle Bedrohung für einen jeden anderen Akteur und dessen Leben, Ressourcen- und Güterverfügung darstellt: Jeder, der seinen "Besitz" verteidigen will, kann nicht mit der Unterstützung durch andere rechnen, da diese anderen keinen Anreiz für diese Verteidigungsleistung haben, aufgrund der angenommenen Machtgleichheit aber auch nicht zu diesen Anstrengungen gezwungen werden können. Andererseits existieren für die Besitzlosen prinzipiell Anreize, besitzende Individuen anzugreifen - sei es allein oder in einer kooperativen Gruppe -, da die Angegriffenen nichts zu ihrer Verteidigung aufwenden können als ihre eigenen physischen Ressourcen. Diese Angriffe können aber nur zu einer kurzzeitigen Umverteilung führen, die zeitlich nicht stabil ist, weil die Situation vollkommen symmetrisch zu der des Beraubten ist (vgl. Hobbes 1976:63)[2]. Hobbes (1976:64) nennt drei Klassen von Motiven,

die unter diesen Bedingungen dazu beitragen, daß immer Anreize zum Angriff anderer Akteure bestehen: "So that in the nature of man, we find three principall causes of quarrell. First, Competition; Secondly, Diffidence; Thirdly, Glory.
The first, maketh men invade for Gain; the second, for Safety; and the third, for Reputation." (Hobbes 1976: 64). Im Naturzustand befinden sich die Akteure also permanent in einem latenten oder manifesten Krieg aller gegen alle. Es gibt keine Gesellschaft, keine Kultur, keine arbeitsteilige Produktion und keinen Tausch:
"And the life of man, solitary, poore, nasty, brutish, and short." (Hobbes 1976:65). Im übrigen war Hobbes (1976:65) sich der Tatsache bewußt, daß es diesen Naturzustand niemals und schon gar nicht als Zustand der gesamten Menschheit gegeben hat. Der Naturzustand ist aber mehr als ein Gedankenexperiment, weil er lokal immer wieder auftritt, z.B. zwischen primitiven Stämmen oder zwischen Staaten (Hobbes 1976:65). Die Lösung, die nach Hobbes von den in der beschriebenen Weise miteinander verflochtenen selbstinteressierten und vernünftigen (reasonable) Akteuren gefunden wird, um sich aus diesem Naturzustand zu befreien und eine Situation herbeizuführen, in der sich alle besserstellen, ist bekanntlich der Leviathan. Der Leviathan entsteht dann, wenn alle Akteure gemeinsam ihre Ressourcen einem (korporativen) Akteur übertragen, der die Einhaltung von Regeln überwacht. Die Entstehung des Staates ist dabei Konsequenz einer dauerhaften und endgültigen Übereinkunft zwischen allen einzelnen Akteuren ("of every man with every man"), die insofern Prinzipien der individuellen Rationalität entspricht als dieser Transfer aller individuellen Freiheitsrechte nur unter der Bedingung der Kooperation aller übrigen Akteure erfolgt:

"This is more than Consent, or Concord; it is a reall Unitie of them all, in one and the same Person, made by Covenant of every man with every man, in such manner, as if every man should say to every man, <u>I Authorise and give up my Right of Governing my selfe, to this Man, or to this Assembly of men,</u>

on this condition, that thou give up thy Right to him, and Authorise all his Actions in like manner." (Hobbes 1976:89).

Diese Lösung des Problems der sozialen Ordnung empfindet Parsons als unbefriedigend, weil der Leviathan ein deus ex machina sei, der zwar tatsächlich die Funktion erfüllen kann, mithilfe seines Monopols an Gewalt Sanktionen anzudrohen und auszuführen, dessen Entstehung Hobbes aber nicht erklären könne. Der Leviathan bleibt exogen und vollkommen außerhalb des Systems von Akteuren (vgl. Parsons 1937:314). Parsons (1937:91 u. passim) wertet diese Tatsache als Indiz dafür, daß im Rahmen eines "utilitaristischen" Erklärungsprogramms eine Lösung dieses Problems unmöglich und ein alternatives Erklärungsprogramm erforderlich sei.

Parsons unterläßt es jedoch, eine prima facie von der Hobbesschen "Zwangs"-Lösung des Ordnungsproblems abweichende "utilitaristische" Lösung zu diskutieren, die als Austausch- oder Markt-Modell sozialer Ordnung bezeichnet werden kann[3].

Das Markt-Modell der Ordnung ist eine Lösung, die in klassischer Weise von den schottischen Moralisten, insbesondere Adam Smith, vorgetragen wurde. Danach entsteht soziale Ordnung unter selbstinteressierten Akteuren spontan - und ohne eine externe Steuerung durch Zwang oder eine interne Steuerung durch moralische Werte - dadurch, daß Individuen von sich aus Anreizen folgen, ihr Verhalten wechselseitig aneinander anzupassen. Gerade weil jeder Akteur zur Befriedigung seiner Wünsche darauf angewiesen ist, daß er mit anderen kooperiert, wird er sich bemühen, seinen eigenen Interessen zu dienen, indem er gleichzeitig diejenigen anderer fördert:

"(...) man has almost constant occasion for the help of his brethren, and it is in vain for him to expect it from their benevolence only. He will be more likely to prevail if he can interest their self-love in his favour, and shew them that it is for their own advantage to do for him what he requires of them." (Smith 1976:26)

Die unsichtbare Hand des Marktes leitet die Akteure, ihre Kapazitäten und Ressourcen in produktiver Weise zu nutzen, sich zu spezialisieren und die Produkte zu tauschen. Individuelle Kapazitätsunterschiede und Komplementarität von Kontrolle über knappe Ressourcen sind also Faktoren, die Anreize zur Kooperation (Tausch) bereitstellen und einen kollektiv optimalen Zustand herbeiführen.

Eine Idee, die erst von späteren Autoren präzise formuliert wurde, war die der Gleichgewichtspreise. Unter den institutionellen Bedingungen des vollkommenen Wettbewerbs werden nämlich diese Anreize zu kooperativen Transaktionen tatsächlich genutzt. Ein potentieller Konflikt über die dabei möglichen Tauschverhältnisse zwischen den Gütermengen wird dadurch gelöst, daß es eindeutige Gleichgewichtspreise gibt: Eine Bedingung, die notwendig ist für die Existenz solcher Wettbewerbspreise, ist gemäß Edgeworths Kontrakt-Gesetz, daß die Zahl der Marktteilnehmer "sehr groß" ist (gegen Unendlich strebt); dann kann nämlich gemäß Überlegungen der n-Personen-Spieltheorie eine Wettbewerbsallokation existieren, so daß die Wirtschaft im Gleichgewicht ist, und die Wettbewerbsallokation kann im "Kern" liegen, woraus ihre Pareto-Optimalität folgt (vgl. Debreu und Scarf 1963 als klassische Arbeit). Aus der Sicht der individuellen Akteure kann die Funktion von Preisen darin gesehen werden (vgl. Hayek 1945), daß sie eine wechselseitige Verträglichkeit der Erwartungen ermöglichen. Preise sind kostenlose Informationen, die in hoch kondensierter Form die für das individuelle Anpassungsverhalten an die Ziel-Mittel-Struktur der Wirtschaft erforderlichen Daten bereitstellen. Das Preissystem ist ein System der Informationsübertragung, das eine schnelle und effiziente Allokation knapper Ressourcen ermöglicht, die alternativen institutionellen Regelungen überlegen ist (Hayek 1945). Unter den institutionellen Bedingungen eines Wettbewerbsmarktes behandelt jeder Akteur die Preise und seinen (mit den Preisen verrechneten) Ressourcenbestand als Restriktionen und tritt im übrigen unter dieser Bedingung freiwillig derart in Transaktionen mit anderen Akteuren ein, daß sein individueller Nutzen maximiert wird. Ergebnis des Optimierungsverhaltens einer Vielzahl von Akteuren ist ein Zustand sozialen Gleichgewichts, der Pareto-optimal ist, so daß keiner der Akteure einen Anreiz hat, sein Verhalten zu ändern, weil er seinen erreichten Ressourcenbestand unter den gegebenen Bedingungen nicht weiter verbessern kann. Unter der Annahme, daß die institutionellen Bedingungen des Wettbewerbsmarktes erhalten bleiben, werden exogene Änderungen folglich immer wieder Anpassungsprozesse in Gang setzen, die zu optimalen Gleichgewichten führen. Die Institution des Marktes führt zu stabilen Verhaltensregelmäßigkeiten, gerade weil die beteiligten Akteure ihre privaten Interessen verfolgen und sich dabei den Marktrestriktionen anpassen. Kontraintuitiv erscheint es zunächst ebenfalls, daß soziale Ordnung in diesem Sinn dann gefördert wird, wenn die Verschiedenheit (der individuellen Fähigkeiten und Ressourcen) und damit die (nicht-strategische) Interdependenz der Akteure groß sind, weil die Anreize zum Tausch dann um so größer sind (vgl. auch Olson 1969).

Im übrigen waren sich die schottischen Moralisten darüber im klaren, daß ein solches Marktsystem keineswegs in einem institutionellen Vakuum existiert. Smith (1976: Book V) hat große Teile seiner Analysen der optimalen Ausgestaltung staatlicher Institutionen, z.B. des Systems der Besteuerung, gewidmet. Insbesondere hinsichtlich der Erstellung öffentlicher Güter wie nationaler Verteidigung, Verkehrswegen, Justiz usw., sah er staatliche Instanzen für unverzichtbar an. Im Unterschied zu Hobbes sah Smith im Problem der Entstehung von Herrschaftsinstitutionen und Staaten mit Gewaltmonopol keine besondere Schwierigkeit für seinen Ansatz. Vielmehr ist nach Smith (1976:714-715) davon auszugehen, daß sich in allen Gesellschaften von einer bestimmten Entwicklungsstufe an eine ungleiche Verteilung von Vermögen herausbildet. Diese Ungleichheit der Verfügung über wertvolle Ressourcen führt zur Ausbildung von Autoritätshierarchien:

"It thereby introduces some degree of that civil government which is indispensably necessary for its own preservation: and it seems to do this naturally, and even independent of the consideration of that necessity. The consideration of that necessity comes no doubt afterwards to contribute very much to maintain and secure that authority and subordination. The rich, in particular, are necessarily interested to support that order of things, which can alone secure them in the possession of their own advantages. Men of inferior wealth combine to defend those of superior wealth in the possession of their property, in order that men of superior wealth may combine to defend them in the possession of theirs. (...)
Civil government, so far as it is instituted for the security of property, is in reality instituted for the defence of the rich against the poor, or of those who have some property against those who have none at all." (Smith 1976:715)

Die Entstehung von Institutionen, die Ungleichheit stabilisieren, wird also erklärt aus dem Eigeninteresse der von Ungleichheit profitierenden Akteure. Dabei wird die staatliche Schutzorganisation für das Eigentum der Besitzenden, das potentiell immer durch Angriffe der Besitzlosen gefährdet ist (Smith 1976:708-710), dadurch aufrechterhalten, daß die "Reichen" mit den "Kleinbesitzenden" freiwillig kooperieren; beide Gruppen tauschen Schutzleistungen für das Eigentum der jeweils anderen Gruppe aus. Adam Smith hat sich diese Prozesse der Herausbildung und Stabilisierung von sozialer Ungleichheit also durchaus analog zu Marktphänomenen vorgestellt. Seine Analyse läuft bereits darauf hinaus, das Markt-Modell zur Erklärung der Entstehung und Aufrechterhaltung solcher Institutionen heranzuziehen, die vom gewöhnlichen wirtschaftlichen Marktsektor abweichen. Diese Idee, die auch den anderen schottischen Moralisten geläufig war, ist erst viel später wieder aufgegriffen und systematisch entwickelt worden, nämlich z.B. in der Theorie des sozialen Tauschs (vgl. unten Kap. 2.3).

2.2 Durkheims-Herausforderung: Institutionelle Voraussetzungen des Markt-Modells

Mit dem Problem der sozialen Ordnung und den "utilitaristischen" Lösungen hat sich in klassischer Weise Durkheim (1973) in seiner De la division du travail social auseinandergesetzt. Seine Kritik vertragstheoretischer Begründungen sozialer Ordnung, die er als Versuche, Ordnung auf einen Grundvertrag aller Akteure zurückzuführen, auffaßt, fällt dabei knapp aus. Mit dem ihm eigenen empiristischen Rigorismus weist er (Durkheim 1973:179) darauf hin, daß nicht einmal Spuren solcher Gesellschaftsverträge empirisch vorfindbar seien, es sei denn, man würde den Gehalt der Vertragstheorie vollkommen aushöhlen und jede Art von nicht-erzwungenem Teilnahmeverhalten am sozialen Leben als vertragliche Übereinkunft deuten und damit nichts erklären können. Für wesentlich interessanter hält Durkheim eine von Spencer formulierte Version des Markt-Modells der sozialen Ordnung, nach der fortgeschrittene Gesellschaften auf einer Vielzahl von bilateralen Verträgen beruhen, die ihrerseits die Austauschbeziehungen zwischen den spezialisierten Akteuren regeln. Die soziale Solidarität entspringt nach dieser von Durkheim referierten Vorstellung Spencers aus der spontanen, natürlichen Interessenübereinstimmung wie sie für Tauschpartner am Markt charakteristisch ist (Durkheim 1973:180).

In seiner Kritik behauptet Durkheim (1973:180-181), daß die Form von "Solidarität" (bzw. sozialer Ordnung), die aufgrund von Markttransaktionen entsteht, wenig stabil sein kann. Durkheim gesteht zu, daß unter Bedingungen zunehmender Spezialisierung und Interdependenz der Verfügung über Ressourcen Anreize entstehen, Tauschbeziehungen einzugehen. Die Tauschtransaktionen, die aus diesen Anreizen erklärt werden können, haben jedoch nach Durkheim (1973:180-181) gerade die Eigenschaft zeitlicher Instabilität. Es handelt sich um Beziehungen, die zwischen anonymen, wechselnden Partnern ablaufen können und deren Dauer sich nur über den für den Tauschakt erforderlichen Zeitraum erstreckt. Nach Beendigung der Transaktion ist die Beziehung gelöst und es ist durchaus möglich, daß sich der Markt aufgrund geänderter Anreizbedingungen in der nachfolgenden Periode aus ganz anderen Dyaden (oder Netzwerken) zusammensetzt. Da die individuellen Interessen zwar zur augenblicklichen Interessenharmonie zwischen Egoisten führen können, die Interessenlagen aber wenig dauerhaft seien, könne man nicht davon ausgehen, daß sich aus den Tauschbeziehungen rationaler Akteure allein eine stabile soziale Ordnung ergeben kann:[4)]

"(...) si l'intérêt rapproche les hommes, ce n'est jamais que pour quelques instants; il ne peut créer entre eux qu'un lien extérieur. Dans le fait de l'échange, les divers agents restent en dehors les uns des autres, et l'opération terminée, chacun se retrouve et se reprend tout entier. (...) Si même on regarde au fond des choses, on verra que toute harmonie d'intérêts recèle un conflit latent ou simplement ajourné. (...) L'intérêt est, en effet, ce qu'il y a de moins constant au monde. Aujourd'hui, il m'est utile de m'unir à vous; demain, la même raison fera de moi votre ennemi.
Une telle cause ne peut donc donner naissance qu'à des rapprochements passagers et à des associations d'un jour." (Durkheim 1973:180-181)

Unter einer vertraglichen Beziehung versteht Durkheim (1973: 183, 192 und passim) eine Regelung von Transaktionen derart, daß die zukünftigen Verpflichtungen der beteiligten Parteien im Vorhinein explizit festgelegt und von den Parteien anerkannt werden. Obwohl Durkheims Argumentation sicher nicht vollkommen konsistent ist, kann man verschiedene Aspekte seiner These, daß Tausch- und Vertragsbeziehungen instabil sind ohne eine Unterstützung durch nichtvertragliche Beziehungen, unterscheiden. Zunächst - dieser Aspekt wurde von Durkheim am wenigsten eindeutig formuliert - benötigt jede in Durkheims Sinn vertragliche Beziehung einen Mechanismus, der eine Einhaltung der gegebenen Versprechen und Verpflichtungen bewirkt. Jeder Akteur hat nämlich einen Anreiz, das was er braucht, mit dem geringsten Aufwand zu erhalten (Durkheim 1973:191) und Verpflichtungen sind ohne einen solchen Mechanismus nicht bindend (Durkheim 1973:82):[5)]

"Il est vrai que les obligations proprement contractuelles peuvent se nouer et se dénouer par le seul accord des volontés. Mais il ne faut pas oublier que, si le contrat a le pouvoir de lier, c'est la société qui le lui communique. Supposez qu'elle ne sanctionne pas les obligations contractées; celles-ci deviennent de simples promesses qui n'ont plus qu'une autorité morale." (Durkheim 1973:82)

Ein weiterer Punkt, den Durkheim besonders hervorhebt, ist die Tatsache, daß in Tauschbeziehungen, insbesondere solchen, die sich über eine längere Zeitperiode erstrecken, keineswegs alle gegenseitig erwarteten Handlungen Gegenstand expliziter Übereinkünfte und Verpflichtungen sein können. Der Grund ist einmal die Mühe, die das Aushandeln expliziter Übereinkünfte ohnehin bedeutet (Durkheim 1973:191) und zum anderen die Unsicherheit über zukünftige Bedingungen, unter denen die Tauschbeziehung stattfindet (ibid.). Für wiederholte Tauschbeziehungen wäre es deshalb äußerst riskant, ihren Ablauf auf einmal getroffene Übereinkünfte zu gründen, die resultierende Solidarität wäre fragil (Durkheim 1973:191-192). Die andere Alternative, sequentiell die Vertragsbedingungen immer wieder erneut auszuhandeln, würde aufgrund der prohibitiv hohen Kosten eine Befriedigung elementarer Lebensbedürfnisse über Tauschbeziehungen unmöglich machen:[6)]

"La plupart de nos relations avec autrui sont de nature contractuelle. Si donc il fallait à chaque fois instituer à nouveau les luttes, les pourparlers nécessaires pour bien établir toutes les conditions de l'accord dans le présent et dans l' avenir, nous serions immobilisés." (Durkheim 1973:192)

Aus diesen Überlegungen folgert Durkheim, daß es soziale Regelungsmechanismen geben muß, die die Bedingungen der Kooperation festlegen, und zwar nicht nur für den bei Abschluß bestehenden Zustand sondern auch unter Berücksichtigung der möglichen Umstände, die ihn ändern können (Durkheim 1973:190-191). Diese Regelungsmechanismen sieht er durch das Vorhandensein rechtlicher Regelungen, z.B. Vertrags-, Verwaltungs- oder - im Fall von Transaktionen innerhalb der Familie - das Familienrecht, als gegeben an (Durkheim 1973:184-205, 84-102 u. passim). Diese rechtlichen Regelungen werden ergänzt durch nicht weniger bindende moralische Vorschriften, die durch den Druck (pression) der Sitten (moeurs) aufrechterhalten werden (Durkheim 1973:193 u. passim).

Es soll nun versucht werden, einen Hauptaspekt von Durkheims Argument über die Instabilität von Tauschbeziehungen und ihre nichtkontraktuellen Voraussetzungen unter Verwendung moderner spieltheoretischer Begriffe zu präzisieren. Zu diesem Zweck stelle man sich einen Ausschnitt aus einem n-Personen-Marktsystem zu einem gegebenen Zeitpunkt vor. Es sei angenommen, dieses aus einer Dyade (Akteur A und Akteur B) bestehende Teilsystem befände sich in einer Situation, in der ein wechselseitig vorteilhafter Tausch möglich ist, wobei im Augenblick außer Acht gelassen werden kann, um welche Art getauschter Ressourcen es geht. Die strategische Situation, in der die Akteure sich befinden, möge nun repräsentiert werden können durch das Matrix-Spiel in Abb. 2.1.

In dieser Situation stehen jedem Akteur annahmegemäß drei Handlungsalternativen offen. Geht man davon aus, daß Transaktionen wechselseitige Transfers von Ressourcen darstellen, so steht jeder Beteiligte vor der Wahl, überhaupt einen Transfer zu leisten oder nicht, d.h. die Ressourcen zurückzuhalten. Hinsichtlich der tatsächlich geleisteten Transfers ist fraglich, nach welchen Kriterien die Tauschverhältnisse bestimmt werden sollen. Der Einfachheit halber sei angenommen, daß es einerseits möglich wäre, die Tauschrate direkt auszuhandeln. In die Spielmatrix ist das Ergebnis (der Einigungspunkt) eines fiktiven vorgeschalteten Verhandlungsspiels eingetragen. Dieses Ergebnis unterscheidet sich (z.B. wegen der Verhandlungskosten oder der unterschiedlichen Verhandlungsstärken) von einem Auszahlungsvektor, der durch die sich aus der Anerkennung eines Wettbewerbspreises ergebenden Tauschverhältnisse resultiert. Diese beiden Alternativen werden in Abb. 2.1 als kompetitive und nicht-kompetitive Transfers bezeichnet. Die strategische Analyse dieser Situation ergibt folgende Resultate: (1) Die 2x2-Submatrix im oberen linken Teil repräsentiert (für sich allein betrachtet) ein nichtkooperatives <u>Verhandlungs-</u>

oder Koordinationsproblem (vgl. zu diesen nicht ganz einheitlich gebrauchten Konzepten unten Kap. 3.2). Dieses Spiel hätte in reinen Strategien zwei Gleichgewichtspunkte, nämlich einmal, wechselseitige Transfers zum Wettbewerbspreis durchzuführen, und zweitens, wechselseitig nichtkompetitive Transfers zu leisten. Das Problematische dieser Situation besteht darin, daß jeweils ein Spieler das nicht-kompetitive Ergebnis dem Wettbewerbs-Ergebnis streng vorzieht / nicht vorzieht. Zu dieser Situation gibt es, sofern das Spiel nichtkooperativ ist, kein naheliegendes Kriterium der Wahl eines bestimmten Gleich-

Abb. 2.1: Bilateraler Tausch als Gefangenen-Dilemma-Verhandlungs-Spiel

		Akteur B		
		kompetitiver Transfer	nicht-kompetitiver Transfer	Zurückhalten der Ressourcen
	kompetitiver Transfer	[10,10]	0,0	[-5,20]
Akteur A	nicht-kompetitiver Transfer	0,0	[11,9]	[-5,20]
	Zurückhalten der Ressourcen	[20,-5]	[20,-5]	(0,0)

Das eingekreiste Auszahlungspaar ist Gleichgewicht, rechteckig umgrenzte Paare sind Pareto-optimal.

gewichtspunktes. (Allenfalls könnte gemäß der Harsanyi-Zeuthen-Theorie eine geringe Risikodominanz des Gleichgewichtspunkts (10,10) ein Kriterium sein, das Spieler A, der im Konfliktfall relativ mehr zu verlieren hat, zu Konzessionen veranlassen würde.) (2) Betrachten wir die gesamte 3x3-Matrix, so wird offenbar, daß jeder Spieler einen Anreiz hat, von einer Transferstrategie abzuweichen. Das gesamte Spiel besitzt in reinen Strategien den eindeutigen stabilen Gleichgewichtspunkt, die Ressourcen jeweils zurückzuhalten. Es handelt sich um eine Gefangenen-Dilemma-Situation, in der es den Akteuren zwar im Prinzip ("physikalisch") möglich wäre, einen effizienten Auszahlungsvektor, z.B. (10,10), zu erreichen. Dieser Ausgang ist aber unter den Bedingungen dieses Spiels nicht stabil. Aus den (einfach) dominanten Strategien der beiden Akteure ergibt sich das Pareto-inferiore Resultat (0,0). Rationale Akteure können also in dieser Situation die Vorteile der Kooperation über den Tausch nicht nutzen.

Die These Durkheims kann nun folgendermaßen wiedergegeben werden: Zugestanden werden kann, daß Spezialisierung soziale Kooperation in Form von Tausch vorteilhaft werden läßt, weil das durch wechselseitige Transfers erreichbare Ergebnis (10,10) von beiden Akteuren dem 'natürlichen' Zustand der Ressourcenverteilung (0,0) vorgezogen wird. Obwohl der Marktmechanismus den Prozeß der Ressourcenallokation über den isolierten bilateralen Tausch hinaus effizient koordinieren könnte - was aber nach Durkheim auch zu qualifizieren wäre - befinden sich die Akteure in einer Situation, die die unsichtbare Hand gar nicht erst in Aktion treten läßt[7)]. Dies gilt jedenfalls solange, wie ein 'vorkontraktuelles' institutionelles Rahmenwerk fehlt, das durch Androhung von rechtlichen Sanktionen und über internalisierte Werte der Gemeinschaft die Anreize zur Nichteinhaltung von Verträgen vermindert.

Durkheim hat in seiner Kritik des Marktmodells der Ordnung die alte Hobbessche Problematik wieder aufgegriffen und gezeigt, daß sie nicht durch die Institution des Tauschs und des Marktes allein gelöst werden kann (vgl. auch Parsons 1937:314).

Anscheinend hat Durkheim jedoch unterstellt, daß rationales Handeln in bestimmten Typen von Tauschsituationen durchaus zu kurzfristig stabilen Beziehungen führen kann. Zur Prüfung dieser These ist es naheliegend, kurz auf soziale Bedingungen einzugehen, unter denen in einer potentiellen Tauschsituation das Gefangenen-Dilemma entsteht, vermieden oder 'gelöst' wird. Es bietet sich dabei an, einen Blick auf unterschiedliche Eigenschaften der möglichen Transaktionen zwischen Tauschpartnern zu werfen.

Ein erstes Problem in einem Zustand Hobbesscher Anarchie resultiert daraus, daß die Akteure ihren Ressourcenbestand gegen Angriffe verteidigen müssen. Hierzu ist ein gewisser Rüstungsaufwand erforderlich, der dazu führt, daß Ressourcen in einen unproduktiven Bereich umgelenkt werden (vgl. Buchanan 1975: Kap.4). Es sei angenommen, daß die Akteure entweder einen Zustand "natürlicher Verteilung" (W. Bush) erreicht haben, der auf einem Gleichgewicht von Verteidigungsanstrengungen beruht, oder daß jeder Akteur aus anderen Gründen seine Ressourcen in bestimmten Hinsichten allein kontrollieren und übertragen kann. Es können z.B. Eigentumsrechte existieren, die auf einer bedingten Abrüstung der Parteien beruhen und damit Ressourcen freisetzen, die nun in produktiver Weise eingesetzt werden können. Eine solche Abrüstung kann übrigens so vorgestellt werden, daß sie auf einem bilateralen Tausch beruht, bei dem simultan beide Beteiligte eine Selbstentwaffnung vornehmen. Ohne daß man hier schon auf eine sanktionierende externe Instanz in Form eines protektiven Staates zurückgreifen müßte, kann in dieser Weise die spontane Entstehung von Eigentumsrechten als Lösung eines Koordinationsproblems konzeptualisiert werden (Buchanan 1975:59, vgl. auch allgemeiner Schotter 1981:43-45), wobei jedoch zu beachten ist, daß dies nur unter restriktiven Bedingungen gilt und üblicherweise Gefangenen-

Dilemma-Eigenschaften des Problems im Vordergrund stehen (Buchanan 1975:64-68).

Nimmt man also an, daß - auf welche Weise auch immer - Eigentumsrechte entstanden sind oder ein natürliches Gleichgewicht besteht, erscheint es möglich, den Tausch von Kontrolle über Ressourcen zunächst nach Eigenschaften der Ressourcen zu klassifizieren. Coleman (1975:85) verwendet das Kriterium der physischen Übertragbarkeit (alienability) der Kontrolle über eine Ressource. Bestimmte private Güter lassen sich durch diese Eigenschaft auszeichnen, während die Kontrolle über Handlungen nicht übertragbar ist. In diesem Fall (z.B. Formen des sozialen Austausches, Arbeits- und Autoritätsbeziehungen) können nur Versprechen gegeben werden, in bestimmter Weise zu handeln. Eine weitere naheliegende Dimension ist die zeitliche Beziehung zwischen den Transfers der Tauschpartner. Unterscheiden kann man hier zwischen simultanen und sukzessiven Transfers. Austauschbeziehungen, die zwischen Partnern ablaufen, die über den simplen Akt des Transferierens von Ressourcen hinaus in keiner Beziehung stehen, können als diskrete Transaktionen (analog zu Macneils (1980:10) diskreten Verträgen) bezeichnet werden.

Diskrete Transaktionen entsprechen dem neoklassischen Modell, insbesondere der Homogenitätsbedingung vollkommener Wettbewerbsmärkte. Es handelt sich um Transaktionen zwischen Partnern, die keine gemeinsame Vergangenheit oder Zukunft besitzen, die sich also weder auf in der Beziehung ausgebildete Verhaltenskonventionen stützen können noch in ihrem gegenwärtigen Verhalten Erfordernisse zukünftiger Kooperation berücksichtigen müssen. Anfang, Dauer und Ende der Tauschbeziehung sind ex ante vollständig, spezifisch und bindend vereinbart (vgl. Macneil 1980:Kap.1 für eine genauere Darstellung). Relational können diejenigen Transaktionen genannt werden, die nicht diskret sind (vgl. Macneil 1980:10). Es handelt sich also um Beziehungen (vgl. Williamson 1979), die aus (möglicherweise unbestimmt häufig) wiederholten Transaktionen bestehen. Ein weiteres Merkmal kann sein, daß relationale Transaktionen hohe transaktionsspezifische Investitionen erfordern, woraus sich eine große Inhomogenität der beteiligten Partner ergibt. Macneil (1980:4) versteht unter einem Vertrag: "no more and no less than the relations among parties to the process of projecting exchange into the future". Diese Projektion von Tauschbeziehungen in die Zukunft kann erfolgen durch Versprechen, d.h. "'Present communication of a commitment to engage in a reciprocal measured exchange.'" (Macneil 1980:7). In allen nichtdiskreten Tauschbeziehungen spielen darüberhinaus andere "nonpromissory exchange- projectors" eine Rolle, z.B. Autorität, Konventionen, Normen (ibid.). Als eine weitere Dimension zur Charakterisierung von Transaktionen könnte das Ausmaß angesehen werden, in dem der Ablauf des Tauschs nicht über explizite Übereinkünfte gesteuert wird. Insbesondere für sozialen Tausch dürfte Versprechen in diesem Sinn eine geringe Rolle spielen.

Aus diesen Dimensionen ließen sich im Prinzip verschiedene Typen von Transaktionen konstruieren. Hat man es mit einer diskreten Transaktion zu tun, die aus einem simultanen Tausch übertragbarer Ressourcen besteht, könnte man von einer simultanen spot-Transaktion sprechen. In diesem Fall transferiert A seine Ressourcen dem Individuum B unter der Bedingung, daß gleichzeitig B die vereinbarte Quantität seiner Ressourcen A übergibt und vice versa. Beispiel für Transaktionen dieser Art kann der Handel auf einem Schwarzmarkt zwischen Unbekannten sein. Auch der Tausch an Bank- oder Eisenbahnschaltern wird von Seiten des korporativen Akteurs (z.T. durch technische Hilfsmittel) so gestaltet, daß er ein simultaner spot-Kontrakt ist. In diesen Fällen tritt das Gefangenen-Dilemma nicht auf, weil die Alternative, die Ressourcen einseitig zurückzuhalten, nicht realisiert werden kann. Tausch ist in diesem Fall lediglich kooperatives Koordinations- oder Verhandlungsproblem. Im übrigen können auch bestimmte soziale Interaktionen, bei denen die Ressourcen nicht übertragbar sind, als spot-Tauschbeziehungen gedeutet werden, z.B. die wechselseitige Zuwendung von

Aufmerksamkeit beim flüchtigen Flirt zwischen unbekannten Personen.

Diese diskreten Transaktionen können tatsächlich, ohne daß es dazu institutioneller Regelungen bedürfte, eine kurzfristige Stabilität aufweisen, die solange dauert, wie die Transfers der beteiligten Personen. Es ist Durkheim also zuzustimmen, daß diese diskreten Transaktionen zwar eine kurzfristige Solidarität aufgrund von Interessenübereinstimmung schaffen, über den Tauschakt hinaus jedoch ohne Konsequenzen für die Generierung sozialer Solidarität sind. Die Situation ist jedoch dann anders, wenn der Tausch sukzessive erfolgt. Dann entsteht nämlich auch - und gerade - bei diskreten Transaktionen ein Gefangenen-Dilemma-Problem, so wie es oben erläutert wurde: Jeder Beteiligte hat hier im Prinzip einen Anreiz, getroffene Abmachungen zu brechen. In diesem Fall kann eine rechtliche Absicherung und Sanktionierung oder ein unabhängig von der Beziehung entwickelter generalisierter Moralkodex ein Weg sein, das Gefangenen-Dilemma zu lösen oder zu vermeiden. Dieser Typ diskreter Tauschbeziehungen kann also bereits im Sinn Durkheims vorkontraktuelle Elemente institutioneller Absicherung erfordern. Probleme anderer Art, auf die Durkheim ebenfalls hingewiesen hat, können auftreten, wenn die Transferleistungen sich über längere Zeiträume erstrecken und wenn die Akteure unter der Bedingung der Unsicherheit entscheiden müssen. In diesem Fall ist vollständige Präsentiation (Macneil) durch explizite Spezifikation der Vertragsbedingungen mit prohibitiv hohen Kosten verbunden (vgl. Williamson 1979:237), so daß der Marktmechanismus ohne zusätzliche institutionelle organisatorische Regelung nicht in der Lage ist, die Handlungen effizient zu koordinieren. Neue Erklärungsansätze aus der institutionellen Ökonomie legen übrigens die Idee nahe, daß die Kosten der Kreation und Aufrechterhaltung dieser Institutionen am ehesten dann getragen werden, wenn sich relationale Transaktionen entwickelt haben, in denen solche Probleme der Steuerung von Unsicherheit wiederholt gelöst werden müssen (Williamson 1975, 1979, vgl. auch unten, Kap. 3.1.2.2).

Es ist Durkheim und seinen Nachfolgern, die immer wieder auf die Tragweite seiner Ausführungen zu institutionellen Voraussetzungen von Verträgen hingewiesen haben (z.B. Parsons 1937: 311-317, Parsons 1967, Münch 1982:281-361 u. passim), zuzugestehen, daß unter der Voraussetzung einer stabilen 'natürlichen Verteilung' oder dem Bestehen von Eigentumsrechten (1) Tauschbeziehungen zwar für alle Beteiligten Kooperationsvorteile ermöglichen, jedoch - abgesehen von diskreten spot-Transaktionen - mit Anreizproblemen (Gefangenen-Dilemma) verbunden sind; (2) unter bestimmten Bedingungen (längerfristige Verträge, Unsicherheit, relationale Beziehungen) erscheint der Markt-Mechanismus darüberhinaus ungeeignet, Koordinations- und Verhandlungsprobleme zu lösen, da diese marktmäßigen ad-hoc-Anpassungen an neue Bedingungen mit prohibitiv hohen Transaktionskosten verbunden wären und letztlich zur Handlungsunfähigkeit führen würden. Die im kompetitiven Marktmodell angenommenen Koordinationsleistungen des Preissystems können also nur realisiert werden, wenn es zusätzliche nicht-marktliche institutionelle Koordinationsmechanismen gibt. Es ist eine entscheidende weitere These Durkheims, daß die Theorie rationalen Handelns lediglich die Entstehung diskreter spot-Transaktionen erklären kann, nicht aber andere Transaktionen und ihre institutionellen oder 'moralischen' Voraussetzungen.

2.3 Märkte sozialer Austauschbeziehungen

Trotz dieser Vorbehalte Durkheims hat sich in der Soziologie eine Forschungstradition entwickelt, deren Ziel es ist, soziale Beziehungen als Tausch zu interpretieren und entsprechend die zeitlich stabile Strukturierung dieser Beziehungen und ihre integrativen Konsequenzen als Ergebnisse von rational motiviertem Tausch der beteiligten Akteure zu erklären. Es kann hier nicht unsere Aufgabe sein, die vielschichtigen Varianten theoretischer Argumente, die unter dem Etikett 'Theorien des sozialen Austauschs' firmieren, zu beschreiben und zu klassifizieren (vgl. dazu z.B. die Übersichten bei Ekeh 1974, Emerson 1976, Heath 1971, Heath 1976, Turner 1978:Part III). Die explizit ökonomischen Erklärungen des sozialen Tauschs sind dabei bei einigen Autoren - zumindest zeitweise - in den Hintergrund getreten zugunsten verhaltenstheoretisch-behavioristischer Erklärungsversuche.

Eine an der Ökonomie orientierte Programmatik einer Theorie des sozialen Tauschs wurde zunächst von Homans 1958 formuliert (der sie allerdings (1974:53ff.) wieder zurückgenommen hat) und an Blaus (1963:121-143, zuerst 1955 erschienener) Beschreibung der Sozialstruktur einer Kleingruppe im Kontext einer Bürokratie illustriert. In dieser Fallstudie Blaus, die als ein paradigmatisches Beispiel der Theorie des sozialen Tauschs gelten könnte (sofern man letztere als "Paradigma" ansehen möchte), werden die zentralen Elemente der untersuchten Transaktionen deutlich, die sich von den Eigenschaften klassischer und neoklassischer Transaktionen auf "wirtschaftlichen" Märkten unterscheiden (vgl. Blau 1963:121-143, insbes. 137-141; Blau 1964:Kap.4 u. passim):

- Soziale Austauschbeziehungen enthalten relationale Transaktionen, d.h. die Akteure sind in einer sozialen Beziehung (z.B. als Mitglied einer Arbeitsgruppe), die unabhängig von den Tauschtransaktionen besteht.

- Für soziale Austauschbeziehungen existiert keine volle Präsentiation, d.h. Art und Umfang der erwarteten Transferleistungen sind relativ unbestimmt und keinesfalls Gegenstand expliziter Übereinkünfte.

- In sozialen Austauschbeziehungen entwickeln sich keine expliziten Wettbewerbspreise, die die zur Koordination der Handlungen erforderlichen Informationen liefern könnten. Es existiert im übrigen auch kein generalisiertes Tauschmedium Geld. Falls Bedingungen eines vollkommenen Marktes gegeben sind, können sich u.U.

Schattenpreise in Einheiten bestimmter numéraire-Güter herausbilden.

- Transferleistungen in sozialen Tauschbeziehungen sind meist sukzessiv. Sie erhalten in dem Maße, in dem die Gegenleistungen unspezifiziert bleiben, den Charakter von <u>unilateralen Investitionen</u>, die - wenn überhaupt - nur im abdiskontierten langfristigen Mittel zu bilateral vorteilhaften Transaktionen werden.

Die theoretische Interpretation der in seiner Einzelfallstudie (Blau 1963) gemachten Beobachtungen über eine informale Statusstruktur in einer Arbeitsgruppe im Kontext einer öffentlichen Bürokratie und deren Entwicklung über die Zeit kann als eine intuitive komparativ-statische mikroökonomische Analyse angesehen werden. Obwohl Blau (1963:138) von unterschiedlichen Präferenzen als einer Voraussetzung für Tausch spricht, ist der Ausgangspunkt seiner Untersuchung eher die Feststellung einer <u>differentiellen Verteilung</u> von Ressourcen in Form <u>von</u> individueller <u>Kompetenz</u> zwischen den Gruppenmitgliedern. Einige der Individuen besitzen eine größere Kompetenz, schwierige Arbeitsprobleme zu lösen als andere. Andererseits werden die zu bewältigenden Arbeitsaufgaben unter den Gruppenmitgliedern von Seiten der Vorgesetzten annähernd gleich verteilt. Institutionell vorgegebener <u>Maximand</u> ist die <u>Arbeitsleistung</u>, da diese regelmäßig evaluiert wird und wesentliche Determinante der Beförderungschancen ist. Die kompetenteren Akteure können unter den gegebenen (von Blau genauer beschriebenen) Bedingungen (jedenfalls durch Tausch) keine weitere Optimierung ihrer Arbeitsleistungen erreichen. Blau nimmt - wie auch andere Tauschtheoretiker - an, daß soziale Anerkennung (social approval) in Form von <u>Respektbezeugungen</u> eine weitere mit den individuellen Nutzenargumenten positiv monoton wachsende Ressource darstellt. Tatsächlich ist Tausch von Hilfeleistungen bei der Lösung von Arbeitsproblemen auf Seiten des kompetenten Experten mit Kosten verbunden, die in den Opportunitätskosten seiner Zeit gesehen werden können (vgl. sinngemäß Blau 1963:130).

Als Ergebnis der Prozesse optimaler Allokation von Arbeits- und Beratungs- bzw. Respektbezeugungszeit ergibt sich in der Gruppe ein Gleichgewichtszustand - Homans (1958) spricht von "practical equilibrium" - der durch zeitlich stabile Tauschraten der beiden Ressourcen zwischen den möglichen Dyaden der Kleingruppe gekennzeichnet ist. Die Struktur der Gruppe ist dabei so, daß der Grad an Ungleichheit begrenzt ist. Es gibt nicht einen Star, der die gesamte Beratungstätigkeit auf sich ziehen würde. Vielmehr zeigt es sich, daß sich viele stabile Dyaden und kleinere Netzwerke wechselseitiger Beratung herausgebildet haben und eine kleine Anzahl von Experten abwechselnd mit Gruppenmitgliedern geringerer Kompetenz Beratungszeit gegen Respekt austauscht (Blau 1963:127-132). Bildet man dieses System wiederholter Interaktionen zwischen Mitgliedern einer Gruppe durch eine explizitere, statische, mikroökonomische Modellbildung ab (Blau 1964:Kap.7, Oberschall 1979), so kann dies naturgemäß nicht ohne heroische Vereinfachung geschehen. Die Stabilität des Gruppengleichgewichts ist dabei zusätzlich nur unter Bedingungen gesichert, die genauer herausgearbeitet werden müßten (z.B. Ausschließen von differentiellen Lerneffekten, die Fähigkeitspotentiale verbessern; Stabilität von Nutzenfunktionen usw.). Einen anderen Punkt, den Blau (1963: 140-141) besonders hervorhebt, kann die kurz intuitiv angedeutete mikroökonomische Betrachtung nicht abbilden, nämlich die Entwicklung von unspezifischen Verpflichtungen zu Gegenleistungen. Während der Tausch von Respekt gegen Beratung in grober erster Annäherung als eine spot-Transaktion gedeutet werden kann, hat man es mit einem anderen Transaktionstyp zu tun, sobald diese Verpflichtungen ins Spiel kommen. Unspezifische Verpflichtungen, die nach Blau dann entstehen, wenn der Wert zusätzlicher Respektbezeugungen zu niedrig ist, um den Preis der Beratung 'entgelten' zu können, werden erst zu unbestimmten späteren Zeitpunkten zu Transferleistungen unspezifizierter Art.

Ein weiteres Problem wird deutlich, wenn Beratungstätigkeit wechselseitig zwischen Statusgleichen getauscht wird. Auch in diesen Fällen wird die Gegenleistung des Ratsuchenden in der unspezifischen Verpflichtung bestehen, zu einem späteren Zeitpunkt selbst Beratungsleistungen zu erbringen. Beratungstätigkeit, die nicht innerhalb von Dyaden aus denselben Akteuren, sondern kettenförmig abläuft (A berät B, B berät C, C berät A, ...), ist eine weitere Form von sozialem Tausch, die sich einer statischen mikroökonomischen Analyse zu entziehen scheint.

- Eine weitere Eigenschaft sozialer Austauschbeziehungen kann also deren <u>indirekte</u> Struktur sein (Blau 1964:259-263). Hierbei leisten die Akteure "altruistische Transfers" (vgl. Kurz 1977) an ausgezeichnete andere Akteure, ohne erwarten zu können, Gegenleistungen von denselben Partnern zu erhalten.

Diese Eigenschaft sozialer Austauschbeziehungen, unspezifische Verpflichtungen zu erzeugen, verdeutlicht, daß sich hier im Prinzip <u>Anreizprobleme</u> ergeben, die aus einer Gefangenen-Dilemma-Struktur der Situation entstehen. Jeder der Partner ist nämlich der Versuchung ausgesetzt, diese Verpflichtungen, deren Erfüllung mit Kosten verbunden ist, nicht einzuhalten. Somit erscheint es fraglich, warum es überhaupt zur Entstehung sozialer Tauschbeziehungen kommen sollte. Dieses Problem verschärft sich noch, wenn die Entstehung indirekter Tauschbeziehungen mit ihren altruistisch erscheinenden Transfers erklärt werden soll. Es erscheint, zusammenfassend gesagt, ganz im Sinn der Herausforderung Durkheims fraglich, ob das auf "soziale" Tauschbeziehungen ausgeweitete Markt-Modell eine befriedigende Erklärung sozialer "Solidarität" oder "Ordnung" liefern kann.

Eine auf der Hand liegende Antwort auf diese Einwände, die u.a. bereits von Blau (1963:140-141; 1964:Kap.4, Kap.10) formuliert wurde, ist, daß sozialer Austausch nur unter bestimmten <u>sozialen Bedingungen</u> entstehen und stabil bleiben kann. Im Anschluß an Gouldner (1973) gesteht Blau (1964:92-93) zwar zu, daß <u>Reziprozitätsnormen</u> in diesem Zusammenhang eine Rolle spielen können. Die Funktion dieser Normen sei jedoch - im Unterschied zur Auffassung Gouldners - weniger die eines Startmechanismus, also einer vor der Entwicklung der Tauschprozesse bestehenden notwendigen Bedingung, sondern eher die einer Verstärkung und Stabilisierung vorhandener - und ohne normative Zwänge entstandener - sozialer Austauschbeziehungen. Die Normen selbst entstehen im Zusammenhang mit der Entwicklung des Tauschs, sie begleiten und fördern den Tausch und entstehen aus den gleichen Anreizen wie Tauschprozesse selbst, nämlich dem rationalen Selbstinteresse der beteiligten Akteure. Im Zusammenhang der Erklärung indirekter Tauschstrukturen dürften Solidaritätsnormen eine ähnliche Rolle spielen wie Reziprozitätsnormen in direkten bilateralen Beziehungen. Diese Solidaritätsnormen würden dabei vorschreiben, Personen, die Mitglieder einer in-group sind (oder auch nur kategoriale Merkmale als Indikatoren für Zusammengehörigkeiten und Nicht-Anonymität aufweisen), einseitig zu unterstützen. Erforderlich ist dabei zur theoretischen Ableitung der endogenen Entstehung von Normen und damit der Lösung des Gefangenen-Dilemma die Annahme, daß es in bestimmten sozialen Situationen im rationalen langfristigen Eigeninteresse der Akteure liegen kann, auf die Wahrnehmung kurzfristiger Vorteile zu verzichten, um damit insgesamt (über die zukünftigen Zeitperioden abdiskontiert) einen höheren Ertrag zu erzielen (vgl. z.B. Coleman 1964:176, Ellis 1971:694-696 für Andeutungen dieses Arguments in diesem Zusammenhang). Ähnliche Ideen liegen auch anderen Analysen der Entstehung prosozialer Verhaltensweisen, "altruistischer" Transfers, der Selbstbindung (z.B. an einen charismatischen Führer) zugrunde. Diese Verhaltensweisen werden dabei nämlich nicht gedeutet als auf individuellen Dispositionen beruhende, norm- oder wertorientierte Handlungen (mit Werten oder Konformität als Nutzenargument), sondern als bestimmte Formen (psychischer) Investitionen, die in einer Einschränkung der eigenen Handlungsfreiheit bestehen, um dadurch langfristig Vorteile zu erhalten (z.B. Coleman 1966:56 u. passim; Coleman 1975: 87; Zablocki 1980:266ff.). Es ist natürlich eine entscheidende Frage, die dann beantwortet werden muß, wenn diese Ideen keine gehaltlosen Scheinlösungen sein sollen, unter welchen sozialen Bedingungen die erwarteten Erträge solcher Investitionen größer sind als die Kosten.

In der Entwicklung der Theorie des sozialen Tauschs hat die Erklärung (der Entstehung) der Bedingungen, die eine Lösung der im sozialen Tausch entstehenden Anreizprobleme ermöglichen, jedoch keine entscheidende Rolle gespielt. Insbesondere auch in der stark an der Theorie rationalen Handelns orientierten Tauschtheorie Colemans (1972, 1973; vgl. als Überblick Raub und Voss 1981: Kap.6) wird die Frage der Anwendungsbedingungen als exogen behandelt (vgl. jedoch inzwischen Coleman 1982, 1983). Dies ist deshalb problematisch, weil die von Coleman intendierten Anwendungsfälle, nämlich Prozesse des Stimmentauschs (logrolling) in Systemen kollektiver Entscheidungen, in sozialem Tausch von Verpflichtungen zu zukünftigen Handlungen bestehen.

Die zweite Hauptgruppe von Schwierigkeiten, die sich aus den besonderen Eigenschaften sozialer Austauschbeziehungen ergeben, betrifft die <u>Koordination</u> der Handlungen <u>durch</u> informationskostensenkende <u>Marktinstrumente</u> (Preise). Geht man einmal davon aus, daß Märkte sozialer Tauschbeziehungen als vollkommene Märkte im Sinn der Mikroökonomie (vgl. oben Kap.1) modelliert werden (z.B. Coleman 1972, 1973; Oberschall 1979), entsteht das Problem nicht-geldwerter Preise. Tauschmärkte sind typischerweise Naturaltauschwirtschaften, in denen äquivalente Werte getauschter Ressourcen am Maßstab bestimmter numéraire-Güter gemessen werden. Bei Coleman sind diese Schattenpreise (von Ereignissen) ausgedrückt durch den Anteil an Ressourcen im Tauschsystem, der auf das Ereignis gerichtet ist.

Im weitesten Sinn lassen sich auch die mikroökonomischen Arbeiten Gary Beckers (1976, 1981) dem Programm der Tauschtheorie zuordnen, zumal Becker (1981:Kap. 3 u. passim) explizit versucht, soziale Phänomene als Schattenmärkte zu modellieren. Die Allokation von Heiratspartnern wird etwa über ein Markt-

Modell des Heiratsmarktes beschrieben. Dabei wird von den transaktionalen Problemen von Heiratsbeziehungen, die langfristige nicht-diskrete Transaktionen par excellence darstellen, abgesehen und für jede Kombination von Heiratspartnern ein Aggregatwert gebildet, der die erwartete Produktion an Nutzengegenständen im betreffenden Ehehaushalt angibt. Ein Marktgleichgewicht ergibt sich aus der Zuordnung von Partnern, die den durchschnittlichen Heirats<u>gewinn</u> über alle Paare maximiert, so daß es keine Allokation gibt, die einen Heiratspartner besser stellt ohne einen anderen schlechter zu stellen (Becker 1981:66-70). Becker (1981:Kap.4) ist in der Lage, einige interessante Vorhersagen bzw. Erklärungen bekannter Beobachtungen zu liefern, die die Frage betreffen, unter welchen Randbedingungen welche Kombinationen von Partnern mit welchen Eigenschaften ein Gleichgewicht sind und welche Personen unverheiratet bleiben. Es ist eine offene Frage, ob die Qualität dieser Aussagen beeinträchtigt wird durch die faktischen Unvollkommenheiten, die gerade Familienbeziehungen oder Heiratsmärkte aufweisen und die eine Existenz eindeutiger Gleichgewichts(schatten)preise zunächst wenig plausibel erscheinen lassen (in dieser Richtung argumentiert Ben-Porath 1982:60-63).

Der Ansatz der Theorie sozialen Austauschs in der von Homans oder Blau repräsentierten Form ist ein anderer. Blau (1964:94-96) sieht es als wesentliches Merkmal dieser Beziehungen an, daß es keine Geld- aber auch keine (Schatten-) Gleichgewichtspreise gibt. Die in sozialen Tauschbeziehungen bestehenden Verhandlungs- und Koordinationsprobleme werden nach seiner Vorstellung gelöst durch <u>Normen</u> des fairen Austauschs:

"Common norms develop in societies that stipulate fair rates of exchange between social benefits and the returns individuals deserve for the investments made to produce these benefits." (Blau 1964:155).
"(...) since fairness is a social norm that prescribes just treatment as a moral principle, third parties in the community will disapprove of a person who deals unfairly with others under his power whereas the one whose dealings are just and fair

earns general social approval. Finally, internalized moral standards may make men feel guilty for treating others unjustly." (Blau 1964:157)

Ähnliche Ideen haben in einer sozialpsychologischen Tradition zur Entwicklung einer "equity"-Theorie (vgl. z.B. Walster et al. 1978) geführt, deren Grundaussage besagt, daß Gruppen ein "System" der gerechten Verteilung von Belohnung entwickeln, wodurch es möglich wird, die 'kollektiven Belohnungen' zu maximieren. Die equity-Regel wird dabei als eine internalisierte Attitüde aufgefaßt, die ähnlich den kognitiven Konsistenzprinzipien (wie Balance, Dissonanz) Akteure motiviert, Abweichungen von dieser Norm, die zu psychischem Unbehagen führen, zu beseitigen (Walster et al. 1978). Eine ähnliche Konzeption ist Homans' (1974:248-252) Regel distributiver Gerechtigkeit, die Individuen mit Informationen darüber versorgt, welche Belohnungen sie in sozialen Beziehungen gemessen an ihren Aufwendungen erwarten können. Im Unterschied zu Blaus Konzeption einer internalisierten, aber auch durch dritte Parteien sanktionierten Norm, faßt Homans diese Regel als natürliches Sentiment auf, das gemäß seiner Frustrations-Aggressions-Hypothese (Homans 1974:37) zu Unbehagen und aggressivem Verhalten führt, wenn die Erwartungen verletzt werden.

Es läßt sich resümierend feststellen, daß nach der Vorstellung von Vertretern einer Theorie des sozialen Tauschs die Marktinstrumente bzw. -institutionen ergänzt oder substituiert werden durch verschiedene nicht-marktliche Institutionen, die damit soziale Bedingungen der Stabilität sozialer Tauschbeziehungen sind. Da in sozialen Tauschbeziehungen eine Überwachung von Normen (z.B. Eigentumsrechten) über spezialisierte Stäbe im allgemeinen nicht erfolgt, muß angenommen werden, daß die Beteiligten diese Normen selbst überwachen. Wesentliche Unterschiede zwischen ökonomischem und sozialem Tausch lassen sich in folgender Tabelle (Abb. 2.2) zusammenfassen.

Abb. 2.2: Lösungen problematischer Situationen unterschiedlicher Marktinstitutionen

	Wirtschaftliche Wettbewerbsmärkte	Märkte sozialer Austauschbeziehungen
Information zur Lösung der Koordinations- und Verhandlungsprobleme	Wettbewerbspreise (Dimension: Geld): Bedingung der Äquivalenz der Werte	- "Schatten"-Wettbewerbspreise - soziale Normen als Schattenpreise: equity, distributive Gerechtigkeit, Fairness
Lösung des Gefangenen-Dilemma-Problems	- konditionaler spot-Austausch - Rechtsnormen - moralische Normen	- konditionaler spot-Austausch - Normen ohne Sanktionsstäbe: Reziprozität, Solidarität

Diese Darstellung der im Zusammenhang mit der Markt-Lösung des Ordnungsproblems auftauchenden Probleme stimmt tendenziell mit der Auffassung Durkheims überein. Durkheim und nach ihm Parsons u.a. waren jedoch der Auffassung, daß diese Probleme im Rahmen eines utilitaristischen Erklärungsansatzes unlösbar sind und sie schlugen eine eigene Konzeption von sozialer Ordnung vor, die wir im Anschluß an Ellis (1971) als 'normative Lösung' bezeichnen wollen.

2.4 Die normative Lösung des Problems der sozialen Ordnung

Wenn den Einwänden gegen das Markt-Modell der Ordnung durchaus zugestimmt werden kann, so bedeutet das keineswegs, daß auch den von Durkheim und Parsons aus ihrer Kritik gezogenen Folgerungen gefolgt werden muß. Diese angeblichen Konsequenzen kann man dahingehend zusammenfassen, daß eine Erklärung sozialer Ordnung aus utilitaristischen Verhaltensannahmen prinzipiell unmöglich ist, und daß zweitens eine andere, spezifisch soziologische Betrachtungsweise befriedigende Erklärungen liefert. Was den ersten Aspekt betrifft, so scheint die Situation auch gegenwärtigen Exponenten dieser Tradition Durkheims und Parsons' klar, z.B. äußert sich Münch (1982:281-282) wie folgt:

"Es ist erstaunlich, mit welcher Leichtigkeit die gegenwärtig wieder im Aufschwung befindliche utilitaristische Sozialtheorie Erklärungen sozialer Ordnung anbietet, deren Kurzsichtigkeit in der Soziologie längst bekannt sind. Man kann daran sehen, daß die Widerlegung einer Theorie noch lange nicht deren Aussterben zur Folge haben muß."

Zu dieser Frage werden wir in den folgenden Kapiteln noch Stellung nehmen. Eine erschöpfende und abschließende Darstellung und Bewertung der normativen Lösung des Ordnungsproblems kann nicht Gegenstand dieser Arbeit sein. Lediglich rekapituliert werden sollen kurz die Hauptthesen, die als 'normative Lösung' bekannt geworden sind und wichtige Einwände.

Durkheim (1973) hat bekanntlich in der "organischen Solidarität" die entscheidende Bedingung stabiler sozialer Ordnung arbeitsteiliger Gesellschaften gesehen. Dieses Konzept ist bei Durkheim keineswegs klar formuliert (vgl. z.B. Parsons 1937: 318-321). Im Unterschied zur Auffassung der Schotten ist für das Bestehen organischer Solidarität eine aus der Interessenkomplementarität (als Bedingung des Tauschs) resultierende Wahrnehmung der gegenseitigen Abhängigkeit durch die Akteure nicht hinreichend. Vielmehr entstehen aus der Arbeitsteilung Gefühle der gegenseitigen Abhängigkeit, die altruistischer (Durkheim 1973:207) oder moralischer Natur sind (ibid. u. 27 u. passim): "Toute société est une société morale" (Durkheim 1973:207). Altruismus und moralische Verpflichtung auf Werte der kollektiven Solidarität werden dabei von Durkheim in der Weise konzipiert, daß es sich um von der Interessenlage unabhängige (und gelegentlich gegen sie gerichtete) Handlungen handelt, eine Auffassung von normativer Verhaltenssteuerung, die Münch (1982:303 u. passim) unter dem Einfluß Parsons' als auf einer unbedingten Verfolgung moralischer oder altruistischer Präferenzen beruhend interpretiert. (Diese Idee könnte rekonstruiert werden über nicht-Archimedische, z.B. lexikographische Präferenzordnungen, vgl. oben Kap.1). Die Durkheimsche Lösung des Ordnungsproblems wurde von Parsons (vgl. Parsons 1937:308-324; 1951:43; 1967) weitgehend akzeptiert. Stärker als Durkheim betont Parsons die Bedeutung gemeinsamer Werte, die - über Sozialisationsprozesse vermittelt - normative Standards der Handlungsorientierung liefern, für das Bestehen sozialer Ordnung (vgl. Parsons 1937, 1951 passim). Ein Hobbesscher Naturzustand eines Kriegs aller gegen alle wird also nach Parsons vermieden, wenn in dem betreffenden sozialen System klare gemeinsame Werte institutionalisiert sind und die Akteure gelernt haben, sich diesen Werten und Normen sowie Rollenerwartungen gegenüber konform zu verhalten. Diese Werte werden dabei ähnlich wie Durkheims "mechanische Solidarität" aufgrund einer gefühlsmäßigen Bindung an die Kollektivität befolgt, was nicht ausschließt, daß viel Raum für die Verfolgung privater Ziele verbleibt (z.B. Parsons 1951:41).

Zu der in der Literatur zu findenen umfangreichen Kritik an dieser 'normativen Lösung' muß zwar angemerkt werden, daß sie häufig dem vielschichtigen Werk Parsons' nicht gerecht wurde (vgl. z.B. Bourricaud 1977:115-126 über die Kritik der angeblich "übersozialisierten" Konzeption des Akteurs bei Parsons).

Die grundlegenden Argumente scheinen uns jedoch überzeugend zu sein. Ein Haupteinwand bezieht sich darauf, daß Parsons weniger eine Lösung des Hobbesschen Problems geliefert, als vielmehr die Frage umgangen habe, indem er nämlich von einem sozialen System ausgehe, das bereits normativ reguliert ist (Coleman 1964:166-167). Weder bei Durkheim noch bei Parsons finden sich systematische Argumente über die sozialen Bedingungen und Prozesse, die dazu führen, daß soziale Situationen sich normieren[8)]. Natürlich gibt es Klassifikationsversuche der verschiedenen Werte und Normen unterschiedlicher sozialer Systeme und Subsysteme, Aussagen über Mechanismen der sozialen Kontrolle und der Sozialisation. Diese Untersuchungen gehen jedoch immer davon aus, daß bereits Normen existieren[9)].

Kritikbedürftig ist auch die Konzeption der Verhaltenswirksamkeit von Normen. Geht man davon aus, daß ordnungsstiftende Normen Selektionsregeln liefern, die für alle Akteure verbindliche Grenzen zweckrationalen Handelns angeben (Münch 1982: 42), so ist damit sicher gegenüber der in der Folklore des Strukturfunktionalismus anzutreffenden konformistischen, übersozialisierten Konzeption des Akteurs einiges an Plausibilität gewonnen. Diese Konzeption wäre aber sehr präzisierungsbedürftig, um zu testbaren Konklusionen gelangen zu können und würde eine Handlungstheorie erfordern, die eine Alternative zur Nutzentheorie darstellt. Die gegenwärtigen, bei Münch (1982) oder bei Bourricaud (1977) zusammengetragenen, Versuche in dieser Richtung haben zu dem Ergebnis geführt, eine Vielzahl von motivierenden und kognitiven Faktoren in vager Weise zu kombinieren, so daß es möglich wird, soziale Phänomene in dieser Sprache zu beschreiben, aber nicht, testbare Konsequenzen zu generieren. Akzeptiert man jedoch die Nutzentheorie, so könnte Konformität zu diesen Werten über lexikographische Präferenzen konzeptualisiert werden. Eine solche Konzeption kategorischer Moralität ist jedoch empirisch äußerst fragwürdig, insbesondere auch dann, wenn versucht wird, die Stabilität globaler sozialer Systeme auf sie zu gründen (vgl. z.B. Goode 1973:101-

102 für eine Aufzählung von widersprechenden empirischen Befunden).

Abgesehen von der geringen empirischen Plausibilität einer solchen kategorischen Moralität, entstehen, wie bei jeder Konzipierung von Normen über Präferenzen, die bekannten Probleme der Erklärung der Entwicklung solcher Präferenzen. Die Gefahr, unter Verwendung eines solchen Ansatzes ad-hoc-Erklärungen zu liefern, ist sicher ebenso groß wie die Schwierigkeit, die erforderlichen Erklärungsleistungen tatsächlich einzulösen. Auch eine rationale Rekonstruktion der 'normativen Lösung' mit Hilfe nutzentheoretischer Konzepte läßt diese Lösung wenig aussichtsreich erscheinen. Es soll daher im folgenden der bereits oben angedeutete Versuch der Tauschtheorie aufgegriffen und ausgearbeitet werden, die Entwicklung von sozialem Tausch einschließlich einem institutionellen Rahmenwerk aus den sozialen Bedingungen des Tausches selbst zu erklären. Das bedeutet aber, den Einfluß dieser Situationsbedingungen über die Restriktionen, Ressourcen, rationlen Erwartungen usw. zu konzeptualisieren, nicht jedoch über geänderte Präferenzen.

Anmerkungen

(1) Eine andere Formulierung seiner Verhaltensannahme ist die folgende, die Hobbes im Zusammenhang einer Untersuchung der Motivation eines Transfers von Rechten schildert: "For it is a voluntary act: and of the voluntary acts of every man, the object is some Good to himselfe" (Hobbes 1976: 68). Im Zusammenhang der Analyse des Transfers von Rechten finden sich übrigens einige Ideen, die der modernen Theorie des sozialen Tauschs ähneln (ibid.: Kap. 14).

(2) Da dieses Argument zentral ist, soll hier die entsprechende Originaltextpassage wiedergegeben werden:
"From this equality of ability, ariseth equality of hope in the attaining of our Ends. And therefore if any two men desire the same thing, which nevertheless they cannot both enjoy, they become enemies; and in the way to their End, (which is principally their owne conservation, and sometimes their delectation only,) endeavour to destroy, or subdue one an other. And from hence it comes to passe, that where an Invader hath no more to feare, than an other

mans single power; if one plant, sow, build, or possesse a convenient seat, others may probably be expected to come prepared with forces united, to dispossesse, and deprice him, not only of the fruit of his labour, but also of his life, or liberty. And the Invader again is in the like danger of another" (Hobbes 1976:63).

(3) Eine Klassifikation der Lösungen des Ordnungsproblems in ein "Zwangs"- und "Austausch"-Modell und in eine nicht-utilitaristische, "normative" Lösung findet sich z.B. bei Ellis (1971). Coleman (1964) hat versucht, ein bestimmtes Markt-Modell als Alternative zur Hobbesschen Zwangslösung zu entwickeln, wobei er explizit auf A. Smith als Vorläufer dieser Idee verweist.

(4) Deutsche Übersetzung:
"(...) wenn das Interesse die Individuen auch näher bringt, so doch nur für einige Augenblicke; es kann aber zwischen ihnen nur ein äußerliches Band knüpfen. Im Tausch selbst bleiben die verschiedenen Träger außerhalb einander und jeder bleibt derselbe und zur Gänze Herr über sich, wenn das Geschäft beendet ist (...). Wenn man tiefer schaut, dann sieht man, daß jede Interessenharmonie einen schlummernden oder einfach vertagten Konflikt verdeckt. (...) Das Interesse ist in der Tat das am wenigsten Beständige auf der Welt. Heute nützt es mir, mich mit Ihnen zu verbinden; morgen macht mich derselbe Grund zu Ihrem Feind. Eine derartige Ursache kann nur zu vorübergehenden Annäherungen und zu flüchtigen Verbindungen führen" (Durkheim 1977:243-244).

(5) Deutsche Übersetzung:
"Zwar können rein vertragliche Pflichten allein mit der Zustimmung der Vertragspartner geschlossen und gelöst werden. Man darf aber nicht vergessen, daß der Vertrag, wenn er bindend ist, diese Bindung der Gesellschaft verdankt. Nehmen wir an, daß sie die vertraglichen Pflichten nicht sanktionieren würde; sie wären dann nur einfache Versprechen, die keine moralische Autorität mehr haben" (Durkheim 1977: 155).

(6) Deutsche Übersetzung:
"Die meisten unserer Beziehungen mit anderen sind Vertragsbeziehungen. Wenn man also jedesmal aufs neue kämpfen und die nötigen Unterhandlungen einleiten müßte, um die gegenwärtigen und zukünftigen Vertragsbestimmungen aufzustellen, wären wir handlungsunfähig" (Durkheim 1977:253).

(7) Man wird sicher zugeben müssen, daß unsere rationale Rekonstruktion der Argumentation Durkheims recht weit über den Text hinausgeht. Eine ähnliche Nachkonstruktion mit Hilfe der Prisoners' dilemma-Situation findet sich jedoch auch bei Collins und Makowsky (1978:99-101); vgl. in diesem Zusammenhang auch Münch (1982: Kap. 4, insbes. 287 u. passim).

(8) Die Schwierigkeit der Position einer "normativen" Lösung des Ordnungsproblems liegt, wie wir im Vorgriff auf Ausführungen in Kap. 3.2 sagen können, darin, daß hier so argumentiert wird, als ob die Akteure schon immer in einem kooperativen Spiel agieren würden. Es ist mit einigem Geschick dann nämlich durch Formulierung geeigneter Regeln meist möglich, zu zeigen, daß die resultierenden Ergebnisse effizient (oder: funktional bezogen auf Systemerfordernisse usw.) sind. Damit sind aber die Regeln des Spiels nicht erklärt, ebensowenig wie die Entstehung von Normen, d.h. z.B. sicheren Erwartungen über effiziente nichtkooperative Gleichgewichte.

(9) Münch (1982:passim) hält diese Kritik für unberechtigt, und er meint auch, Parsons habe keine normative Lösung vorgeschlagen, sondern eine voluntaristische. Diese voluntaristische Antwort ist nach Münch (1982:43) eine Kombination - er verwendet den Begriff "Interpenetration" - aus kategorischer Verpflichtung auf gemeinsame Werte und Zweck-Mittel-Kalkulation. Abgesehen von der mangelnden Präzision dieser Konzeption, trifft auf diese Lösung derselbe oben formulierte Einwand zu. Es ist bemerkenswert, in welcher Weise Münch (1982:43) das Ordnungsproblem umdefiniert, um den utilitaristischen Ansätzen zu bescheinigen, <u>diese</u> Erklärungsfrage nicht beantworten zu können: "Jede Erklärung des 'Entstehens einer Norm' muß deshalb auch die Frage beantworten können, wie die kategorische Verpflichtung auf eine Norm zustande kommt, und diese Frage kann man weder durch Tausch noch durch Zentralisierung von Sanktionsgewalt, insgesamt überhaupt nicht allein durch Nutzenerwägungen beantworten."

3. Soziale Bedingungen der Entstehung von Institutionen: Allgemeine Aspekte

Eine Betrachtung tauschtheoretischer Erklärungsversuche für soziale Ordnung hat ergeben, daß Markt-Institutionen, insbesondere solche, die nicht-diskrete Transaktionen, z.B. sozialen Tausch enthalten, ein institutionelles Defizit aufweisen. Falls es möglich wäre, dieses normativ-institutionelle Rahmenwerk von Märkten endogen unter Verwendung der Annahme rationalen Handelns zu erklären, könnte die Herausforderung Durkheims beantwortet werden.

Tatsächlich finden sich solche Versuche einer ökonomischen Erklärung von Regeln und Normen bereits bei den von Durkheim kritisierten schottischen Moralisten. Erinnert werden kann in diesem Zusammenhang an die Namen A. Ferguson, D. Hume und A. Smith, die (vgl. als Übersicht und für weitere Hinweise Vanberg 1983:57-63) die Entwicklung sozialer Institutionen (Eigentumsrechte, konventionelle Regeln, moralische Normen, Sprache, Geld) aus über lange Zeiträume erstreckten, ungeplanten und spontanen, rationalen individuellen Anpassungen an Bedingungen problematischer sozialer Situationen erklärt haben. Gemeinsam haben diese individualistisch-evolutionären Erklärungen mit den Erklärungen von Marktprozessen die Tatsache, daß es sich in beiden Fällen um 'unsichtbare Hand'-Erklärungen (Nozick 1976) handelt. Das zu erklärende strukturierte soziale Phänomen (z.B. ein Marktgleichgewicht oder eine Institution) wird dabei als von den Akteuren unerwartetes Resultat intentionaler Handlungen, die durch einen sozialen Mechanismus (z.B. Marktinstrumente, die Akteure zur wechselseitigen Verhaltensanpassung motivieren) aggregiert werden, analysiert. Dieser Mechanismus ist bei Marktprozessen ein Gleichgewichtsvorgang, der sicherstellt, daß unter den sozialen Bedingungen eines (vollkommenen) Marktes nutzenmaximierendes Verhalten zu einem effizienten Gleichgewichtszustand führt. Wird der Versuch einer evolutionären Erklärung mittels der unsichtbaren Hand unternommen, so wird die Erklärung nicht allein auf einen periodisch sich wiederholenden (kurzfristigen) Gleichgewichtsvorgang Bezug nehmen, sondern auf einen über viele Perioden hinweg arbeitenden Filterprozeß (vgl. Nozick 1976:34) zurückgreifen. Filtervorgänge (die selbstverständlich in den hier betrachteten Fällen aus rationalem Handeln erklärt werden können) bringen eine Struktur S hervor, indem sie nur Gegenstände 'überleben' lassen, "die S entsprechen, weil alle nicht-S durch Vorgänge oder Strukturen herausgefiltert werden" (ibid.). Die evolutionäre Erklärung über soziale Filter läßt sich illustrieren an der Entstehung des Geldes als Tauschmittel. Die bereits bei A. Smith (1978:Kap.4:"Ursprung und Gebrauch des Geldes", 22-28) und später in der österreichischen Schule der Nationalökonomie (vgl. Menger 1969:137-183) vorgetragene Erklärungsskizze wird von Nozick (1976:31) folgendermaßen zusammengefaßt:

"In einem Gütertauschsystem ist es sehr unbequem und aufwendig, jemanden zu suchen, der hat, was man braucht, und braucht, was man hat, selbst auf einem Marktplatz, der übrigens nicht dadurch zu einem solchen zu werden braucht, daß jeder ausdrücklich erklärt, er wolle dort Handel treiben. Die Menschen werden ihre Güter gegen etwas tauschen, für das ihres Wissens ein allgemeinerer Bedarf besteht als für das, was sie haben. Denn jenes werden sie eher gegen das eintauschen können, was sie haben möchten. Aus den gleichen Gründen werden andere eher bereit sein, diesen allgemeiner erwünschten Gegenstand in Tausch zu nehmen. Die Menschen werden sich also beim Tausch auf die marktgängigeren Güter konzentrieren und sie gegen ihre Güter eintauschen; je eher sie dazu bereit sind, desto eher kennen sie andere, die es auch sind, und das verstärkt sich gegenseitig. (Diese Entwicklung wird verstärkt und beschleunigt durch Mittelsmänner, die aus der Erleichterung des Austauschs Gewinn zu schlagen versuchen und es ihrerseits oft am günstigsten finden, marktgängigere Güter zum Tausch anzubieten.) Aus naheliegenden Gründen werden die Güter, auf die sich die Einzelentscheidungen immer mehr konzentrieren, bestimmte Eigenschaften haben: einen unabhängigen Anfangswert (sonst könnten sie zunächst nicht als marktgängiger gelten), materielle Dauerhaftigkeit, Teilbarkeit, Transportierbarkeit usw. Es ist keine ausdrückliche Vereinbarung und kein Gesellschaftsvertrag zur Festlegung eines Tauschmittels nötig."

Die Entstehung des Tauschmediums Geld wird hier quasi-funktionalistisch erklärt durch die Funktion der Senkung bestimmter Transaktionskosten und die Möglichkeit einer Ausweitung von

Tauschbeziehungen. Es wird aber zusätzlich der Mechanismus beschrieben, durch den die Herausbildung und Anerkennung eines in bestimmten Hinsichten gut geeigneten Gegenstands (der sozusagen im Filter hängenbleibt) erreicht wird.

Diese grob skizzierte Erklärung ist typisch für viele ökonomische Erklärungen auch anderer Institutionen. Andererseits ist diese Erklärung in der Hinsicht ein Sonderfall, als hier lediglich ein Koordinationsspiel (über mehrere Perioden) zu lösen ist, jedoch keine Anreizprobleme auftreten.

Ziel der folgenden Überlegungen ist die Herausarbeitung allgemeiner Merkmale und Probleme ökonomischer Erklärungen sozialer Institutionen. Es soll dabei einmal untersucht werden, auf welche Weise Normen und Institutionen konzeptualisiert werden. Weiterhin wird zu zeigen sein, in welchen Institutionen-generierenden Situationen welche Typen von Institutionen entstehen und stabil bleiben. Zur Vorbereitung dieser systematischen Ausführungen (3.2) werden zunächst (3.1) anhand von Beispielen repräsentativer neuerer Erklärungsansätze besondere Merkmale dieser Erklärungen herausgearbeitet.

3.1 Ausgewählte Beispiele für ökonomische Erklärungen sozialer Institutionen

Um dem Ziel einer systematischen Rekonstruktion strukturell-individualistischer Erklärungen sozialer Institutionen näher zu kommen, erscheint es sinnvoll, ausgewählte Beispiele solcher Erklärungsskizzen darzustellen und deren wesentliche Merkmale herauszuarbeiten. Obwohl die systematische Untersuchung der institutionellen Lösungen von im sozialen Tausch entstehenden Anreizproblemen in den Beiträgen dieser Theorietraditionen im allgemeinen keine entscheidende Rolle gespielt hat (am ehesten bei Blau), lohnt es sich, zunächst (3.1.1) auf die <u>Theorien des sozialen Tauschs</u> einzugehen, zumal wir damit an die Ausführungen des letzten Kapitels unmittelbar anknüpfen können. Behandelt werden (1) die bei Gary S. Becker angedeutete Konzeption einer Erklärung sozialer Institutionen, (2) die Thesen über Funktionen und Entstehen sozialer Normen, die in den Arbeiten Peter M. Blaus zu finden sind, und (3), als der am stärksten ausgearbeitete Ansatz zu einer Theorie sozialer Institutionen auf der Mikroebene, die Konzeption von John W. Thibaut und Harold H. Kelley. Anschließend (4) gehen wir auf die Arbeiten von George C. Homans als weiterem zentralen Vertreter der Tauschtheorie ein.

Nach dieser Analyse von Erklärungsansätzen, die noch am ehesten (mit Einschränkungen) im professionellen Rahmen der Soziologie entstanden sind, werden in einem zweiten größeren Abschnitt (3.1.2) Beiträge aus der ("neuen") institutionellen Ökonomie behandelt, nämlich die Theorie der Eigentumsrechte (3.1.2.1) und der Transaktionskosten-Ansatz (3.1.2.2).

3.1.1 Theorien des sozialen Austauschs

Gemeinsames Merkmal tauschtheoretischer Erklärungen sozialer Phänomene allgemein ist die geringe Gewichtung, die - insbesondere internalisierte - Normen, Werte und Rollenerwartungen bei der Analyse sozialen Verhaltens erfahren. Dies tritt besonders deutlich hervor in dem explizit mikroökonomischen Ansatz der Erklärung sozialer Tauschbeziehungen im Zusammenhang mit Haushalten und Familien, den Gary Becker (1976, 1981) vertritt.

(1) Beckers Ziel ist, einen Objektbereich, der nach traditioneller kulturanthropologischer oder soziologischer Auffassung durch kulturelle Wertunterschiede, normative und moralische Regeln usw., entscheidend bestimmt wird, mit einem theoretischen Ansatz zu beschreiben, dessen wesentliche Merkmale in einer Kombination der Annahme nutzenmaximierenden Verhaltens, der Existenz eines verhaltenskoordinierenden (Schatten-)Markt-

gleichgewichts und zeitlich (sowie interindividuell) stabiler Präferenzen bestehen (Becker 1976:5; 1979:9; 1981:ix). Bereits aus dieser knappen Übersicht über die grundlegenden Annahmen ist ersichtlich, daß internalisierte Werte (repräsentiert durch Präferenzen) in den Analysen Beckers keinen Platz haben. Werden Präferenzen als zeitlich stabil und interindividuell ähnlich aufgefaßt (wie programmatisch bei Stigler und Becker 1977 entwickelt), dann können Verhaltensänderungen oder Verhaltensunterschiede nicht auf geänderte oder differentielle individuelle Präferenzen zurückgeführt werden. (Eine Ausnahme bilden bestimmte altruistische Präferenzen, auf die unten eingegangen wird.) Auf die theoriestrategischen Vorteile dieser Konzeption Beckers, die darauf beruhen, mit sparsamen Annahmen über differentielle individuelle Dispositionen zu arbeiten, weil sie extrem schwierig überprüfbar sind, wurde oben bereits hingewiesen (Kap.1). Konsequenz dieses Ansatzes ist eine Verschiebung des Schwergewichts der Analyse auf die Restriktionen, d.h. in der Sprache des Marktmodells die Marktinstrumente (Ressourcenausstattungen und Preise), von denen Becker (1976: 5, 1979:9) behauptet, daß sie in seinem ökonomischen Ansatz eine ähnliche Funktion haben wie in soziologischen Ansätzen soziale Strukturen. Stabile Verhaltensregelmäßigkeiten können dann resultieren aus stabilen Restriktionen (Preisen und Einkommen - im Sinn der neuen Haushaltsökonomie). Es wäre naheliegend, zu den Restriktionen gegebenenfalls auch Sanktionswirkungen sozialer Normen zu zählen. Im allgemeineren Sinn werden in der Property rights-Tradition Effekte stabiler institutioneller oder organisatorischer Regelungen über die Restriktionen konzeptualisiert.

Weitere Merkmale dieses Ansatzes werden anhand einer interessanten Skizze einer potentiellen Erklärung von 'Gewöhnung' (habits) deutlich, die sich bei Stigler und Becker (1977:82-83) findet: Bleibt ein Verhalten auch bei veränderter Umgebung stabil, so kann der Grund in einer Ökonomisierung der Informationskosten gesehen werden. Viele Handlungen erfordern Informationen und Informationen zu suchen verursacht Kosten. Eine

Investition in Humankapital, das aus bei der Informationssuche entstehenden Kenntnissen und Fähigkeiten besteht, wird dann rational sein, wenn es sich um eine sich wiederholende Entscheidungssituation handelt. Gewöhnung liegt dann vor, wenn bei leicht geänderter Umgebungssituation keine Deinvestition dieses Humankapitals erfolgt, sondern die im Prinzip suboptimale habitualisierte Handlung beibehalten wird. Diese Suboptimalität ist dabei nur scheinbar, weil rationale Akteure auch über Kosten der De- und Neuinvestition von Informationen optimieren. Dieses einfache, aber klare und plausible Argument, das Stigler und Becker (1977:83) anhand der üblicherweise kulturell gedeuteten Verhaltensunterschiede zwischen Generationen (Jung und Alt) erläutern, indem sie auf höhere Neuinvestitionskosten der Alten verweisen, die deren Erträge über eine kürzere erwartete Zeitperiode zurückerhalten können als die Jungen, hat eine Reihe interessanter Konsequenzen für soziale Normen. Faßt man nämlich (Teilklassen von) Normen als informationskostenminimierende Regeln auf, so kann im Prinzip erklärt werden, warum ineffiziente Problemlösungen über Normen zumindest kurzfristig oder von bestimmten Akteuren beibehalten werden. Dieses Argument ähnelt insgesamt stark dem von vielen soziologischen Autoren betonten Entlastungsaspekt sozialer Normen. Der häufig betonte Gesichtspunkt einer kategorischen Geltung kann im Licht der so gedeuteten Position Beckers ebenfalls innerhalb von Grenzen abgebildet werden (die Unbedingtheit der Geltung wird aber nur in bestimmten Grenzbereichen von Umweltänderungen stabil bleiben). Auch Luhmanns (1972: 43) Konzeption von Normen als "kontrafaktisch" stabilisierten Verhaltenserwartungen könnte in dieser Weise rekonstruiert werden.

Zusammenfassend kann man sagen, daß Konformität zu Normen oder Regeln im Ansatz Beckers nicht über internalisierte Präferenzen, sondern über Restriktionen konzeptualisiert werden kann. Normen sind Verhaltensregeln in wiederkehrenden Situationen, die Sanktionskosten oder Informationskosten reduzieren. Sie können eine gewisse "kontrafaktische" Stabilität aufweisen, deren Grad jedoch jeweils in Abhängigkeit von angebbaren Bedingungen variiert. Normen werden demnach als Nebenbedingungen (constraints) aufgefaßt; sie sind jedoch keineswegs die einzigen Bedingungen, die Akteure berücksichtigen.

In den meisten der Analysen in Beckers Treatise (1981) spielen Normen in diesem Sinn eine geringe und unterschiedliche Normen als Präferenzen gar keine Rolle. Die Verbreitung polygamer oder monogamer Heiratsbeziehungen wird etwa von Becker (1981: Kap.3) unter völliger Abstraktion von kulturellen Unterschieden oder normativen bzw. moralischen Vorschriften erklärt "in terms of the relative gains to men and women from polygynous and monogamous marriages. These gains depend on the inequality among men and women in income, education, and other variables affecting their efficiency at household and market production; the marginal contributions of men and women to output; and the ease of substituting between the household inputs supplied by men and women" (Becker 1981:39-40). Hintergrund dieser Vorgehensweise ist Beckers Vermutung, daß Normen und Werte tendenziell Ressourcen in die effiziente Richtung lenken:
"The decline (of polygyny, T.V.) has been attributed to the spread of Cristianity and the growth of women's rights, but I am skeptical of these explanations. Doctrines encouraging monogamy are attractive only when the demand for polygyny is weak (...)" (Becker 1981: 39).

Eine Reihe dieser bei Becker hervortretenden Gesichtspunkte der Behandlung von Institutionen finden sich ebenfalls in den Beiträgen zur Theorie des sozialen Tauschs, die soziologische Autoren vorgelegt haben. Mit Ausnahme Colemans (1972, 1973), der institutionelle Aspekte seines Marktmodells ähnlich der neoklassischen Tradition weitgehend als exogen behandelt, hat Blau (1964) dabei die am meisten explizite ökonomische Orientierung vertreten.

(2) Seine Verhaltensannahmen formuliert Blau in pointierter Unterscheidung von denen, die im Modell des homo sociologicus

des Strukturfunktionalismus (nach Lindenberg 1983a:14) geläufig sind. Nach diesem Modell internalisiert der Akteur Rollen-Erwartungen (Normen und Werte), handelt gemäß situational angemessenen Rollen-Erwartungen und wird in Fällen nicht-perfekter Internalisierung durch externe Sanktionen von deviantem Verhalten abgehalten. In dieser Konzeption spielt die rationale Wahl zwischen Alternativen keine Rolle. Im Rahmen der Tauschtheorie Blaus (1964:13, 254) dagegen handeln Individuen nicht in norm-orientierter oder durch Normen gesteuerter Weise, sondern selbst-interessiert, wobei die Wahl zwischen Alternativen durch Normen und Werte eingeschränkt sein kann. Diese normativen Restriktionen sind dabei keinesfalls die einzigen Restriktionen.

Es gibt bei Blau (1964) keine ausgearbeitete Theorie der Konsequenzen oder der <u>Entstehung</u> sozialer Normen. Insbesondere die sozialen Bedingungen der Entstehung von Normen werden offen gelassen bzw. lediglich angedeutet. Blau unterscheidet u.a. zwischen zwei Klassen von Situationen, in denen Normen generiert werden können. Die eine kann man als bestehend aus Situationen der (strategischen) <u>Interdependenz</u> individueller Akteure beschreiben, in denen es <u>Anreiz</u>probleme der Art eines Gefangenen-Dilemma gibt. Ganz im Sinn der Argumentation Durkheims (1973: Kap. VII; s. auch oben Kap.2) kann der selbstregulierende Marktmechanismus sozialer Austauschbeziehungen nur entstehen und stabil bleiben innerhalb von durch soziale Normen gesetzten Grenzen (Blau 1964:255). <u>Reziprozitätsnormen</u> stellen sicher, daß das für den Tausch erforderliche Vertrauen erhalten bleibt und daß Tauschbeziehungen gegen unilaterale (kurzfristige) Ausbeutung schwächerer Partner gesichert werden (Blau 1964:255). Die allgemeine Struktur dieser Situation wird durch das Gefangenen-Dilemma repräsentiert (Blau 1964:255-257), eine Situation, in der Akteure einen Anreiz haben, ihren individuellen Vorteil auf Kosten eines sozial effizienten Zustands durchzusetzen. Situationen dieser Art können durch Normen reguliert werden, so daß diese Anreize aufgrund der mit diesen Normen verbundenen Sanktionen und deren Kosten verschwinden (Blau 1964:258-259), wobei diese Kosten auch auf internalisierten Gefühlen moralischer Schuld beruhen können (ibid.:259). Hinsichtlich der Funktionen von Reziprozitätsnormen sind die Ausführungen Blaus übrigens nicht eindeutig. Einerseits spricht er davon (Blau 1964:255-257), daß Reziprozitätsnormen die mit dem Tausch verbundenen Anreizprobleme lösen müssen. Andererseits (Blau 1964: 92) sieht er diese Normen im Unterschied zu Gouldner nicht als Startmechanismus des Tauschs an, sondern als unterstützenden und verstärkenden Faktor. Das rationale, unregulierte Selbstinteresse allein reiche hin, die Reziprozität in sozialen Tauschbeziehungen sicherzustellen. (Auf diese Unklarheiten wird unten noch einzugehen sein.) Eine weitere Gruppe von Anreizproblemen ensteht in Situationen, die die Möglichkeit indirekter Tauschbeziehungen bieten (Blau 1964:259-263): Als Resultat normativer Verpflichtungen könnten Tauschprozesse zwischen Individuen auf der einen Seite und der Kollektivität andererseits Tauschprozesse zwischen individuellen Akteuren substituieren. Dabei bedeutet 'Tausch zwischen Individuum und Kollektivität' genauer, daß Gruppenmitglieder unter bestimmten Bedingungen unilaterale und unerwiderte Transfers an andere Gruppenmitglieder leisten, in der Erwartung, in bestimmten Situationen ebenfalls Leistungen von einem Gruppenmitglied erhalten zu können, da Solidaritätsnormen der Gruppe dies vorschreiben (Beispiel: Nachbarschaftshilfe, Solidarität in Gruppen usw.).

Eine zweite Klasse von Normen hat u.a. die Aufgabe, eine Art funktionales Äquivalent für Wettbewerbspreise zu liefern und somit Probleme der Koordination individueller Handlungen zu lösen. Obwohl Blau Marktpreise auf sozialen Tauschmärkten und die durch sie bestimmten aktuellen Tauschraten als unabhängig von Normen des fairen Tauschs entstanden konzipiert (als Schattenpreise auf Wettbewerbsmärkten oder als Einigungspunkte im bilateralen Monopol), werden die durchschnittlichen langfristigen Tauschraten durch Normen des fairen Austauschs gesteuert (Blau 1964:154-156)[1]. Diese Normen haben nach Blau (1964:147, 155, 269 u. passim) die Funktion, Anreize für Investitionen zu schaffen, die zur Produktion sozial nützlicher Dienste erforderlich sind; dabei wird angenommen, daß diese Anreize aufgrund der zu geringen erwarteten Belohnungen ohne die Wirksamkeit solcher Normen fehlen würden. Diese Konzeption von Normen des fairen Tauschs ist bei Blau zu wenig ausgearbeitet, als daß deutlich würde, welche Art sozialer Interdependenzprobleme durch die Fairness-Norm gelöst wird. Offenbar geht es nicht nur um Koordinationsprobleme, zumindest führen Normen des fairen Tauschs nicht immer zu Pareto-optimalen Lösungen für die an einer Tauschbeziehung unmittelbar beteiligten Akteure, da es vorkommen kann, daß beide Partner einen Anreiz haben, von der Norm abzuweichen - hin zu einer Pareto-superioren Lösung (vgl. die Analyse des Beispiels der Beratung unter Kollegen als bilaterales Monopol in Blau 1964:171-179, insbes.:174-175).

Allgemeines Kennzeichen der Untersuchungen Blaus ist das Fehlen einer ausgearbeiteten Theorie der Entstehung von Normen. Die Erklärung der Entstehung und Aufrechterhaltung von Normen ist quasi-funktionalistisch (vgl. auch Heath 1976:62,67): Normen haben die Funktion, problematische Situationen sozialer Interdependenz im Interesse der Kollektivität zu regeln, wobei die Richtung der Regelung nach dem Kriterium der Pareto- Effizienz bestimmt werden kann. Quasi-funktionalistisch ist die Argumentation Blaus deshalb, weil aus der Pareto-Superiorität eines normierten Zustands keineswegs folgt, daß einige Akteure auch entsprechende Anreize haben, die Institution zu schaffen oder sich an die Norm zu halten. Es werden bei Blau also einige potentiell Institutionen-generierende Situationen identifiziert, während die sozialen Bedingungen und Prozesse der Entstehung von Normen ebenso ausgespart bleiben, wie die Frage, ob es funktional alternative Problemlösungen geben kann.

(3) Der Ansatz, den Thibaut und Kelley (1959) zur tauschtheoretischen Analyse sozialer Normen vorgeschlagen haben, ist elaborierter, jedoch auf kleinere soziale Einheiten bezogen. Auch diese Autoren heben (am Beispiel dyadischer Beziehungen)

als wesentliche Funktion von Normen hervor, die Effizienz - im Pareto-Sinn - bestimmter sozialer Situationen zu verbessern: "(...) norms improve the reward- cost positions attained by the members of a dyad and thus increase the cohesiveness of the dyad" (Thibaut und Kelley 1959:138-139). Thibaut und Kelleys Untersuchungsgegenstand sind kleine geschlossene Netzwerke (im einfachsten Fall Dyaden) von über die Zeit sich wiederholenden Interaktionsbeziehungen. Diese, als strategische Interdependenzen konzipierten Situationen, können nach verschiedenen Kriterien klassifiziert werden. Unterschiedliche Typen von Situationen ergeben dabei unterschiedliche Interaktionsprobleme. Lösungen dieser Probleme in dem Sinn, daß die Kosten dieser problematischen Aspekte einer Beziehung vermindert werden, können erreicht werden durch Normen (aber auch durch funktionale Äquivalente). Der Inhalt der Normen richtet sich dabei nach der Art des zu lösenden Interaktionsproblems. Unter einer Norm verstehen Thibaut und Kelley (1959:134-135) zeitlich stabile Verhaltensregeln, über die bei den Beteiligten Koorientierung besteht und deren Überwachung auf "appeals to impersonal values or suprapersonal agents" (ibid.:135) beruht. Die Überwachung der Konformität zu einer Norm kann unter Berufung auf solche Legitimitätsgründe auf unterschiedliche Weise erfolgen, z.B. durch externe Sanktionen ober intrinsische Motive zur Konformität (ibid.:Kap.13); die Effektivität dieser verschiedenen Sanktionsmechanismen hängt dabei von bestimmten strukturellen Bedingungen ab, z.B. der Sichtbarkeit abweichenden Verhaltens, den Kommunikationsmöglichkeiten in der Gruppe usw., Faktoren, die im allgemeinen mit der Gruppengröße variieren (ibid.:246-248, 254).

Ein entscheidender Beitrag der Theorie Thibaut und Kelleys liegt in der Identifizierung der problematischen Interaktionssituationen, die ein "Bedürfnis" nach normativer Regulierung entstehen lassen. Es handelt sich um Situationen der strategischen Interdependenz, in denen Koordinations- und Verhandlungs- sowie Gefangenen-Dilemma-Probleme (im Sinn Harsanyis 1977) bestehen[2]. Dementsprechend ist die Funktion der Institutionalisierung von Normen, die in diesen spezifischen Situationen auftretenden Transaktionskostenprobleme zu lösen, d.h. Koorientierungs-, Verhandlungs- und Erzwingungskosten zu reduzieren. Beispiel für ein von Thibaut und Kelley genanntes Koordinationsproblem ist die Synchronisierung des Verhaltens, wenn die Akteure wiederholt ein Koordinationsspiel mit strikt identischen Interessen "durchspielen" und zum Zweck der Abwechslung zwischen den gleicherweise effizienten Gleichgewichten alternierend die eine oder andere Gleichgewichtsstrategie wählen. Die durch die Formulierung von Verhaltensregeln reduzierten Kosten sind Folge der möglicherweise auftretenden und alle Beteiligten gleicherweise betreffenden Unterbrechungs- und Interferenzeffekte (Thibaut und Kelley 1959:137, vgl. auch Kap. 3.2 und 4)[3].

Koordinations- und Verhandlungsprobleme treten in einer Situation auf, die Thibaut und Kelley (1959:127) in folgender Spielmatrix repräsentieren (Abb. 3.1):

Abb. 3.1: "Kampf der Geschlechter" in der Abwandlung durch Thibaut und Kelley (1959:127)[4]

		Frau (B) Tanzen b_1	Frau (B) Kino b_2
Mann (A)	Tanzen a_1	1,4	1,1
	Kino a_2	1,1	4,1

Gestrichelt umkreiste Auszahlungspaare repräsentieren Ergebnisse "schwacher" Gleichgewichtspunkte; rechteckig umgrenzte sind Pareto-optimal

Ein solches Spiel besitzt in reinen Strategien die beiden schwachen Gleichgewichtspunkte (i.S. Harsanyis 1977:104) $\sigma^* = (a_1, b_1)$ und $\sigma^{**} = (a_2, b_2)$. "Schwach" sind diese Gleichgewichtspunkte aufgrund eines Indifferenzproblems von Spieler A zwischen a_1 und a_2 bzw. von Spieler B zwischen b_1 und b_2 als besten Antworten auf b_1 und a_2. Dieser Sachverhalt führt in einem strikt nicht-kooperativ ablaufenden Spiel zu einem Erzwingungs- oder Stabilitätsproblem, das als spezielles Prisoners' dilemma-Paradox angesehen werden kann (Harsanyi 1977:128 u. passim). Problematisch ist an diesen beiden Gleichgewichtspunkten zusätzlich die unterschiedliche Bewertung durch die Spieler:

(3.1) $U_A(\sigma^*) < U_A(\sigma^{**})$ und

$U_B(\sigma^*) > U_B(\sigma^{**})$

Als Lösung dieser Situation kann sich eine alternierende Wahl von $a_1, a_2, a_1, \ldots$ bzw. $b_1, b_2, b_1, \ldots$ ergeben, deren Auszahlungen dem Erwartungswert einer <u>gemeinsamen</u> randomisierten gemischten "Kompromiß"-Strategie σ^{***} entsprechen, nämlich z.B.

(3.2) $U_i(\sigma^{***}) = 1/2\, U_i(\sigma^*) + 1/2\, U_i(\sigma^{**})$

$(i = A, B)$

Unter spieltheoretischen Gesichtspunkten ist hervorzuheben, daß eine solche gemeinsam randomisierte Strategie in einem gewöhnlichen nicht-kooperativen Spiel nicht erreicht werden kann. In einem iterierten Spiel kann eine solche gemeinsame Randomisierung jedoch möglich sein, indem beide Akteure ihr Drohpotential in eine Superspielstrategie übersetzen, die vorschreibt, von $\sigma^{***} = (a_j, b_j)$ $(j=1,2)$ hin zu a_k bzw. b_k $(k \neq j)$ abzuweichen, falls der andere in der vorherigen Periode von σ^{***} abgewichen ist (vgl. hierzu genauer Kap. 3.2 und 4). Thibaut und Kelley (1959:127) analysieren diese Situation unter dem Gesichtspunkt der für beide Akteure entstehenden Verhandlungskosten:

"Trading can be established through exercise of the power that each possesses, if this power is adequate. For example, the husband can use his control over the wife's outcomes by promising to go dancing if she will go with him to the movies. Or he can threaten to go to the movies anyway if she fails to cooperate, in which case she will have poor outcomes. Similar influence opportunities exist for the wife." (Thibaut und Kelley 1959:127)

Die Funktion einer Regel, die ein Alternieren zwischen gemeinsamem Tanzen und Kinobesuch vorschreibt, liegt in der Reduzierung der mit der Ausübung interpersonalen Einflusses verbundenen Kosten, einer Erhöhung der Vorhersagbarkeit und damit Unsicherheitsreduktion in der Beziehung (Thibaut und Kelley 1959:127-128, 136). Im Beispiel des Spiels nach Abb. 3.1 ist die Situation für beide Parteien symmetrisch. Aber auch in asymmetrischen Situationen interpersonaler Abhängigkeiten, in denen die Macht- bzw. Verhandlungsstärke ungleich verteilt ist, kann die Bildung einer auf einer Regel für das Verhalten beruhenden sozialen Institution Kosten der interpersonalen Einflußnahme reduzieren, und zwar im Pareto-Sinn für beide Akteure (Thibaut und Kelley 1959:130-131). Thibaut und Kelley (1959:Kap.13 u. passim) haben einige der sozialen Bedingungen angegeben, unter denen die aus sozialen Interdependenzen entstehenden Transaktionskosten größer werden. Der wichtigste Faktor ist die Gruppengröße: Mit steigender Größe wachsen ceteris paribus die Konsensfindungskosten und die Interferenzen. Außerdem nehmen mit zunehmender Arbeitsteilung und funktionaler Spezialisierung die Kontroll- und Koordinationsprobleme zu.

Es finden sich bei Thibaut und Kelley auch Aussagen über die Prozesse der Institutionalisierung von Normen. Die Autoren fassen ihre Auffassung über die Entwicklung von Normen so zusammen:

"The developmental processes underlying the emergence of norms are likely to yield rules that have positive functional values for the relationship. As norms are decided upon, imported from other relationships, and tried out, only the more useful ones are likely to be retained. This is not to say that the norms found in any group will be the <u>best</u> solutions to various problems of control, coordination, and synchronization, but simply that they will generally be <u>adequate</u> solutions leading to supra-CL (comparison level, T.V.) positions for the members." (Thibaut und Kelley 1959:141)

Es werden hier also drei mögliche Vorgänge der Entstehung von Normen unterschieden. Eine Norm kann "künstlich" geschaffen werden durch bewußte Übereinkunft der Beteiligten. Sie kann "organisch" (C. Menger) entstehen durch einen evolutionären trial-and-error-Prozeß oder sie kann in eine Gruppe von außen "importiert" werden.

Das Ergebnis der Institutionenbildung muß nach Thibaut und Kelley keine optimale Lösung von Interdependenzproblemen sein, sondern kann hinreichende Stabilität bereits dann besitzen, wenn eine Pareto-Verbesserung der Situation erreicht ist. Die Stabilität der Institution kann nach Thibaut und Kelley erreicht werden durch unterschiedliche Mechanismen (vgl. z.B. Thibaut und Kelley 1959:128, Kap.13): Eine Institution kann selbsttragend sein, d.h. Konformität ensteht aufgrund der durch die Pareto-Verbesserung geschaffenen Anreize allein (Beisp.: Kampf der Geschlechter). Unter anderen Bedingungen kann Stabilität nur erreicht werden durch externe (innerhalb der Gruppe oder von dritten Parteien initiierte) Sanktionen, oder die Situation kann durch Präferenzänderung und die Entstehung moralischer Verpflichtungen geändert werden[5)].

(4) Abschließend kann kurz auf Hinweise eingegangen werden, die <u>Homans</u> zum Problem der Entstehung sozialer Normen gegeben hat. In seinen programmatischen und methodologischen Auseinandersetzungen mit funktionalistischen Erklärungen sozialer Institutionen hat Homans (z.B. 1964:813-815, 1974:335-336) hervorgehoben, daß Normen und Rollen Teil des Explanandums soziologischer Erklärungen sein sollten und nicht - wie bei

Funktionalisten - zu den gegebenen, unproblematischen Randbedingungen gerechnet werden können. Grundannahme der Erklärungsskizze der Entstehung sozialer Normen ist, daß Normen geschaffen werden, weil sie für bestimmte Akteure belohnende Konsequenzen haben (Homans 1974:97). Obwohl Normen also auch in der Sicht Homans' eine aus der Kombination einer Effizienzsteigerung mit verhaltensstabilisierenden Anreizen erklärbare Funktion haben, kann sich in der Zeit die Wirkung einer Institution auf die Effizienz einer Situation verändern. Es ist eine Vermutung Homans' (1961:382-383), daß in dem Maße, in dem die Wirkung der Konformität nicht mehr für eine signifikante Anzahl von Akteuren belohnend ist, die Stabilität der Norm abnimmt, obwohl der Stabilitätsmechanismus aufgrund kognitiver Koorientierungen höherer Ordnung eine Zeit lang erhalten bleiben kann.

In der Neuauflage von Social Behavior analysiert Homans (1974: 98-108) die Entwicklung und Stabilisierung informaler Arbeitsgruppennormen unter dem Aspekt der Kollektivguteigenschaft. Bereits Olson (1968:15) schildert andeutungsweise Anreizprobleme, die für Organisationsmitglieder bei der Bestimmung ihrer Arbeitsbeiträge entstehen können, sofern selektive Anreize fehlen. Homans (1974:99-101) hat einen anderen Aspekt dieser Thematik näher ausgeführt: In Arbeitsgruppen von Fabrikarbeitern, die nach Akkord- oder Stücklohnsätzen entlohnt werden, kann es informale Gruppennormen geben, die vorschreiben, den Arbeitsoutput auf ein niedrigeres Niveau als das bei maximalem Einsatz erreichbare zu beschränken. Für das einzelne Gruppenmitglied bedeutet die Befolgung dieser Norm einen Verzicht auf das maximal mögliche individuelle Leistungs- und Lohnniveau. Der 'Zweck' dieser Norm besteht darin, daß das Management bei einem durchschnittlich weit über der Beschränkung liegenden Leistungsniveau die Lohnrate kürzen würde - jedenfalls in der Erwartung der Arbeiter. Die Norm gibt also an, unter welchen Bedingungen die Mitglieder der Gruppe ein kollektives Gut erreichen können (Homans 1974:100). Aus dieser Kollektivguteigenschaft resultieren die typischen Anreiz- und Stabilitätsprobleme kooperativen Verhaltens, die Homans (1974:100-102) an diesem Beispiel genauer analysiert.

3.1.2 Neue institutionelle Ökonomie

In der jüngsten Zeit ist in den Wirtschaftswissenschaften ein an der Mikroökonomie orientiertes Forschungsprogramm wiederbelebt und verstärkt weiterentwickelt worden, dessen zentrales Thema die Konsequenzen und die Entwicklung unterschiedlicher (nichtmarktlicher) Institutionen ist. Vorläufer der "neuen" institutionellen Ökonomie ist zum einen die Klassik der schottischen Moralphilosophie und die österreichische Schule (insbesondere C. Menger und F. Hayek) sowie andererseits die ältere deutsche historische Institutionenlehre innerhalb der Nationalökonomie und der amerikanische Institutionalismus eines J.R. Commons. Wichtige Impulse kamen außerdem aus (der Kritik an) der traditionellen neoklassischen Wohlfahrtsökonomie in ihrer Ausformung durch A.C. Pigou[6]. Von diesen Vorläufertraditionen würden die Schotten und die österreichische Schule besonderes Interesse verdienen. Da deren Hauptbeitrag zur Analyse sozialer Institutionen jedoch eher darin liegt, den Erklärungstyp einer derartigen Untersuchung exemplarisch herausgearbeitet zu haben (nämlich evolutionäre "unsichtbare Hand" - Erklärungen im Sinn meiner obigen Bemerkungen), als testbare Bedingungen der Entstehung konkreter einzelner Institutionen anzugeben, wird an dieser Stelle auf eine erneute Diskussion dieser Lehre verzichtet.

Der Begriff "neue institutionelle Ökonomie" täuscht eine Einheitlichkeit einer Forschungsrichtung vor, die faktisch gar nicht besteht. Im folgenden sollen die beiden Zweige der institutionellen Ökonomie, die unseres Erachtens für die Erklärung sozialer Institutionen im Sinn normativer Regelungen besonders vielversprechend und fruchtbar scheinen, vorgestellt werden unter dem Aspekt ihres Beitrags zu einer systematischen allgemeinen Theorie sozialer Institutionen: Theorie der Eigentumsrechte (Kap. 3.1.2.1) und Transaktionskosten-Ansatz nach Williamson (Kap. 3.1.2.2).

3.1.2.1 Die Theorie der Eigentumsrechte (property rights)

Gegenstand der Theorie der "property rights" sind die Auswirkungen unterschiedlicher institutioneller Regelungen auf die Allokation und Verwendung knapper Ressourcen und damit verbunden, Anreize und Prozesse (langfristigen) institutionellen Wandels. Der Begriff "property right" bezeichnet dabei - umfassender als im deutschen Begriff "Eigentumsrecht" ausgedrückt - ganz allgemein ein Verfügungs-, Anspruchs- oder Kontrollrecht über Ressourcen materieller oder immaterieller Art, z.B. auch "Verfügungsrechte über Verfügungsrechte" (Eschenburg 1978:11). Versteht man unter property rights also "sanctioned behavioral relations among men that arise from the existence of goods and pertain to their use" (Furubotn und Pejovich 1974a:3), wobei diese knappen Güter Ressourcen im genannten Sinn darstellen, so wird deutlich, daß unter den Gegenstandsbereich der Theorie der Property Rights auch soziale Normen fallen. Die ökonomische Theorie der Property Rights tritt also, was ihren Objektbereich betrifft, in Konkurrenz zu soziologischen Erklärungsversuchen (vgl. Opp 1979a, 1981, 1982, 1983).

Dem weitgefaßten Konzept von Verfügungsrechten entspricht die Vielschichtigkeit im Zusammenhang damit zu unterscheidender Dimensionen von Eigentumsrechten (vgl. z.B. Furubotn und Pejovich 1974a; Cheung 1978:51-52; Eschenburg 1978:9-13): Feinere Abstufungen außer acht lassend, kann etwa das Besitzrecht an einer Ressource (als ein spezielles property right) in ein Recht (a) der Nutzung (usus) der Ressource, (b) der Aneignung der Erträge aus ihrer Verwendung (usus fructus) und (c) des Transfers sowie der 'Formänderung' der Ressource (abusus) eingeteilt werden. Unter dem abusus kann einerseits ein Vertragsschließungsrecht für Tauschtransaktionen und zum anderen ein

Recht zur Investition der Ressourcen in einen Pool verstanden werden. Diese Dimensionen von Verfügungsrechten können, aber müssen nicht, im Verbund auftreten und transferiert werden. Über ein Amt (z.B. Universitätsprofessur) und die damit gleichzeitig übertragenen Ressourcen in einer Weberschen Bürokratie kann zwar u.U. sehr weitgehend verfügt werden im Sinn der Merkmale (a) und (b), die Übertragbarkeit ist jedoch gerade verboten. Pachtverträge gewähren den Pächtern das Recht, die Ressourcen in (mehr oder weniger) eingeschränkter Weise zu nutzen und aus ihnen Einkommen zu ziehen, während ein Transfer unmöglich ist. Der Besitz von Land wiederum ist im allgemeinen nicht mit unbeschränktem Nutzungsrecht verbunden. In diesem Fall sind auch die beiden anderen Dimensionen von Rechten durch gesetzliche Regelungen weitgehend eingeschränkt. Eigentumsrechte und ihre Dimensionen legen demnach die Grenzen der Handlungsspielräume von individuellen oder kollektiven Akteuren graduell (und nicht in "Alles oder Nichts"-Form) fest.

Ausgehend von der Dimensionalisierung der Verfügungsrechte werden unterschiedliche Typen von Rechten unterschieden. Ging es bei der Dimensionalisierung des Verfügungsrechts um die Ausprägung oder 'Ausdünnung' (attenuation) des Besitzes einer Ressource, so ist nun die Verteilung eines solchen Bündels von Rechten auf soziale Einheiten das Entscheidende. Der Typus von Rechten, der in der neoklassischen Analyse implizit unterstellt wurde, sind exklusive oder private Eigentumsrechte. Gibt es bezüglich einer Ressource die Institution des Privateigentums, werden die Verfügungsrechte über die Ressourcen auf eine soziale Einheit beschränkt. Eine Verfügung über die Ressource durch andere Akteure ist nur möglich mit Zustimmung des Eigners. Gemeinschaftliche Eigentumsrechte können in Abhängigkeit von der die Rechte ausübenden Gemeinschaft in staatliche, genossenschaftliche, Anteilseigner- Eigentumsrechte usw. unterteilt werden. In modernen Gesellschaften sind gemeinschaftliche Eigentumsrechte vielfach verteilt auf Akteure, die Ressourcen in einen 'korporativen Akteur' (Coleman) investiert haben. Die Verfügung über diese gemeinsam kontrollierten Ressourcen erfolgt dann unter spezifischen Bedingungen, die über mehr oder weniger formalisierte kollektive Entscheidungsverfahren festgelegt werden. Die ursprüngliche, auch in modernen Gesellschaften lokal vorhandene, Kontrollform ist gemeinschaftliches Eigentum im Sinn von Nicht-Exklusivität der Rechte: Jedermann hat das Recht, die Ressourcen zu nutzen und sich Erträge aus der Nutzung anzueignen.

Besonderes Interesse haben in der Theorie der Eigentumsrechte die im Zusammenhang mit organisatorischen ("interne Organisation") hierarchischen Regelungen auftretenden Verfügungsrechte gefunden. Abweichend von der traditionellen Neoklassik wird dabei nicht davon ausgegangen, daß property rights über einen korporativen Akteur (z.B. kapitalistische Firma) exklusive, volle Verfügungsrechte eines einzelnen Akteurs (des kapitalistischen Unternehmers) sind, sondern daß bereits das Erfordernis der arbeitsteiligen Kooperation in einer Mehr-Personen-Unternehmung die faktischen Rechte des Eigentümers 'ausdünnen' kann, so daß es unter diesen Bedingungen fraglich ist, ob es empirisch sinnvoll ist, dem korporativen Akteur die Verhaltensmaxime der Profitmaximierung[7] zu unterstellen, wenn alle Beteiligten nutzenmaximierend handeln. Der Grund für diese Ausdünnung privaten Eigentums liegt in den positiven Kosten der Überwachung des Beitragsverhaltens der Kooperateure durch den Eigner und in der Fragwürdigkeit der Annahme einer perfekten Zielkonvergenz zwischen den individuellen Interessen der mitarbeitenden Nicht-Eigentümer und dem profitmaximierendem Unternehmer. Mögen diese Probleme für eine frühkapitalistische Manager-Eigentümer-Firma geringer Größe noch zu vernachlässigen sein (vgl. Alchian und Demsetz 1972), für die große moderne kapitalistische Aktiengesellschaft erscheint dies prima facie eher unwahrscheinlich. In der modernen Firma werden einerseits die Eigentumsanteile von einer größeren Anzahl von Eigentümern (Klein- und Großaktionäre, individuelle und korporative Akteure) gemeinsam kontrolliert. Andererseits ist die faktische Verfügungsmacht über die Ressourcen des Unternehmers auf eine große Anzahl von "Agenten", d.h. Angestellten, insbesondere das Management, übergegangen. Aufgrund der prohibitiv hohen Überwachungskosten haben die Eigner keinen unmittelbaren direkten Einfluß auf die Verwendung der Ressourcen, während die Transfer- und Profitrechte erhalten geblieben sind. Umgekehrt kontrolliert das Management die Verwendung von Ressourcen ohne sich den Ertrag dieser Aktivität voll aneignen zu können. In diesem Fall ist die Annahme nicht unproblematisch, daß das Management die Ressourcen so verwendet, daß das Einkommen der Anteilseigner maximal wird.

Der Grund für diese Vermutung wird deutlich in einer entscheidenden Verhaltensannahme der Theorie der Eigentumsrechte (vgl. z.B. Alchian 1965:816-817, 821, 824 u. passim): Rationale Akteure verwenden die ihnen zugänglichen Ressourcen mit dem Ziel der privaten Nutzenmaximierung unter Berücksichtigung der property rights als Teil ihrer Handlungs-Restriktionen. Ist die Regelung der Verfügungsrechte so gestaltet, daß zwar die Nutzungs- und Entscheidungsrechte an einen Akteur gehen, aber nicht das Einkommen aus der Verwendung der Ressourcen, so sind für die Sicherstellung einer optimalen Verwendung der Ressourcen zusätzliche Anreize erforderlich, die eine Abhängigkeit der privaten Wohlfahrt des Akteurs mit seinen Aktivitäten bezüglich der Ressourcenverwendung bewirken.

Diese Grundidee macht einsichtig, daß in der Property rights-Tradition (ganz in Übereinstimmung etwa mit Beckers Ansatz) soziale Institutionen als stabile Verhaltensregelmäßigkeiten aufgefaßt werden, die auf stabilen Handlungsbedingungen parametrischer Art, nämlich property rights, beruhen. Soziale Normen setzen sich also nach der Theorie der Eigentumsrechte nicht über 'kulturell' geformte Präferenzen in Handlungen um, sondern in ihrer Beschränkung der den Akteuren gewährten Rechte in bezug auf Ressourcen. Art und Umfang der Verfügungsrechte über Ressourcen bestimmen den Wert der entsprechenden Ressourcen, d.h. sie beeinflussen die Fähigkeit eines Akteurs, unter Einsatz dieser Ressourcen Nutzengegenstände zu produzieren[8]. Dementsprechend gehört es zu den Untersuchungsschwerpunkten der Theorie der Eigentumsrechte, die Konsequenzen unterschiedlicher Systeme von Eigentumsrechten unter der Annahme stabiler und ähnlicher Präferenzen für das Optimierungsverhalten und die Ressourcenallokation vergleichend zu analysieren.

Beispiel für diese Art von Untersuchungen ist eine Arbeit Williamsons (1974) über diskretionäres Verhalten des Managements in gegenwärtigen kapitalistischen Großunternehmungen. In Kontrast zur traditionellen Profitmaximierungsthese will Williamson, ausgehend von der Annahme einer Gelegenheit zu diskretionärem Verhalten, die systematischen Effekte eines solchen Verhaltens auf Entscheidungen bei der Ressourcenallokation aufzeigen (ibid.:109). Eine weitere Annahme Williamsons ist, daß Manager ebenso wie andere Menschen Nutzenmaximierer sind und eine Vielzahl privater Ziele realisieren möchten, auch im Kontext ihrer Arbeitstätigkeit. Die theoretische Strategie des Autors besteht nun jedoch nicht darin, diese Motive (z.B. Gehalt, Sicherheit, Macht, Prestige usw.) genauer aufzuschlüsseln, sondern er beschreibt sein Vorgehen so:

"In order (...) to assess their (gemeint sind die privaten Motive, T.V.) influence, an analytical basis for examining them must be devised. Shifting attention from the motives to the means by which the motives are realized provides the necessary connection. That is, rather than attempt to introduce security, power, prestige, and so forth into the theory directly, we ask instead: to what activities do these motives give rise? These activities, rather than the motives, are then made a part of the model." (Williamson 1974:111)

Die grundlegende Annahme des Modells ist, daß die Nutzenfunktionen von Managern in positiver Weise mit (i) einem hinreichend hohen Profitniveau der Firma, (ii) der Höhe der Aufwendungen für Personalstäbe und (iii) managerieller Emolumenten zusammenhängen (ibid.: 111-113). Unter Emolumenten wird dabei verstanden: "that fraction of managerial salaries and perquisites that are discretionary. That is, emoluments represent rewards which, if removed, would not cause the managers to seek other employment" (ibid.:111). Es handelt sich also sozusagen um pekuniäre und vor allem nichtpekuniäre Anteile an der Entlohnung, die über dem Gleichgewichtspreis der Arbeitsleistung liegen und im Sinn des Unternehmers "unnötig" sind (Beispiel: Mittel für Büroausstattung und zusätzliches Hilfspersonal).

Eine implizite Annahme Williamsons ist, daß das Management aufgrund der hohen Überwachungskosten, die den Anteilseignern enstehen, einen Informationsvorsprung erhält, der es ihm ermöglicht den Anteilseignern Gewinne auszuzahlen (bzw. zu berichten), die ein Niveau der Akzeptabilität erreichen, aber unter den tatsächlichen Gewinnen liegen. Die Differenz zwischen diesen bekanntgemachten Gewinnen und den tatsächlichen Gewinnen ergibt die Budgetmittel, die für Emolumente und Personalausgaben verfügbar sind (vgl. ibid.:113).

Diese Überlegungen führen zur Formulierung einer Zielfunktion der Firma (die eine Art von "institutioneller Nutzenfunktion" des Managements ist, aber nicht mit den privaten Nutzenfunktionen verwechselt werden darf) und damit (nach Lösung der entsprechenden Maximierungsaufgaben) zu Aussagen über die Ressourcenallokation (ibid.:113-114): Das Verhalten der Firma wird in der Hinsicht von aus Profitmaximierungszielen ableitbaren Ergebnissen abweichen, daß die Personalaufwendungen unproduktiv erfolgen und tatsächlich Emolumente vom Profit abgezogen werden.

Diese hier nur an dem einfachsten Modell wiedergegebene Argumentation Williamsons ist ein besonders durchsichtiges Beispiel für die in einer Reihe weiterer Arbeiten dieser Tradition feststellbare Vorgehensweise. Auf ähnliche Weise sind Wirkungen bürokratischer Property rights-Systeme auf die Zielfunktionen des korporativen Akteurs und die resultierende Ressourcenallokation (Niskanen 1971) oder Konsquenzen der Anreizsysteme sozialistischer Firmen (z.B. Furubotn und Pejovich 1974b,c; Moore 1974) untersucht worden. Die Relevanz dieser Studien für organisationstheoretische Fragestellungen ist offensichtlich. Darüberhinaus machen diese Untersuchungen unter heuristischen Gesichtspunkten deutlich, wie die Rolle institutioneller Regelungen im Rahmen nutzentheoretischer Erklärungen konzipiert werden kann. Eine geringe Rolle spielen in diesen Analysen Versuche, diese institutionellen Randbedingungen nutzenmaximierenden Verhaltens zu endogenisieren. Der wesentliche Punkt ist, daß eine stabile Verteilung von Property rights (mit diskretionären Freiräumen für eine Gruppe von Akteuren) implizit als Ergebnis eines (im allgemeinen) 2-Personen-Verhandlungsspiels (mit zwei korporativen Akteuren, z.B. Management, Aktionäre) aufgefaßt wird. Bei einem Verhandlungsspiel hängen die Verhandlungspositionen der Parteien ab (vgl. z.B. Harsanyi 1976a:213-214) von den Konfliktkosten der beiden Parteien, die ihrerseits durch die (i) Verluste an Belohnungen, die die andere Seite liefert, (ii) die im Konfliktfall zu erwartenden Strafen, (iii) die Kosten der Anwendung von Strafen und (iv) des Entzugs von Belohnungen bestimmt werden. Eine wesentliche Annahme ist, daß die Verhandlungsmacht der einen, normalerweise schwächeren Gruppe der Agenten des korporativen Akteurs dadurch relativ groß ist, daß die (Opportunitäts-)Kosten der Machtausübung für die andere Partei hoch sind. Diese Annahme findet ihren Ausdruck in der Redeweise von den von Null verschiedenen Überwachungskosten (policing costs) oder Kosten der Informationsbeschaffung. Natürlich muß diese vereinfachende Annahme eines bilateralen Monopols unter verschiedenen Aspekten zurückgenommen werden, weil die beiden Gruppen häufig als Mengen intern konkurrierender Akteure in Erscheinung treten (vgl. z.B. Alchian 1974:135-136).

Im Zusammenhang der Diskussion einiger Konsequenzen gemeinschaftlicher vs. privater Property rights hat es im Unterschied zu den oben genannten Beiträgen Endogenisierungsversuche gegeben. Diese haben in Vorschläge eingemündet, den langfristigen institutionellen Wandel von Property rights nutzentheoretisch aus den Konsequenzen dieser unterschiedlichen Anreizsysteme für die beteiligten (Gruppen von) Akteure(n) und dem Versuch dieser Akteure, die für sie günstigeren Anreizsysteme durchzusetzen, zu erklären. Beispiel für diesen Analysetyp ist Demsetz' (1974) Erklärungsskizze für die Entstehung privater exklusiver Verfügungsrechte über Jagdgründe bei Labrador-Indianern. An diesem Beispiel hat Demsetz auch seine theoretischen Argumente formuliert, so daß es sinnvoll ist, an dieser Stelle darauf einzugehen.

Ausgangspunkt der Überlegungen Demsetz' (1974:32-33) ist eine Bestimmung der wesentlichen Funktionen von Property rights: "A primary function of property rights is that of guiding incentives to achieve a greater internalization of externalities" (ibid.:32).

Externe Effekte oder Externalitäten liegen dann vor, wenn Akteure i und j in der Weise interdependent sind, daß die Handlungen i's das Nutzenniveau u_j von j ($i \neq j$) in positiver (positive Externalität) oder negativer Hinsicht (negative Externalität) beeinflussen. Diese Tatsache des Entstehens von Kosten oder Vorteilen für j aufgrund von i's Handlungen reicht aber noch nicht hin, um diesen sozialen Interdependenzen eine theoretische Bedeutung zuschreiben zu können. Was nach Demsetz (1974:32) oder Buchanan und Stubblebine (1962) erforderlich ist, um diese Externalitäten interessant zu machen, ist das Bestehen signifikanter Transaktionskosten. Externalitäten lassen bei rationalen Akteuren im Prinzip Anreize entstehen, diese externen Kosten/ Nützlichkeiten zu "internalisieren": Der Verursacher positiver externer Effekte hat ein Interesse daran, vom Begünstigten eine Entschädigungsleistung zu erhalten, während umgekehrt der durch negative Externalitäten Geschädigte vom Verursacher Kompensationen beanspruchen wird. Das Preissystem ist nun - eine Konsequenz des Coase-Theorems (Coase 1960, eine ausführliche Darstellung der Diskussion liefert Wegehenkel 1980) - bei Abwesenheit von Transaktionskosten in der Lage, auch bei Bestehen externer Effekte eine solche Internalisierung zu leisten, weil die im Zusammenhang mit Externalitäten Betroffenen und Beteiligten in Verhandlungen eintreten können, deren Ergebnis eine Verteilung von Kompensationszahlungen ist, die beide Akteure besser stellt. In diesem

Fall stellen Externalitäten folglich für die Akteure kein (soziales) Problem dar, weil ein Pareto-optimaler Zustand durch die Anreize des Marktmechanismus (Verhandeln, Tausch von Kompensationsleistungen) allein bereits erreicht wird. Das bedeutet im übrigen nicht unbedingt ein Verschwinden externer Effekte, sondern eine Eliminierung "Pareto relevanter" Externalitäten (Buchanan und Stubblebine 1962:374-376; vgl. z.B. auch Dahlman 1979:145 u. passim). Verbleibende externe Effekte können bei Abwesenheit von Transaktionskosten nicht in Richtung auf einen Pareto- superioren Zustand internalisiert werden, es sind theoretisch uninteressante, "Pareto-irrelevante" Effekte.

Für die Gültigkeit der gemachten Aussagen ist entscheidend, was unter Transaktionskosten verstanden wird. Coase (1960:15) hat in seinem klassischen Artikel folgende Definition gegeben:

"In order to carry out a market transaction it is necessary to discover who it is that one wishes to deal with, to inform people that one wishes to deal and on what terms, to conduct negotiations leading up to a bargain, to draw up the contract, to untertake the inspection needed to make sure that the terms of the contract are being observed, and so on."

Es erscheint auf den ersten Blick naheliegend, unter Transaktionskosten diejenigen Kosten zu verstehen, die Transaktionspartnern in verschiedenen Stadien des Tauschs (exklusiver Verfügungsrechte) entstehen: Such- und Informationskosten, Verhandlungs- und Entscheidungskosten, Durchsetzungs- und Überwachungskosten (vgl. Dahlman 1979:148; Wegehenkel 1980:15-16). Eine nähere Betrachtung zeigt jedoch, daß keineswegs sämtliche in diesen Hinsichten anfallenden Kosten zu den theoretisch relevanten Transaktionskosten gerechnet werden können. Coase (1960) hebt hervor, daß Transaktionskosten mit dem institutionellen Arrangement variieren. Es gibt Kosten, die im Zusammenhang mit Transaktionen anfallen können, aber nicht dieses Coasesche Kriterium erfüllen (vgl. Dahlman 1979:143-147; vgl. z.B. auch schon Arrow 1971:19): Kosten, die streng proportional zum Austausch auftreten (z.B. Transportkosten) oder Fixkosten (setup costs), die Voraussetzungen des Tauschs sind.

Diese Kosten führen solange lediglich zu Pareto-irrelevanten Externalitäten, wie sie nicht mit dem Modus der Ressourcenallokation, d.h. dem institutionellen Arrangement an Property rights variieren. Es ist nämlich nicht ersichtlich, warum Transaktionskosten, die ähnlich den Produktionskosten vollkommener Märkte behandelt werden können, Konsequenzen hinsichtlich der institutionellen Analyse haben sollen (Dahlman 1979:143-147). Fixe Kosten der Errichtung einer Unternehmung sind ebenso wie Transportkosten im Prinzip nur abhängig von der Technologie und den Präferenzen, sie bleiben bei verschiedenen institutionellen Arrangements eines Marktsystems erhalten und können mit der herkömmlichen Analyse endogen behandelt werden.

Kernargument der Theorie der Property Rights in der Fassung von Demsetz ist, daß Systeme von Verfügungsrechten die Funktion haben, Externalitäten (in genanntem Sinn) zu internalisieren bzw. Transaktionskosten zu vermindern. Diese Funktionen können Verfügungsrechte in unterschiedlichem Grade erfüllen, d.h. in Abhängigkeit von technologischen Bedingungen, Marktstrukturen und anderen Faktoren werden sich unterschiedliche Anreizsysteme als optimale oder angemessene Lösungen der mit der sozialen Interdependenz externer Effekte verbundenen Probleme der Ineffizienz von Ressourcenallokationen ergeben. Zur Vorhersage einer institutionellen Änderung reicht ein Vergleich der Konsequenzen unterschiedlicher Property rights-Strukturen für die Effizienz der Ressourcenallokation jedoch nicht aus. Entscheidend ist nach Demsetz (1974:34) ein bestimmtes Ausmaß an sozialen Verlusten aufgrund von Externalitäten, da nicht nur suboptimale Institutionen soziale Kosten erzeugen, sondern auch Prozesse der Änderung von Institutionen Kosten verursachen. Diese Überlegung wird von Demsetz (1974: 34) in einer These zusammengefaßt, die man mit Opp (1979a) als "Internalisierungsthese" bezeichnen kann:

"(...) property rights develop to internalize externalities when the gains of internalization become larger than the cost of internalization."

Institutionelle Änderungen werden von Demsetz quasi-funktionalistisch erklärt durch die effizienzsteigernde Wirkung der neuen Institutionen. Die Prozesse institutionellen Wandels können dabei evolutionär analog den Unsichtbare-Hand-Prozessen verlaufen:

"I do not mean to assert or to deny that the adjustments in property rights which take place need to be the result of a conscious endeavor to cope with new externality problems. These adjustments have arisen in Western societies largely as a result of gradual changes in social mores and in common law precedents. At each step of this adjustment process, it is unlikely that externalities per se were consciously related to the issue being resolved. These legal and moral experiments may be hit-and-miss procedures to some extent but in a society that weights the achievement of efficiency heavily, their viability in the long run will depend on how well they modify behavior to accommodate to the externalities associated with important changes in technology or market values." (Demsetz 1974:34)

Die Konsequenzen gemeinschaftlicher Verfügungsrechte, z.B. über Land oder Jagdgründe, für die Ressourcenallokation werden von Demsetz (1974:38-39) in einem Auseinanderfallen privater und sozialer Kosten gesehen. Kommunale Verfügungsrechte (Nutzungs- und Ertragsrechte) sind nicht geeignet, die Kosten der Nutzung dem Akteur aufzubürden, der diese Ressourcen nutzt. Nur in dem Grenzfall, daß die Gruppengröße "eins" beträgt, muß der Akteur die Kosten der Nutzung allein tragen. Mit steigender Gruppengröße werden die Kosten der Nutzung auf viele Schultern verteilt, nämlich die anderen Gruppenmitglieder und zukünftige Generationen, während die Vorteile der Nutzung privat angeeignet werden können (sofern für Erträge private Rechte etabliert sind). Es ist offensichtlich, daß kommunale Eigentumsrechte unter der Bedingung hoher Transaktionskosten zu kollektiven Übeln führen: Da die individuelle Nutzung der gemeinsamen Ressourcen Kosten für zukünftige Nutzungsperioden oder andere Nutzer erzeugt, die vom Nutzer nur anteilig[9] getragen werden müssen und die im allgemeinen unter den privaten Erträgen liegen, hat jeder Nutzer einen Anreiz, die Ressourcen so zu nutzen, daß seine privaten Grenzerträge mit seinen marginalen produktiven Aufwendungen und dem individuellen marginalen Beitrag zu den sozialen Kosten übereinstimmen. Unter allgemeinen Bedingungen ergibt sich daraus eine Übernutzung der Ressourcen. Physikalisch betrachtet ist das Ergebnis eine Erschöpfung der Ressourcen (Jagdgründe, Fruchtbarkeit von gemeinsamem Boden, Futterqualität einer 'Allmende' usw.). Soziale Konsequenz rationalen Verhaltens angesichts kommunaler Eigentumsrechte kann eine enorme Produktion sozialer Kosten sein (vgl. sinngemäß ibid., oder Cheung 1974; Gordon 1975; Hardin 1968). Diese Externalitäten würden vermindert, wenn die Verfügungsrechte privat bzw. exklusiv verteilt wären. In diesem Fall hat jeder Ressourcenbesitzer einen Anreiz, die Nutzung seiner Ressource in der Weise zu ökonomisieren, daß eine effiziente Nutzung erfolgt, wobei v.a. auch Probleme eines optimalen Investitionsverhaltens zu lösen sind, die in einem optimal zu bestimmenden Verzicht auf kurzfristige Erträge zugunsten der Zukunft bestehen (vgl. Demsetz 1974:38-39). Implizit enthalten ist in der Argumentation Demsetz' ein Vergleich zwischen einem System kommunaler Eigentumsrechte und einem System privater Eigentumsrechte (unter Zugrundelegung bestimmter Annahmen über die Verteilung der privaten Rechte) am Maßstab des Pareto-Kriteriums. Das Ergebnis dieses Vergleichs ist eine Pareto-Superiorität des Bestehens von Eigentumsrechten, sofern dabei die Kosten der Schaffung und Aufrechterhaltung dieses Systems unberücksichtigt bleiben. Die Demsetz-These kann so interpretiert werden, daß eine institutionelle Änderung unter der Bedingung erfolgt, daß diese Superiorität auch unter Berücksichtigung dieser Kosten erhalten bleibt.

Demsetz (1974:34-37) illustriert seine Internalisierungsthese an der Entwicklung privater Eigentumsrechte bei Indianerstämmen auf der Labrador-Halbinsel. Bemerkenswert war in den Augen der Ethnographen eine lang etablierte Tradition privater Verfügungsrechte bei diesen Stämmen, die von Beobachtungen bei anderen Stämmen abwich. Ethnographen stellten zusätzlich fest, daß es eine positive Beziehung zwischen dem Aufkommen von kommerziellem Pelzhandel und der Entwicklung privater Rechte bezüglich Landbesitz gibt. Diese Entwicklung von ursprünglich gemeinschaftlichen zu privaten Eigentumsrechten versucht Demsetz mit Hilfe seiner Theorie zu erklären. Sein wesentliches Argument ist dabei die mit Aufkommen des Pelzhandels sich verändernde Größenordnung der aus kommunalen Rechten resultierenden Externalitäten. Vor dem kommerziellen Handel mit Fellen haben die Indianer Pelze nur für ihren eigenen Bedarf benötigt. Die externen Effekte der Jagd (in Form externer Kosten für nachfolgende Jäger) bestanden zwar auch, waren jedoch aufgrund der geringen Jagdquote gering. Diese Situation änderte sich, als der Wert von Biberfellen durch die Möglichkeit des Handelns anstieg. Damit stieg auch die Jagdquote und die externen Effekte erreichten eine Größenordnung, die eine Internalisierung durch die Errichtung und Überwachung privater Jagdrechte für Familien lohnend machte. Diese Überwachungskosten waren dadurch im Vergleich zu denen anderer Jagdgründe (Weidetiere) geringer, daß Biber Reviertiere sind, die in leicht abgrenzbaren Gebieten leben. Eine Reihe technologischer und Marktstrukturfaktoren hat also nach Demsetz zu einer Verschiebung der Kosten-Nutzen-Relation einer Internalisierung externer Effekte durch institutionelle Änderungen geführt.

Dieses Beispiel ist nicht die einzige Skizze einer Erklärung institutionellen Wandels im Rahmen des Property rights-Ansatzes. Erwähnen kann man in diesem Zusammenhang eine Studie der Entwicklung privater Verfügungsrechte über landwirtschaftlich genutzten Boden in afrikanischen Stammesgesellschaften (Ault und Rutman 1979). Wesentlicher Faktor für die Entstehung privater Rechte ist danach die Knappheit des Bodens, die mit zunehmendem Bevölkerungswachstum und mit der Entwicklung von kommerzieller Landwirtschaft ansteigt. Die Konsequenz ist eine Zunahme externer Effekte und eine institutionelle Umorganisation von einem gemeinschaftlichen Besitz zu einem System privater Rechte (ibid.: 171). Die Effizienz des Systems privater Verfügungsrechte ist dabei nur in Abhängigkeit von bestimmten sozialen Bedingungen höher als die privater Rechte (Ault und Rutman 1979:169-171).

Gegenstand einer anderen Arbeit (Anderson und Hill 1975) ist die Entwicklung von Property rights im amerikanischen Westen. Diese Autoren (ibid.:163-168) schlagen ein Modell vor, in dem sich eine optimale Definitions- und Erzwingungsaktivität in bezug auf Verfügungsrechte aus dem Schnittpunkt der marginalen (privaten) Kosten- und (privaten) Nutzenkurven dieser Aktivitäten ergibt. Der Grad an durchgesetzten Eigentumsrechten soll auf diese Weise endogen bestimmt werden. Die Autoren (ibid.: 168) gestehen zu, daß Beiträge zu den im Zusammenhang mit der Etablierung und Aufrechterhaltung von Verfügungsrechten auftretenden Kosten aufgrund von Skalenökonomien Kollektivguteigenschaften haben können, halten ein diese Anreizprobleme vernachlässigendes Privatgut-Modell aber dennoch für annähernd gültig. Am Beispiel des Landbesitzes in den "Great Plains", der Viehhaltung und der Bewirtschaftung von Wasser zeigen die Autoren auf (ibid.:168-178), wie technologische und nachfragebedingte Faktoren Parameterwerte der genannten Nutzen- und Kostenfunktionen verändert und institutionelle Änderungen bewirkt haben.

Eine ambitionierte Serie von Untersuchungen der Entstehung und Konsequenzen von Property rights hat zur sog. 'Neuen Wirtschaftsgeschichte' geführt, deren Hauptbeitrag ein Versuch ist, das (Wirtschafts-)Wachstum (in) der Westlichen Welt aus den produktiven Anreizen, die institutionelle Änderungen von Verfügungsrechten bereitgestellt haben, zu erklären (North und Thomas 1970, 1973, vgl. auch North 1981, North 1983). Es ist hier nicht der Ort, um detailliert auf diese Ansätze einzugehen (vgl. z.B. Borchardt 1977 für einen deutschsprachigen Überblick über die Literatur und einige Probleme). Hingewiesen werden kann jedoch auf einige der grundlegenden theoretischen Ideen, die in diesem Zusammenhang angewandt worden sind.

Unter einer Institution oder einem institutionellen Arrangement versteht North (North und Thomas 1970:5, 1973:passim; North 1981:201-202; North 1983) ein (explizites oder implizites) vertragliches Arrangement zwischen ökonomischen Einheiten (individuellen und kollektiven Akteuren), das die Tauschbeziehungen zwischen diesen Einheiten regelt und damit Spezialisierungs- und Tauschvorteile realisierbar macht. Wesentliche Elemente einer Institution (North 1983) sind eine Menge von Restriktionen des Verhaltens in Form von Regeln, Verfahren zur

Entdeckung abweichenden Verhaltens und "a set of moral, ethical behavioral norms which define the contours that constrain the way in which the rules and regulations are specified and enforcement is carried out" (North 1983:3). North (1971:122-124, North und Thomas 1970: 10) unterscheidet zwei Ebenen institutioneller Arrangements innerhalb von Gesellschaften, nämlich 'fundamentale Institutionen', die bestimmte 'Basis-Grundregeln' ("basic ground rules") beinhalten und 'sekundäre' institutionelle Arrangements. Fundamentale Institutionen bestehen dabei sozusagen aus den Regeln des Spiels (North 1971: 122), auf dessen Hintergrund Änderungen der sekundären Institutionen ablaufen können, d.h. Änderungen der sekundären Institutionen müssen mit den Basis-Grundregeln konsistent sein. Diese Basis-Grundregeln bestehen im wesentlichen aus den Grundstrukturen der Verfügungsrechte einer Gesellschaft (z.B. feudale Leibeigenschaft vs. System privater Nutzungsrechte). Änderungen der Basis-Grundregeln sind mit weitaus höheren Kosten verbunden als diejenigen der sekundären Institutionen. Zwischen beiden Ebenen gibt es nach North (1971:122-126) eine Reihe von Überlappungen. Die Beziehungen zwischen institutionellen Änderungen in beiden Bereichen sind in der konkreten Analyse nicht leicht zu entschlüsseln.

Die Funktionen von Institutionen und damit die Vorteile institutioneller Änderungen (zum folgenden vgl. North und Thomas 1971:5-7) liegen in der Erhöhung der Produktivität einer Gesellschaft durch die Ermöglichung von Skalenökonomien (z.B. durch Größenwachstum von Unternehmungen aufgrund der rechtlichen Möglichkeiten zur Bildung von Aktiengesellschaften), und eine Reduzierung von Transaktionskosten. Transaktionskosten werden dabei unterteilt in Externalitäten, Kosten ökonomischer Informationen und Kosten aufgrund von Unsicherheit (risk). Die Entwicklung eines Netzwerks von Handels-Institutionen ("merchants, brokers, factors, supercargoes, early exchanges in coffee houses, stock and commodity exchanges" - ibid.:6) kann etwa gedeutet werden durch die Funktion der Transmission von Informationen über die Preise auf lokal verstreuten Märkten, so daß tatsächlich bestehende Tauschopportunitäten genutzt werden können, sofern Transportkosten dies zulassen. Risikomindernde Wirkungen haben solche Institutionen, die - wie z.B. Aktiengesellschaften oder "sharing"-Arrangements anderer Art - das Risiko von Transaktionen streuen.

Diese potentiellen Vorteile institutioneller Änderungen können - dies ist die Variante der "Internalisierungsthese", die North aufstellt - aber nur dann hinreichende Anreize für eine Durchführung von Änderungen sein, wenn die abdiskontierten erwarteten Gewinne eines solchen Unternehmens die erwarteten Kosten übersteigen (North und Thomas 1970:5). Die Kostenfaktoren institutioneller Änderungen können von verschiedenen Faktoren abhängen, z.B. den Mitteln der Durchführung einer Änderung. North und Thomas (1970:8) unterscheiden dabei zwischen freiwilligen (voluntary) und über einen Regierungsapparat (governmental) vermittelten Änderungen. Sie konstatieren ein Optimierungsproblem zwischen durch Beteiligung vieler Akteure erreichbaren Skalenökonomien, den bei großen Gruppen hohen Einigungskosten und den dann spürbar werdenden Anreizen zum 'Trittbrettfahren' sowie selektiven Anreizen, die aus Sondervorteilen einer Änderung für eine organisierende Gruppe resultieren. Im Unterschied zu den meisten anderen Arbeiten im Kontext der Property rights-Tradition betonen North und Thomas (1971:9), daß institutionelle Änderungen nicht unbedingt soziale Gewinne im Sinn der Pareto-Effizienz bezogen auf die Gesamtgesellschaft bewirken (oder durch sie motiviert sein) müssen, sondern zu einer Einkommensumverteilung zugunsten einzelner Gruppen führen können (z.B. Gildensystem). Ein weiterer Aspekt, der sich von anderen Analysen unterscheidet, ist die Berücksichtigung von Beziehungen zwischen institutionellen Arrangements auf unterschiedlichen Ebenen. Nach North und Thomas (1971:9) sind für die Vorhersage institutioneller Änderungen nicht nur der Nutzenaspekt der Änderung (bzw. konvers dazu die Opportunitätskosten der nicht realisierten Skalenökonomien) sowie die Transaktionskosten entscheidend, sondern auch die Kosten der Änderung, die ihrerseits vom institutionellen Kontext entscheidend mitbestimmt werden. Die Änderung fundamentaler Institutionen wurde begünstigt durch kumulative Innovationen sekundärer Institutionen, die die Kosten einer Änderung der Grund-Institutionen vermindert haben. Erwähnt sei noch, daß North (North und Thomas 1971:10) unter einem fundamentalen institutionellen Arrangement nicht allein die in formal gesatzten Verfassungen spezifizierten Regeln versteht, sondern auch solche, die aufgrund von unexpliziten Verhaltenskonventionen ("custom") bestehen.

3.1.2.2 Der Transaktionskosten-Ansatz nach Williamson

Eine wichtige Rolle im Rahmen institutioneller Analysen unter Verwendung eines ökonomischen Ansatzes kommt dem 'Markets and Hierarchies'- oder 'Transaktionskosten'-Ansatz von Williamson zu. Dieser Ansatz steht in enger Beziehung zur Theorie der Property rights, insbesondere zur Interpretation der Struktur und Funktion kapitalistischer Unternehmungen, die Coase (1937) und Alchian und Demsetz (1972) vorgelegt haben.

Nach Coase (1937) kann die Entstehung von Mehr-Personen-Unternehmungen mit einem zentralen Koordinator (dem Unternehmer) nicht aus technologischen Bedingungen erklärt werden, sondern aus Vorteilen von hierarchischen gegenüber dezentralen Marktstrukturen, die in den mit den jeweiligen Institutionen verbundenen Transaktionskosten liegen. Unter bestimmten Bedingungen, die Coase jedoch noch nicht genau genug spezifiziert[10] (Alchian und Demsetz 1972:783), ist der Preismechanismus mit Kosten verbunden, die es vorteilhaft erscheinen lassen, daß n spezialisierte Produzenten eines Produktes nicht wiederholte (n/2) (n-1) Verträge über Bedingungen ihrer Zusammenarbeit abschließen (Markt als total verbundenes Netzwerk bilateraler Vertrags- und Tauschbeziehungen), sondern es reichen (n-1) langfristige, offene Kontrakte zwischen einem zentralen, koordinierenden Akteur und den Mitproduzenten hin. Aus der Sicht des individuellen Akteurs wird also eine Serie hochspezifischer Verträge mit (n-1) Mitproduzenten, die wiederholt Kosten der Informationssuche in bezug auf relevante Preise (Coase 1937:390) und "costs of negotiating and concluding a separate contract" (ibid.:390-391) entstehen lassen, ersetzt durch <u>einen</u> Vertrag mit einem Unternehmer, der die Autorität erhält, innerhalb gewisser Grenzen Preise und Bedingungen der Tauschtransaktionen festzusetzen (ibid.:391-392).

Über die endogene Begründung der <u>Existenz</u> von Unternehmungen hinausgehend, die gegenüber den frühen, technologischen Begründungen aus der Arbeitsteilung (Coase 1937:398) ein entscheidend neuer Ansatz ist, hat Coase Hinweise für eine endogene Bestimmung der Unternehmens<u>größe</u> gegeben (ibid.:393-403), wobei er als eine wesentliche Variable, die ein Größenwachstum der Firma hemmt, die abnehmenden Skalenerträge von 'Managementfunktionen', also gewissermaßen Transaktionskosten der internen Organisation, nennt (ibid.:395).

<u>Alchian und Demsetz (1972)</u> verstehen die Entstehung der Firma mit einem zentral koordinierenden und kontrollierenden Unternehmer als institutionelle Lösung der Anreizprobleme, die aus spezialisierter Team-Produktion entspringen. Teamproduktion (vgl.ibid.:779) ist gemeinsame Produktion durch eine Anzahl von Akteuren, in der (i) verschiedene Typen von Ressourcen verwendet werden, die (ii) z.T. gemeinsames Eigentum des Teams sind und (iii) bei der das Produkt nicht als Summe separierbarer outputs jeder kooperierenden Ressource ausgedrückt werden kann. Diese letzte technologische Eigenschaft der Teamproduktion, superadditive Ergebnisse hervorzubringen, läßt nach Alchian und Demsetz (1972:778-779) die Messung ("metering") der individuellen inputs der Teammitglieder problematisch erscheinen[11]. Wegen der Additivität der Produkte herkömmlicher Produktion ist die Produktivität jeder einzelnen Ressource (Person) aus dem Ergebnis ablesbar. Bei Teamprodukten ist eine Messung des inputs nur durch Beobachtung des Verhaltens der individuellen Inputs möglich (ibid.: 780). Aufgrund der von den Autoren unterstellten Annahme, daß sowohl Freizeit als

auch höheres Einkommen Nutzenargumente sind, ergibt sich in einer Gruppe freiwillig kooperierender Teammitglieder bei positiven Kosten der wechselseitigen Überwachung des Verhaltens ein Anreiz zur Bummelei ("shirking"). Die Arbeitsbeiträge jedes Teammitglieds werden so gewählt, daß die Grenzraten der Substitution zwischen Arbeitsleistungen und nichtpekuniären Belohnungen gegenüber einer Produktion ohne Überwachungskosten zugunsten der Freizeit verschoben sind. D.h. die produktiven Anstrengungen sind suboptimal, weil die realisierte Rate der Substitution zwischen Freizeit und output geringer als die wahre Rate der Substitution ist (ibid.:780). Es handelt sich um ein Anreizproblem analog dem Gefangenen-Dilemma. Jeder Akteur folgt der Versuchung, zu bummeln und damit einen Zustand herbeizuführen, der Pareto-inferior gegenüber einem Zustand mit höherem pekuniärem Einkommen und weniger Freizeit ist. Der effiziente Zustand kann wegen der in einer dezentralen "peer group" bestehenden Transaktionskosten nicht realisiert werden. Die Kosten der wechselseitigen Überwachung werden nicht aufgebracht (oder suboptimal getragen), weil jedes Gruppenmitglied es vorzieht, daß alle anderen durch Überwachung die Produktivität der Gruppe erhöhen und selbst keine dieser Überwachungskosten aufzubringen (vgl. sinngemäß ibid.:780). In einer unorganisierten Gruppe fehlen institutionelle Regelungen, die eine unspezialisierte Überwachung unkooperativen Verhaltens selbst überwachen. Die klassische kapitalistische Unternehmung hat die Funktion, diese beiden Anreizprobleme simultan zu lösen (ibid.:781-783): Der Unternehmer ist ein auf Überwachung spezialisiertes Teammitglied, das zentraler Vertragspartner aller übrigen inputs ist. Das Problem der Überwachung des Überwachers wird gelöst, indem der Unternehmer das Recht auf Aneignung des Residualeinkommens erhält. Das Residualeinkommen und der Wert des Rechts, seine Bündel an Verfügungsrechten zu transferieren, ergeben beim Unternehmer einen Anreiz, seine Überwachungstätigkeit so zu dosieren, daß eine effiziente Teamproduktion erreicht wird. Die Firma wird bei Alchian und Demsetz (1972:793-794) als eine spezialisierte Markt-Institution behandelt, die Kontraktbeziehungen zwischen den Beteiligten werden als kurzfristige sequentielle Spot-Verträge gesehen (ibid.:777), nicht als Autoritätsbeziehungen.

Die Position, die Williamson vertritt, knüpft insofern an die genannten Arbeiten an, als auch hier Transaktionskosten im Zentrum des Interesses stehen. Abweichend insbesondere von Alchian und Demsetz' Ansatz zur Erklärung der Struktur interner Organisation hebt Williamson (z.B. 1975:67-70, 1981:564) den Aspekt der zeitlichen Stabilität organisatorischer Regelungen hervor: Die von Alchian und Demsetz betrachtete Form der Organisation von Arbeitsbeziehungen sei ein Sonderfall, der dann realisiert sein kann, wenn die Kosten des Übergangs von einer zu einer anderen Arbeitsbeziehung gering sind. Diejenigen Arbeitsaufgaben, die in nichttrivialer Weise "idiosynkratische" Investitionen seitens der beiden Vertragspartner erfordern, sind hinsichtlich der Vertragsbeziehungen nicht mehr äquivalent mit sequentiellen Spot-Beziehungen (Williamson 1975:68), vielmehr ähnelt interne Organisation mit ihren internen Arbeitsmärkten und langfristigen Karrieremustern einer geschlossenen sozialen Struktur analog der Bürokratie Max Webers.

Die Struktur institutioneller Regelungen von Tauschtransaktionen wird im Transaktionskostenansatz unter Verwendung von Verhaltensannahmen erklärt, die sich unterscheiden von der neoklassischen Maximierungsannahme (vgl. Williamson 1975:Kap.2). Die erste Komponente ist die gegenüber der Neoklassik schwächere Annahme begrenzter Rationalität[12)], d.h. die kognitive Annahme begrenzter Verarbeitungs- und Lösungskapazitäten komplexer Probleme. Die zweite Komponente, nämlich die Annahme 'opportunistischen' Verhaltens, ist eine Variante der Annahme selbst-interessierten Handelns: "Opportunism extends the conventional assumption that economic agents are guided by considerations of self- interest to make allowance for strategic behavior. This involves self-interest seeking with guile (...)" (Williamson 1975:26).

Es ist eine Kernannahme des "Markets and Hierarchies"-Ansatzes, daß die beiden Verhaltensbedingungen nur zusammen mit Umgebungsfaktoren zu institutionell relevanten Verhaltensweisen führen, ansonsten marktmäßige Organisationsformen ("externe Organisation") bestehen bleiben. Diese beiden Faktoren sind einerseits Unsicherheit und Komplexität - sie führen zu Abweichungen der Ergebnisse des Verhaltens aufgrund begrenzter Rationalität von 'objektiver' Rationalität - und zum anderen die sog. "small numbers"-Bedingung. Letztere verhindert nach Williamson (1975:27) eine Ausschaltung opportunistischen Verhaltens durch den Wettbewerb als einem sich selbst-tragenden Sanktionsmechanismus[13]. Die Bedingung einer 'kleinen Zahl' von Transaktionspartnern führt nämlich tendenziell zu einem bilateralen Monopol. Daraus ergibt sich ein 'transaktionales Dilemma' (ibid.:27, vgl. auch Williamson 1979:241-242): "it is in the interest of each party to seek terms most favorable to him, which encourages opportunistic representations and haggling. The interests of the system, by contrast, are promoted if the parties can be joined in such a way as to avoid both the bargaining costs and the indirect costs (mainly maladaption costs) which are generated in the process." (Williamson 1975:27)

Die Zielsetzung des Transaktionskosten-Ansatzes ist zunächst, diese Grundaussagen des 'Organizational failures framework' (Williamson 1975) so mit operationalisierbaren Aussagen über Eigenschaften von Transaktionen zu verknüpfen, daß sich Aussagen über die Höhe der Transaktionskosten unter verschiedenen Formen institutioneller Steuerungsstrukturen (governance structures) ergeben.

Transaktionen werden dabei unter Zugrundelegung der folgenden Dimensionen beschrieben (Williamson 1979:239, 246-247): (1) Grad der Unsicherheit, (2) Ausmaß, in dem dauerhafte transaktionsspezifische Investitionen erfolgen und (3) Häufigkeit des Auftretens zwischen denselben Akteuren. Die grundlegende Argumentationsstruktur kann folgendermaßen beschrieben werden (vgl. auch Abb. 3.3): Ausprägungen der drei Dimensionen von Transaktionen stellen Indikatoren für in einer marktmäßigen Tauschbeziehung auftretende Transaktionskosten dar. Je höher diese Transaktionskosten, desto größer der Anreiz, die Tauschbeziehungen durch interne Organisation zu regeln. Diese Regelung, die ihrerseits hohe transaktionsspezifische Investitionen erfordert, lohnt sich dann, wenn die Opportunitätskosten des marktlichen Arrangements (also die Transaktionskosten) höher sind, als diese Errichtungs- bzw. Investitionskosten (vgl. z.B. Williamson und Ouchi 1981:352-353).

Hierzu sind einige Erläuterungen angebracht: (1) Für Markttransaktionen, die langfristige Verträge enthalten, existiert aufgrund 'begrenzter Rationalität' unter Bedingungen der Unsicherheit keine vollständige "Präsentiation" (Macneil), bzw. sie ist mit prohibitiv hohen Kosten verbunden. Weder können alle zukünftigen Kontingenzen vorhergesagt werden, noch können ex ante die erforderlichen Anpassungen der Vereinbarungen erreicht werden (vgl. z.B. Williamson 1979:237 oder Williamson 1975:passim). Aus der Unsicherheit folgt, daß "contingent claims" - Kontrakte unmöglich sind. Preise, die als koordinierende Signale ein für allemal das Verhalten für die gesamte Laufzeit des Vertrages regeln, können unter dieser Bedingung nicht entstehen. Erforderlich ist ein adaptives, sequentielles Generieren des Entscheidungsbaumes und ein sequentielles Verhandeln über die Tauschraten.
(2) Dauerhafte transaktionsspezifische Investitionen führen zu einer Transformation der Beziehung in ein bilaterales Monopol, da der Wert der Investitionen nicht (ohne Verlust) auf andere Beziehungen transferiert werden kann. Beide Partner haben daher auch zusätzlich ein Interesse an der Kontinuität der Beziehung. Andererseits ergibt sich im bilateralen Monopol die Möglichkeit, individuelle Vorteile auf Kosten des Partners wahrzunehmen, so daß im Prinzip eine sequentielle, wechselseitige Ausbeutung der Tauschpartner möglich ist, die einen Austritt aus der Beziehung und damit den Verlust der Investitionen wahrscheinlicher macht. Dieses "contracting dilemma" ent-

spricht aufgrund der Opportunismusannahme einer Gefangenen-Dilemma-Situation, da es keinen Sanktionsmechanismus zur Absicherung kooperativen Verhaltens gibt (vgl. Williamson 1979: 241-242)[14].

(3) Die Häufigkeit des Wiederkehrens einer Transaktion ist ein Faktor, der insofern zur Erhöhung des Anreizes zur institutionellen Änderung beiträgt, als sich die mit der Errichtung spezialisierter Steuerungsstrukturen verbundenen Fixkosten (set-up costs) in Abhängigkeit von der Häufigkeit in höherem Maße amortisieren (Williamson 1979:246; Williamson und Ouchi 1981: 352).

Die Funktionen 'interner Organisation', einer institutionellen Regelung der Tauschbeziehung, die lohnend ist, wenn die Beziehung wiederkehrend, mit hohen idiosynkratischen Investitionen verbunden und von Unsicherheit begleitet ist, bestehen nach Williamson in einer Ökonomisierung der beiden aus begrenzter Rationalität und Opportunismus resultierenden Arten von Transaktionskosten (vgl. z.B. Williamson 1975: Kap.2, u.a. 25-26, 29-30; vgl. z.B. auch Arrow 1974:Kap.2-4 u. passim): Kosten der Koordination werden durch die Entwicklung spezifischer Regeln und Codes vermindert; konvergente Erwartungen verringern Unsicherheit hinsichtlich der Richtung von Anpassungsprozessen an Umweltänderungen. Die hierarchische Kommunikation koordinierender Signale vermindert dabei gegenüber einem vollständig verbundenen Netz Kommunikationskosten. Sequentielle Preisanpassungen sind per Dekret möglich, so daß Verhandlungskosten entfallen. Anreize zu opportunistischem Verhalten innerhalb einer vertikal integrierten Unternehmung werden gemindert, indem das erhalten der in Tauschbeziehungen stehenden Abteilungen zentral (organisationsintern) gesteuert und überwacht wird.

Abb. 3.3: Zusammenfassung des Transaktionskosten-Ansatzes (Beispiel: Markt vs. Organisation)

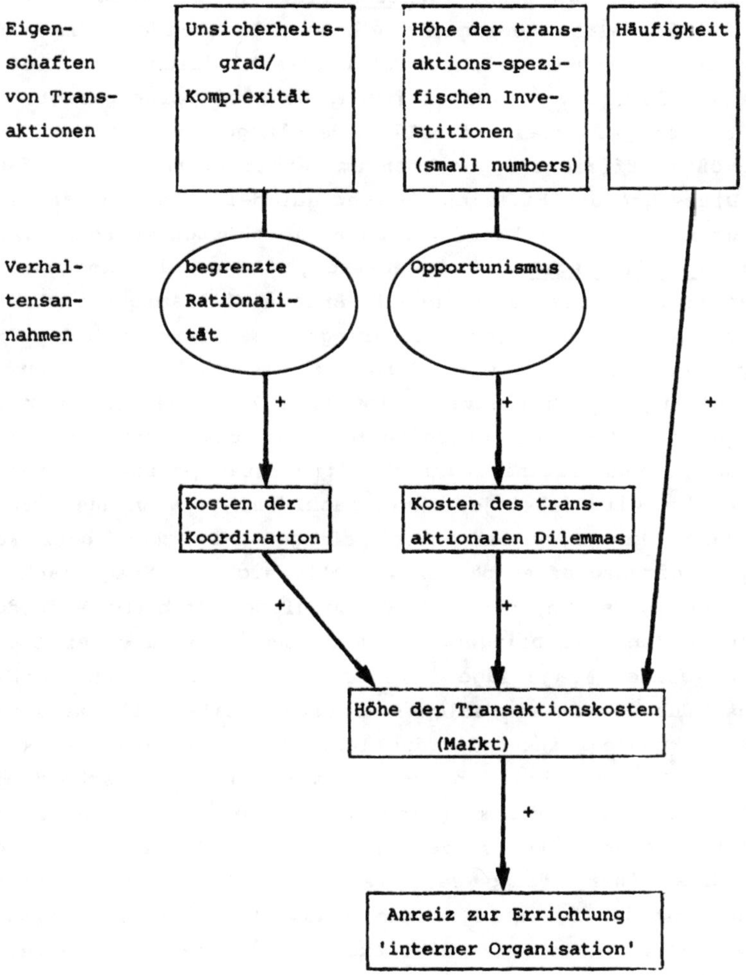

An dieser Stelle empfiehlt es sich, auf einige Probleme dieses Erklärungs-Ansatzes hinzuweisen. Die Erklärung institutioneller Änderungen ist quasi-funktionalistisch insofern, als gefragt wird: Welche Konsequenzen haben, bezogen auf die Effizienz der Ressourcenallokation, unterschiedliche institutionelle Regelungen von Transaktionen? Es wird vorhergesagt, daß sich diejenigen institutionellen Regelungen durchsetzen, die die größte Effizienz - gemessen am Pareto-Kriterium - aufweisen. Diese größere Effizienz beruht auf der größeren Fähigkeit der untersuchten Strukturen, Transaktionskosten zu senken. Die sozialen Bedingungen der Generierung transaktionskostenreduzierender Institutionen werden im Ansatz Williamsons auch analysiert. Analog den Internalisierungsthesen innerhalb des Property rights-Ansatzes wird dabei die Iteration bzw. häufige Wiederholung der Transaktion als ein Faktor genannt, der zur Erhöhung der Transaktionskosten beiträgt und damit eine Investition in neue organisatorische Strukturen profitabel macht. Ein Problem wird dabei jedoch vernachlässigt: Wenn das 'Transaktionale Dilemma' tatsächlich Gefangenen-Dilemma- oder Kollektivguteigenschaften besitzt, stellt sich die Frage nach den 'privaten' Anreizen, die zur Lösung dieser Probleme erforderlichen Kosten aufzubringen. Ein möglicher Weg zu einer Beantwortung dieser Frage läge in einer Weiterverfolgung des Hinweises, daß die in ein solches transaktionales Dilemma involvierten Akteure keine individuellen, sondern kollektive Akteure sind. Die Anreize der an den strategisch entscheidenden Machtpositionen dieser korporativen Akteure sitzenden individuellen Agenten können so gestaltet sein, daß sie private Vorteile aus einer Lösung des transaktionalen Dilemmas ziehen können. Tatsächlich wird dieses Argument en passant erwähnt: "The general argument is this: except when there are perversities associated with the funding process, or when strategically situated members of an organization are unable to participate in the prospective gains, unrealized efficiency opportunities always offer an incentive to reorganize" (Williamson und Ouchi 1981: 355). In der Sprache der Theorie der Property rights sind Beiträge (nicht nur die Konsequenzen dieser Beiträge) zu institutionellen Änderungen institutionelle Nutzenargumente entsprechender 'organisatorischer Unternehmer'. Dies hat möglicherweise die Konsequenz, daß der Transaktionskostenansatz weniger geeignet ist für die Erklärung der Entwicklung von Organisationsstrukturen nicht-kommerzieller Organisationen (vgl. auch ibid.), weil dort solche institutionellen Nutzenargumente in geringerem Maße zutreffen. Es ist aber, zusammenfassend gesagt, sicher nicht unberechtigt, eine Vernachlässigung dieser Frage der Aggregation individueller und kollektiver Akteure und der damit zusammenhängenden Anreizprobleme im Transaktionskostenansatz festzustellen.

Eine weitere Lücke in der theoretischen Ausarbeitung hängt mit dem genannten Aspekt zusammen. Das Überwiegen einer quasifunktionalistischen Argumentation hat zu einer Vernachlässigung der tatsächlichen Prozesse institutionellen Wandels geführt. Interessant wäre in diesem Zusammenhang die Frage nach der Generierung der organisatorischen Innovationen bzw. der institutionellen Alternativen, wobei möglicherweise Diffusions- und Imitationsprozesse eine Rolle spielen. Unplausibel erscheint es zudem, wenn einerseits in einem theoretischen Ansatz mit der Annahme der "bounded rationality" gearbeitet wird, andererseits aber eine prima facie unbegrenzte objektive Rationalität bezüglich organisatorischer Neuerungen unterstellt wird. Gerade bezogen auf diese Änderungsprozesse bietet sich eine evolutionäre Argumentation und damit eine Verknüpfung mit populationsökologischen (vgl. Aldrich 1982) oder anderen evolutionären Ansätzen (z.B. Nelson und Winter 1982) an.

Auf ein Problem in der theoretischen Argumentation sei noch hingewiesen[15]. Wie erwähnt, führt eine Wiederholung problematischer Transaktionen zu einer Erhöhung der Transaktionskosten. Diese Annahme widerspricht Ergebnissen der neueren spieltheoretischen Analysen sozialer Institutionen (vgl. genauer unten, v.a. Kap. 4). Danach entwickeln sich in wiederholten problematischen Transaktionen unter bestimmten Bedingungen Anreizbedingungen, die in einem sich selbsttragenden

Sanktionsmechanismus für kooperatives Verhalten bestehen. Der Effekt einer Iteration ist dann gerade nicht eine Erhöhung, sondern eine Reduzierung von Transaktionskosten. Möglicherweise kann die institutionelle Lösung der problematischen Situation sozialer Interdependenz durch Hierarchie sich deshalb stabilisieren, weil beide Partner der Tauschbeziehung es tatsächlich als in ihrem langfristigen Eigeninteresse liegend ansehen, eine bedingte, hierarchisch unterstützte Kooperation und Selbstbindung zu akzeptieren. Diese Lösung setzt allerdings voraus, daß die (beiden) beteiligten Akteure in einem strengen Sinn als korporative Akteure aufgefaßt werden können, die die gleichen Nutzenfunktionen aufweisen wie individuelle Akteure. Falls diese relativ weit gehende Annahme nicht akzeptiert wird, kann die erwähnte Lösung immer noch dann gültig sein, wenn die Akteure individuelle natürliche Personen sind und der Transaktionskostenansatz auf soziale Tauschbeziehungen angewandt werden soll.

Diese Erklärungsskizze für die Entstehung vertikaler Integration aus kommerziellen Transaktionen zwischen Wirtschaftsunternehmen ist ein (beinahe paradigmatisches) Beispiel für eine Analyse im Rahmen des Ansatzes. Die Anwendungsmöglichkeiten gehen jedoch darüber hinaus (vgl. die Übersicht über organisationstheoretisch relevante Probleme bei Williamson und Ouchi 1981:354-367). Hervorgehoben werden soll hier die Möglichkeit, die Entstehung und Stabilisierung bestimmter informaler sozialer Netzwerkstrukturen in sozialen Tauschbeziehungen zu erklären (Aldrich 1982, vgl. auch Voss 1982:84). Ein Beispiel könnte die Erklärung der Entstehung von normativ über 'Vertrauen' abgestützten Makler-Rollen in Tauschnetzwerken sein (vgl. Aldrich 1982:288-291; vgl. auch Williamson 1975:Kap.3)[16]. Sei etwa als Ausgangssituation ein Tauschnetzwerk gegeben, das eine vollständig verbundene Struktur aufweist. (Man stelle sich z.B. einen Markt für Informationen derart vor, daß im Prinzip jeder mit jedem in Kontakt treten muß, um an die Information zu gelangen - Beispiel: Studentenpopulationen, die Informationen über Vorlesungsinhalte oder prüfungsrelevante Fragen benötigen.) Um an die benötigten Informationen zu gelangen, können dann bei einer Population von der Größe n unter einer Reihe vereinfachender Annahmen (vollkommene Homogenität, Ungeschichtlichkeit der Population usw.) maximal

$$\binom{n}{2} = n/2\ (n-1)$$

Kontaktbeziehungen erforderlich sein. Die Effekte eines zentralen Koordinators, bezogen auf die Anzahl der Verbindungen, bestehen in einer Verminderung der maximal erforderlichen Kontakte auf (n-1). Die Anzahl der Verbindungen ist also ohne Makler um den Faktor (n/2) größer. Für den einzelnen Akteur ergeben sich die Kontaktzahlen von (n-1) bei vollständig verbundenem Netz und von eins bei Existenz eines koordinierenden Akteurs. Es ist offensichtlich, daß die Koordinationskosten (d.h. die Kosten der Anknüpfung und Aufrechterhaltung der Verbindung) bei wachsendem n prohibitiv hoch sein können. Begrenzte Rationalität würde im Sinn Williamsons zu einer Pareto-Superiorität der zentralisierten Struktur beitragen. Die Entstehung dieser zentralisierten Struktur kann gemäß dem Transaktionskostenansatz dann um so eher erwartet werden, je häufiger dieses Koordinationsproblem sich wiederholt. (Im Beispiel haben sich an den meisten Universitäten vielfältige Maklerstrukturen herausgebildet: Studienberatungen der Fachschaften, Übernahme von Maklerrollen durch Assistenten, Hilfskräfte und Sekretärinnen, organisierter Verkauf von Vorlesungsschriften, Schwarze Bretter als Schellingpunkte und funktionale Äquivalente für Makler).

Diese Übersicht über ausgewählte Erklärungen für soziale Institutionen unter Verwendung der Theorie rationalen Handelns ist keineswegs vollständig. Einerseits könnten in diesem Zusammenhang die Untersuchungen behandelt werden, die im Rahmen des "law and economics"-Ansatzes (genannt nach der gleichlautenden Zeitschrift) entwickelt wurden, und die sich mit Ökonomisierungsaspekten spezifischer institutioneller und vor allem rechtlicher Regelungen befassen (vgl. das richtungsweisende Lehrbuch von Posner 1977). Die Struktur der Argumentation ist jedoch hier ähnlich der des Property rights-Ansatzes, wobei die Gewichtung noch stärker auf Effizienz- und Wohlfahrtsaspekten liegt und eine Untersuchung der Entstehungsbedingungen weitgehend unterbleibt. Von Interesse wären andererseits Arbeiten, die, wie Buchanan und Tullock (1962) erklären wollen, wie (hypothetische) rationale Akteure Verfassungsregeln bewerten. Diese Analysen haben starke normative Beiklänge, weil die Entscheidungssituation hypothetisch ist. Ähnlich dem 'Schleier des Unwissens' bei Rawls (1971) befinden sich auch die Akteure in Buchanan und Tullocks (1962:Kap.6) Gedankenexperiment in einer Situation der Unsicherheit über die eigene Rolle in <u>der</u> Gesellschaft, in der die kollektiven Entscheidungen getroffen werden sollen (ibid.:78). Die gleiche Annahme der Unpersönlichkeit und Unparteilichkeit ist bereits früher in Harsanyis (1953, 1955, 1977:Kap.4) Ansatz einer Begründung rationaler, utilitaristischer moralischer Werturteile verwandt worden[17].

Gemeinsames Merkmal dieser Arbeiten ist die Strukturierung von Entscheidungssituationen als moralische oder ethische, derart, daß der Akteur von seiner persönlichen Identität absieht. Die Art von Regeln des sozialen Zusammenlebens wird dann unter Berücksichtigung der Restriktionen dieser Situation so bestimmt, wie die rationale Wahl beliebiger anderer Gegenstände. Moralität und Rationalität sind insofern keine Gegensätze. Der Eintritt in eine moralische Situation bzw. hinter den "veil of ignorance" kann jedoch nicht ohne weiteres mit Prinzipien rationaler Wahl erklärt werden. Obwohl dennoch ein gewisser Erklärungswert für empirische Situationen nicht von der Hand zu weisen ist, z.B. für in der sozialen Welt verwendete Konzepte der Interessen-Aggregation (z.B. eines 'Gruppen-Interesses' oder 'öffentlichen Interesses') oder für bestimmte Norm-Inhalte (Harsanyi 1976b:125-126, 1968:345-346), ist die systematische Bedeutung für Erklärungen sozialer Institutionen gegenwärtig als gering einzuschätzen. Auf eine eingehendere Diskussion dieser Ansätze kann daher verzichtet werden.

3.2 Die allgemeine Struktur ökonomischer Erklärungen sozialer Institutionen

er Institutionen

Bei dem folgenden Versuch, gemeinsame Merkmale der oben aufgeführten Erklärungsansätze sozialer Institutionen zusammenzutragen, werden heuristische Kriterien verwandt, die z.T. schon bereits zur Strukturierung der Darstellung gedient haben: Erstens kann man problematische Institutionen-generierende Situationen betrachten (3.2.1). Diese Situationen führen jedoch nicht unter allen Umständen zu institutionellem Wandel, sondern nur dann, wenn (zweitens) bestimmte soziale Bedingungen der Entstehung und Stabilisierung dieser Institutionen gegeben sind (3.2.2). Das Rekonstruktionsinstrument, das im folgenden verwendet wird, ist die Spieltheorie. Unseres Erachtens kann die Spieltheorie in klarer und durchsichtiger Weise die grundlegenden Argumentationsstrukturen und Probleme erhellen, die in den oben geschilderten institutionellen Analysen enthalten sind. Unsere Darstellung baut dabei auf die spieltheoretischen Analysen, die insbesondere von Schelling (1960), Lewis (1975), Ullmann-Margalit (1977) und Schotter (1981) vorgelegt wurden, auf. Diese Ergebnisse ermöglichen eine Darstellung der üblicherweise mikroökonomisch oder mit Begriffen der kooperativen Spieltheorie formulierten Aussagen der institutionellen Ökonomie unter Verwendung nichtkooperativer Spiele.

Gemeinsames Merkmal der oben skizzierten Erklärungen ist die Tatsache, daß Institutionen (bzw. ihre Veränderung, Stabilisierung) erklärt werden durch bestimmte erwünschte Konsequenzen dieser Institutionen für bestimmte (Gruppen von) Akteure(n). Beispielsweise wird in der Theorie der Property rights die Entwicklung zu privaten Rechten erklärt unter Hinweis auf die Wirkungen für die Reduzierung sozialer Kosten, die Erhöhung der Produktivität durch Bereitstellung von Anreizen zu effizienter Ressourcenallokation usw. Dieser Erklärungstyp ähnelt <u>funktionalistischen</u> Argumenten, die auch in der Soziologie lange Zeit bei der Erklärung institutionellen Wandels dominiert haben.

Diese Tendenz zu funktionalistischen Erklärungsargumenten kommt in der folgenden Äußerung Posners (1977:185) über die Funktionen moralischer Prinzipien zum Ausdruck:

"Moral principles - honesty, truthfulness, trustworthiness (for example, keeping for others), charity, neighborliness, avoidance of negligence and coercion - serve in general to promote efficiency. That such principles have survived (...) for thousands of years suggests they are traits that by and large enrich rather than impoverish the society that cultivates them."

Wenn diese Art von Erklärung als funktionalistisch oder - aus den unten erläuterten Gründen - als quasi-funktionalistisch bezeichnet wird, so geschieht dies nicht ohne Einschränkung. Zunächst unterscheiden sich die hier referierten Ideen von vielen Konzeptionen, die als 'funktionalistisch' bezeichnet zu werden pflegen, durch ihren individualistischen Charakter. Institutionen werden nicht erklärt durch ihren Beitrag zu bestimmten überlebensnotwendigen Erfordernissen globaler sozialer Systeme, sondern durch ihre Konsequenzen für eine Gruppe von Akteuren. Es entfällt daher die Schwierigkeit einer Bestimmung der Überlebensbedingungen oder der notwendigen Systemerfordernisse, die bezogen auf den soziologischen Funktionalismus ein Scheitern der Erklärungsbemühungen gefördert haben. Demgegenüber beruhen die ökonomischen Analysen auf präzisen, formalen Kriterien sozialer Zielzustände, die ausgedrückt werden in Termen individueller Präferenzen (vor allem dem Pareto-Kriterium der Effizienz). Am ehesten vergleichbar ist die Form der Erklärung mit dem 'geläuterten' Strukturfunktionalismus, den programmatisch Merton (1968:Kap.III, insbes. 104-114) in seinem 'Paradigma für funktionale Analyse in der Soziologie' formuliert hat. Die minimalen Elemente einer funktionalen Erklärung im Sinn Mertons (ibid.) kann man wie folgt zusammenfassen (vgl. Stinchcombe 1968:80-101; vgl. auch Elster 1979: 28-35):

Eine Institution X wird durch ihre Funktion F für eine Gruppe G von Individuen erklärt gdw. gilt:

(1) F ist ein (kausaler) Effekt von X

(2) F ist vorteilhaft für (die Mitglieder von) G

(3) F hält X aufrecht durch einen kausalen Rückkopplungsmechanismus, der über (die Mitglieder von) G vermittelt wird.

Dieses Argument entspricht, sofern die Aussagen (1), (2) und (3) gültig sind, einer üblichen deduktiv-nomologischen Erklärung. Für die folgenden Betrachtungen gehen wir davon aus, daß (1) bis (3) tatsächlich in die Form einer deduktiv-nomologischen Erklärung gebracht werden kann. Sofern es gelingt, den in (3) erwähnten Mechanismus individualistisch zu erklären, kann diese Erklärung ein individualistisches Erklärungsargument (z.B. im Sinn von Raub und Voss 1981: Kap.3) sein. In diesem Fall scheint die Redeweise von einer funktionalen Argumentation nicht mehr angebracht.

Von einer <u>quasi-funktionalistischen</u> Erklärung einer sozialen Institution sprechen wir dann, wenn das Element (3) des Schemas fehlt oder unvollständig expliziert ist. Beispiel für ein in diesem Sinn quasi-funktionalistisches Argument ist die oben zitierte Äußerung Posners. Dort wird nämlich behauptet:

(1) F (Effizienz) ist ein Effekt von X (moralische Normen).

(2) F (Effizienz) ist vorteilhaft für G.

Der kausale Mechanismus wird dabei nicht angegeben, so daß es ein Fehlschluß wäre, ohne zusätzliche Annahmen von (1) und (2) auf die Existenz von X zu schließen.

Ein solches quasi-funktionalistisches Argument ist keineswegs ohne heuristischen Wert. Vielmehr kann es ein erster notwendiger Schritt zu einer vollständigen Erklärung sein. Kennzeichen vieler ökonomischer Erklärungen ist jedoch, bei quasi-funktionalistischen Hinweisen auf die effizienzsteigernden Wirkungen einer Institution stehen zu bleiben und statt einer genauen

Aufschlüsselung der kausalen Mechanismen (3) von der Idee auszugehen, daß sich langfristig gesehen effizienzsteigernde institutionelle Innovationen durchsetzen. Aber auch in dem Fall, in dem als eine gesetzesartige Annahme eine solche Selbstregulationstendenz sozialer Systeme, langfristig bestimmte optimale (effiziente) Zielzustände anzustreben, unterstellt wird, kann, wie aus der Diskussion um den älteren Funktionalismus in Erinnerung gerufen werden sollte, die Existenz von X nur unter einer weiteren Zusatzannahme erklärt werden. Diese Annahme besteht darin, die Existenz funktional äquivalenter Problemlösungen auszuschließen. Eine solche Annahme ist aber im hier untersuchten Bereich normativer Regelungen unplausibel, weil eine bestimmte Klasse von Normen, nämlich Koordinations-Normen im Sinn von Ullmann-Margalit (1977) gerade dadurch ausgezeichnet ist, daß es in Termen der Effizienz mehrere gleichwertige Lösungen von Interdependenzproblemen gibt. Wollte man für die Entstehung einer Koordinationsnorm eine funktionalistische Erklärung liefern, so könnte (unter der Annahme der Selbstregulationstendenz) lediglich irgendeine Norm, aber keine bestimmte Norm erklärt werden.

Die Aufschlüsselung der kausalen Mechanismen kann bei einer funktionalen Erklärung im Sinn Mertons allgemein unter Verwendung der folgenden Ideen erfolgen (vgl. Stinchcombe 1968:86-87):

(1) Eine Institution X kann selektiert werden durch natürliche Selektion oder einen sozialen Mechanismus künstlicher Selektion, der bewirkt, daß Gruppen (oder allgemein soziale Einheiten), die X entwickelt haben, bessere Überlebenschancen unter problematischen Bedingungen (z.B. des Wettbewerbs) besitzen als andere, die weder X noch ein funktionales Äquivalent aufweisen.

(2) X kann Ergebnis eines absichtsvollen künstlichen[18)] Planungsprozesses sein, der in Gang gesetzt wird, um die mit X verbundenen positiven Konsequenzen F zu realisieren.

(3) X kann Ergebnis eines natürlichen oder 'organischen' Prozesses sein, weil die vorteilhaften Konsequenzen der Institution die Akteure zu ihrer Aufrechterhaltung motivieren.

(4) X kann - geplant oder ungeplant - positive Konsequenzen für Dritte (Gruppen von Akteuren) haben, die die Aufrechterhaltung von X belohnen.

Von diesen Möglichkeiten sozialer Selektionsprozesse kann v.a. die dritte einer 'organischen' Entstehung und Stabilisierung einer Institution in unsichtbare-Hand-Erklärungen (Nozick 1976) eingehen. Der Prozeß der Generierung und Aufrechterhaltung der Institution wird dabei erklärt über die effizienzsteigernden Wirkungen, die gleichzeitig einen sich selbst tragenden (self-enforcing) Anreizmechanismus bereitstellen, so daß es für die Beteiligten individuell vorteilhaft ist, die Institution zu unterstützen.

Ausgehend von der angedeuteten Charakterisierung ökonomischer Erklärungen, werden die folgenden naheliegenden Gesichtspunkte zur Strukturierung der weiteren Darstellung herangezogen. Zunächst können die quasi-funktionalistischen Erklärungselemente zusammengefaßt werden als solche Aussagen, die Institutionen-generierende Situationen angeben. Hintergrund dieser Vorstellung ist im Anschluß an Ullmann-Margalit (1977) und Schotter (1981) die Idee, daß es unter Verwendung der Theorie rationalen Handelns möglich ist, unterschiedliche Typen von für die Akteure problematischen Situationen strukturell zu charakterisieren, die durch Institutionen 'entproblematisiert' werden können. Die Funktion von Institutionen kann dann in einer Lösung solcher Probleme sozialer Interdependenz gesehen werden. Eine solche Identifizierung einer sozialen Situation als in bestimmter Hinsicht problematisch reicht jedoch noch nicht hin, um die Entstehung einer Institution vorhersagen zu können. Dazu ist es erforderlich, daß weitere soziale Bedingungen der Entstehung (bzw. Stabilisierung) von Institutionen gegeben sind, die u.a. sicherstellen, daß es Akteure gibt, für die es vorteilhaft ist, die Kosten der Errichtung einer Institution zu tragen.

3.2.1 Institutionen-generierende Situationen

Eine Leitidee des ökonomischen Ansatzes ist, daß soziale Institutionen die Funktion haben, Leistungen des Preissystems dort zu imitieren, wo dieses aufgrund von Transaktionskosten nicht zu einer effizienten Ressourcenallokation führen kann (vgl. z.B. Arrow 1971:22 u. passim). Soziale Situationen, die durch eine Generierung oder Änderung sozialer Institutionen in Pareto-superiore überführt werden können, wurden in den Beiträgen der Property rights-Tradition oder in der ökonomischen Literatur über 'Market failure' (vgl. z.B. Arrow 1971 für weitere Angaben) beschrieben. Diese in dem Sinn problematischen Situationen, daß den Akteuren ohne institutionelle Änderungen nur suboptimale Ergebnisse erreichbar sind, können dabei entstehen aufgrund von Externalitäten, Informations- und Kommunikationskosten, Unsicherheits- und Versicherungsproblemen (vgl. z.B. Arrow 1965) usw. Im folgenden ist nicht beabsichtigt, eine weitere Aufgliederung der Quellen von Transaktionskosten nach solchen eher inhaltlichen und mikroökonomischen Gesichtspunkten zu liefern. Es soll vielmehr versucht werden, für eine Teilmenge von Transaktionskosten, nämlich Externalitäten, eine spieltheoretische Beschreibung der unterschiedlichen relevanten Problemsituationen anzugeben.

Im Anschluß an Buchanan und Stubblebine (1962) kann man in einem allgemeinen Sinn dann von dem Bestehen einer Externalität sprechen, wenn die Aktivitätsniveaus und Handlungsergebnisse (Nutzenniveaus) (mindestens) zweier Akteure interdependent sind, so daß z.B. eine Änderung des Aktivitätsniveaus von Akteur i eine Änderung des Nutzenniveaus von Akteur j bewirkt ($i \neq j$). Eine solche Interdependenz kann als eine strategische Verflechtung der Akteure aufgefaßt werden, weil hier die Aktivitäten der Akteure nicht mehr, wie unter Bedingungen vollkommenen Wettbewerbs, parametrisch sind. Buchanan und Stubblebine (1962), die in ihrer Arbeit keine spieltheoretischen Begriffe verwenden, schlagen in ihrem Rekonstruktionsversuch des Konzepts der Externalität vor, zwischen Pareto-relevanten und -irrelevanten Externalitäten zu unterscheiden (ibid.:374-375). Eine Pareto-relevante Externalität liegt dann vor, wenn es den Akteuren (physikalisch) möglich ist, die Situation strategischer Verflechtung durch Änderung der Aktivitätsniveaus so zu modifizieren, daß sich die Nutzenniveaus der Beteiligten im Pareto-Sinn verbessern.

Bei der Suche nach einer spieltheoretischen Beschreibung solcher Situationen stellt sich zunächst die Frage, ob dabei Begriffe der nichtkooperativen oder der kooperativen Spieltheorie verwendet werden sollen. Traditionell ist es üblich, von einer kooperativen Spielsituation auszugehen, wenn Externalitäten modelliert werden sollen (z.B. Davis und Whinston 1962; vgl. auch die Literaturübersicht von Schotter und Schwödiauer 1980:501-502 u. passim). Ein verbreitetes Lösungskonzept für kooperative n-Personen-Spiele in charakteristischer Funktionsform ist der Kern. Stabilität besitzen Imputationen aus dem Kern insofern, als es keine Koalition gibt, die einen Anreiz oder eine Möglichkeit hätte, den Ausgang des Spiels zu ändern (vgl. als knappe Übersicht z.B. Owen 1971:Kap.VII), d.h. kooperative Spiele, deren Kern nicht leer ist, besitzen eine Pareto-optimale Lösung. Es ist nun möglich (Davis und Whinston 1962), das Externalitäten-Problem als kooperatives n-Personen-Spiel in charakteristischer Funktionsform mit Seitenzahlungen so zu formulieren, daß die beteiligten Parteien auf dem Wege von Verhandlungen Pareto-relevante Externalitäten beseitigen und eine Imputation erreichen, die im Kern liegt, d.h. Pareto-irrelevant ist.

Ein solches Vorgehen ist in folgenden Hinsichten unbefriedigend. Schwierigkeiten eher technischer Art, z.B. Probleme der Definition einer charakteristischen Funktion, werden bei Schotter und Schwödiauer (1980:502 u. passim) beschrieben.

Eine Schwierigkeit grundsätzlicher Art besteht darin, daß der entscheidende, eigentlich endogen zu bestimmende, institutionelle Kontext in die Randbedingungen verwiesen wird. Solche Randbedingungen sind in spieltheoretischer Terminologie (vgl. z.B. Fararo 1973:607-608) die Regeln des Spiels. Wesentliches Merkmal der Regeln eines kooperativen Spiels ist die Möglichkeit, bindende Abmachungen treffen zu können. Es ist wenig überraschend, daß unter diesen und weiteren in den Regeln beschriebenen institutionellen Voraussetzungen pareto-relevante Externalitäten internalisiert werden können.

Das entscheidend Problematische einer Situation mit Externalitäten ist jedoch in Termen kooperativer Spiele, daß unter den gegebenen institutionellen Voraussetzungen eine im Kern liegende Imputation nicht erreicht werden kann. Man kann natürlich zeigen, daß eine geeignete Formulierung von Regeln einen Pareto-optimalen Ausgang ergibt und daß die in den Regeln formulierten institutionellen Annahmen ein institutionelles Arrangement beschreiben, das die Funktion hat, eine gegenüber alternativen Arrangements Pareto-superiore (oder auch gleichwertige) Situation zu erzeugen. Für eine endogene Erklärung dieser Institution gibt diese quasi-funktionalistische Betrachtung jedoch keine Hinweise.

Eine Verwendung nichtkooperativer Spiele[19)] zur Beschreibung sozialer Situationen mit Pareto-relevanten externen Effekten besitzt den Vorteil, daß zunächst verschiedene Ursachen (bzw. Strukturtypen) der hierbei auftretenden Transaktionskosten angegeben werden können. Ein weiterer Vorteil besteht in der bei Schotter (1981) zum Ausdruck kommenden Möglichkeit, die Entstehung sozialer Institutionen, also z.B. auch einer kooperativen Spielsituation, endogen zu bestimmen als einen Gleichgewichtsausgang eines (iterierten) nichtkooperativen Spiels.

Folgt man der Konzeption Harsanyis (1977:Kap.7 u. passim) so können bei der Beschreibung nichtkooperativer Spiele <u>vier Grundprobleme</u> unterschieden werden, denen sich die Spieler in einem Spiel gegenübersehen. Diese Probleme treten zwar nicht unabhängig voneinander auf, sie können jedoch analytisch unterschieden werden. Das erste Problem (vgl. Harsanyi 1977:124-127) ist das 'Erzwingungs- oder Stabilitätsproblem' ("enforcement or stability problem"), das darin besteht, eine gemeinsame Strategie der N Spieler (der Koalition aus allen Spielern) zu finden, die stabil ist. In kooperativen Spielen ist dieses Stabilitätsproblem dadurch gelöst, daß es institutionelle Regelungen gibt, die eine Stabilität solcher gemeinsamer Strategien sicherstellen, auf die die Spieler sich geeinigt haben. In nichtkooperativen Spielen gibt es definitionsgemäß keine Regelungen, die die Einhaltung getroffener Übereinkünfte überwachen und sanktionieren könnten[20]. Stabil in dem Sinn, daß kein Beteiligter einen Anreiz zur Abweichung hat bei gegebenen Strategien der anderen Akteure, sind dann (Nash-) Gleichgewichtspunkte. Diese Stabilitätsbedingungen für eine gemeinsame Strategie, auf einem Gleichgewichtspunkt zu beruhen, ist jedoch nicht hinreichend, weil es Indifferenzprobleme zwischen verschiedenen Gleichgewichtsstrategien geben kann, die zwar keinen Anreiz zur Abweichung von einer bestimmten Gleichgewichtsstrategie schaffen, aber auch keine Anreize bereitstellen, eine Gleichgewichtsstrategie σ_i, die Komponente eines Gleichgewichtsvektors σ ist, tatsächlich zu wählen. Deshalb haben Harsanyi zufolge in einem nichtkooperativen Spiel "starke Gleichgewichtspunkte" (Harsanyi 1977:104), bei denen alle Komponenten σ_i (für i= 1,...,n) eindeutige beste Antworten auf die festgehaltenen Strategien der (n-1) anderen Spieler

$$\sigma^i = (\sigma_1, \sigma_2, \ldots, \sigma_{i-1}, \sigma_{i+1}, \ldots, \sigma_n)$$

darstellen, hinreichende Stabilitätseigenschaften[21]. "Schwache Gleichgewichtspunkte" (Harsanyi 1977:104), die diese Eigenschaft nicht erfüllen, haben keine volle Stabilität.

Das zweite Problem (Harsanyi 1977:127-128) ist das Problem der gemeinsamen Effizienz ("joint-efficiency problem"). Sei E die Menge aller Auszahlungsvektoren, die durch eine stabile gemeinsame Strategie erreicht werden können ("enforceable set"). Für Auszahlungsräume P nichtkooperativer Spiele gilt, daß E eine (sehr kleine) Teilmenge von P ist. Rationale Akteure im Sinn der Spieltheorie werden versuchen, einen Pareto-optimalen Auszahlungsvektor $u^* \in E$ innerhalb der Menge E zu erreichen, wobei gegebenenfalls ein Verhandlungsproblem zu lösen ist, falls E mehrere effiziente Auszahlungsvektoren enthält, zwischen denen nicht alle Spieler indifferent sind. Da jedoch nur die den in E liegenden Auszahlungsvektoren korrespondierenden gemeinsamen Strategien stabil sind, werden in solche Überlegungen gemeinsamer Effizienz die Auszahlungsvektoren in $P \setminus E$ nicht einbezogen.

Das dritte Problem (Harsanyi 1977:128-130) ist das bereits erwähnte 'Verhandlungsproblem' ("bargaining problem") im weiteren Sinn. Ein Verhandlungsproblem tritt auf, wenn es im Bereich E der erzwingbaren Auszahlungsvektoren mehrere effiziente Vektoren u^* und u^{**} gibt, für die die Präferenzen zweier Spieler nicht identisch sind. Ein Verhandlungsproblem tritt also auf, wenn mindestens eine der folgenden Bedingungen gilt (Harsanyi 1977:128):

1. Einer der Spieler präferiert u^* gegenüber u^{**}, während der andere u^{**} gegenüber u^* vorzieht.
2. Einer der Spieler besitzt eine klare Präferenz für u^* oder u^{**}, während der andere indifferent ist.

Als ein viertes Problem kann nach Harsanyi (1977:133-135) ein 'Strategie-Koordinationsproblem' ("strategy coordination problem") auftreten. Ein Koordinationsproblem kann bestehen, wenn es (mindestens zwei) n-tupel von Strategien $\sigma^1, \ldots, \sigma^k, \ldots$ gibt, die in dem Sinn äquivalent sind, daß sie allen Spielern die gleiche Auszahlung zuweisen, d.h. es gilt:

$$u = (u_1, \ldots, u_n) = U(\sigma^1) = \ldots = U(\sigma^k) = \ldots$$

Mit Σ^* sei die Menge aller in diesem Sinn äquivalenten Strategien -n-tupel bezeichnet. Elemente $\sigma^k, \sigma^m, \ldots$ aus Σ^* können so rekonstruiert werden, daß sich ein n-tupel von Strategien

$$\zeta^1 = (\zeta_1, \zeta_2, \ldots, \zeta_n)$$

ergibt mit $\zeta_1 = \sigma_1^k,\ \zeta_2 = \sigma_2^m, \ldots$

Dabei kann gelten k=m oder k≠m.

Ergeben <u>alle</u> möglichen Rekombinationen ζ von Strategien -n-tupeln $\sigma^1, \ldots, \sigma^k, \ldots$ aus Σ^* den gleichen Auszahlungsvektor, gilt also

$$u = U(\zeta) = U(\sigma^1) = U(\sigma^2) = \ldots = U(\sigma^k) = \ldots,$$

so heißen die Elemente von Σ^* <u>streng koeffektiv</u>.

Ein Spiel G enthält ein im Sinn Harsanyis (1977:133) nichttriviales Koordinationsproblem, wenn es (mindestens) eine Menge Σ^* wechselseitig äquivalenter, aber nicht streng koeffektiver Strategien-n-tupel gibt[22].

Ein Koordinationsproblem ist dann problematisch, wenn es als ein Spiel ohne Kommunikation ("tacit game") gespielt wird. Dann kann es sein, daß es den Spielern nicht möglich ist, einen der verschiedenen (mindestens zwei) stabilen Gleichgewichtspunkte zu erreichen.

Spiele, in denen diese vier Probleme nicht so bewältigt werden können, daß ein Pareto-optimaler Ausgang erreicht wird, enthalten nach Harsanyi (1977:128, 278-280 u. passim) ein <u>Prisoners' dilemma Paradox</u>. Als ein Prisoners' dilemma-Paradox bezeichnet Harsanyi also allgemein den Sachverhalt, daß die Spieler einen Auszahlungsvektor u* erreichen können, jedoch nicht einen anderen physisch möglichen Ausgang u, wobei für jeden Spieler i gilt: $u_i > u_i^*$.

Wir schlagen vor, das Konzept der Pareto-relevanten Externalität so zu verwenden, daß damit Spielsituationen einer strategischen Interdependenz von n Akteuren bezeichnet werden, die ein Harsanyi-Prisoners' dilemma-Paradox enthalten[23]. Situationen, die in der Terminologie von Coase Externalitäten mit positiven Transaktionskosten enthalten, können dann folglich durch ganz unterschiedliche Klassen nichtkooperativer Spielsituationen repräsentiert werden. Es ergibt sich auch die Möglichkeit, in spieltheoretischer Terminologie die jeweils zugrundeliegenden Arten von Transaktionskosten zu identifizieren, und es ist zweitens möglich, institutionelle Arrangements anzugeben (und endogen zu erklären), die eine Reduzierung dieser Transaktionskosten und ein Verschwinden der pareto-relevanten Externalitäten (sowie tendenziell eine Parametrisierung der Situation) bewirken.

Beispiele für Situationen, die unterschiedliche Externalitäten enthalten bzw. nicht enthalten, finden sich in den in Abb. 3.4 angegebenen Matrixspielen.

<u>Abb. 3.4</u>: Soziale Situationen und Externalitäten (am Beispiel nichtkooperativer 2-Personen-Spiele)

(1)

	b_1	b_2
a_1	2,0	2,1
a_2	1,0	1,1

Keine Externalität
(Pseudo-Interdependenz)

(2)

	b_1	b_2
a_1	4,3	6,4
a_2	3,2	5,3

Pareto-irrelevante
Externalität

(3)

	b_1	b_2
a_1	2,3	1,4
a_2	4,1	3,2

Pareto-irrelevante
Externalität
(Quelle: Taylor 1976:17)

(4)

	b_1	b_2
a_1	1,1	0,0
a_2	0,0	1,1

Pareto-relevante
Externalität:
Koordinationsproblem

(5)

	b_1	b_2
a_1	0,0	3,1
a_2	1,3	0,0

Pareto-relevante
Externalität:
Verhandlungsproblem
(Harsanyi)
Koordinationsproblem
(Schotter)

(6)

	b_1	b_2
a_1	4,4	0,6
a_2	6,0	2,2

Pareto-relevante
Externalität:
Gefangenen-Dilemma

Zeilenspieler: 1(a)
Spaltenspieler: 2(b)

Eingekreiste Paare sind Gleichgewichte, rechteckig umgrenzte Pareto-optimal

Das erste <u>Spiel (1)</u> repräsentiert eine Situation ohne Externalität, da die Akteure strategisch unabhängig sind. Hier ergibt sich trivialerweise der stabile und effiziente Gleichgewichtsausgang

$U(\sigma) = U(a_1,b_1) = (2,1)$.

Spiel (2) stellt eine Pareto-irrelevante Externalität dar, da (a_1,b_2) ein eindeutiger, stabiler und effizienter Gleichgewichtspunkt ist.

Spiel (3), das Taylor (1976:17) als Beispiel einer Pareto-irrelevanten Externalität anführt, hat einen eindeutigen stabilen Gleichgewichtspunkt $\sigma = (a_1,b_2)$. Zusätzlich gilt für dieses Spiel (ein Nullsummenspiel), daß alle über Paare reiner Strategien erreichbaren Ausgänge Pareto-optimal sind.

Spiel (4) ist dann (vgl. zum folgenden Harsanyi 1977: 134, 280), wenn es als 'stillschweigendes' ("tacit") oder 'semivokales' Spiel (Harsanyi 1977:135) ohne eine Möglichkeit der Absprache oder Signalisierung koordinierter Strategien abläuft, ein Koordinationsspiel mit einem Harsanyi-Prisoners' dilemma-Paradox. Das Spiel hat die beiden Gleichgewichtspunkte $\sigma^1 = (a_1,b_1)$ und $\sigma^2 = (a_2,b_2)$. Aufgrund der institutionellen Bedingungen ist es für die Akteure (die sozusagen im mikroökonomischen Sinn homogen und geschichtslos sind) rational, sich so zu verhalten, als ob sie die zu einem dritten Zentroid-Gleichgewichtspaar

$$\sigma^3 = (1/2\ a_1 + 1/2\ a_2,\ 1/2\ b_1 + 1/2\ b_2)$$

gehörenden Strategien wählen würden. Der Erwartungswert dieser Gleichwahrscheinlichkeits- oder Schwerpunkt-Strategie ist $u_1(\sigma^3) = u_2(\sigma^3) = 1/2$. Daraus ergibt sich aber wegen

$$u_i(\sigma^3) = 1/2 < u_i(\sigma^2) = u_i(\sigma^1) = 1 \qquad (i=1,2)$$

ein Harsanyi-Prisoners' dilemma-Paradox.

Ein Harsanyi-Paradox, das aus einem Verhandlungsproblem resultiert, ist im Spiel (5) enthalten (vgl. zum folgenden Harsanyi 1977:279-280).
Hier gibt es wie auch im Koordinationsspiel (4) zwei effiziente Gleichgewichtspunkte in reinen Strategien, nämlich

$$\sigma^1 = (a_1,\ b_2) \text{ und } \sigma^2 = (a_2,\ b_1).$$

Dabei gilt

$u_1(\sigma^1) > u_2(\sigma^1)$
$u_1(\sigma^2) < u_2(\sigma^2)$.

Wegen der Symmetrie des Spiels gibt es kein rationales Kriterium, um zwischen σ^1 und σ^2 zu entscheiden. Eine gemeinsam randomisierte Kompromiß-Strategie könnte zwar gegenüber einer dritten Maximin-Gleichgewichts-Strategie $\sigma^3 = (1/2\ a_1 + 1/2\ a_2,\ 1/2\ b_1 + 1/2\ b_2)$ Pareto-superiore Auszahlungen ergeben. Eine gemeinsame Wahrscheinlichkeitsmischung ist jedoch nur in kooperativen Spielen erlaubt. Harsanyis (ibid.) Theorie zufolge ist die rationale Lösung dieser Maximin-Punkt, der aber von den beiden anderen Gleichgewichtspunkten gemeinsam dominiert wird, woraus sich das Prisoners' dilemma-Paradox ergibt. Das Paradox entsteht hier aus einem "bargaining deadlock" (Harsanyi).

Bei dem Spiel (6) handelt es sich um das gewöhnliche, klassische Gefangenen-Dilemma-Spiel, das insofern ein besonders ausgeprägtes Prisoners' dilemma-Paradox aufweist, als der eindeutig stabile Gleichgewichtspunkt (a_2,b_2) den einzigen ineffizienten Ausgang ergibt. Der Ausgang $U(a_1,b_1) = (4,4)$ besitzt gemeinsame Dominanz gegenüber dem stabilen Ergebnis $U(a_2,b_2) = (2,2)$. Das Paradox ergibt sich daraus, daß in einem nichtkooperativen Spiel eine Erzwingung (enforcement) von Abmachungen nicht erreicht werden kann, so daß die Spieler lediglich ein unter dem Gesichtspunkt gemeinsamer Effizienz inferiores Ergebnis erhalten.

Zusammenfassend gesagt, liegt eine Situation mit Pareto-relevanten Externalitäten also dann vor, wenn in einem (nichtkooperativen) Spiel ein Harsanyi-Prisoners' dilemma-Paradox auftritt. Dieses Paradox besteht darin (vgl. zum folgenden Harsanyi 1977:280 u. passim), daß die Spieler ein Strategien-n-tupel σ wählen, obwohl ein physisch mögliches anderes n-tupel σ^* jedem Spieler höhere (oder zumindest gleiche) Auszahlungen ermöglicht. Das Paradox tritt auf, falls (alternativ)

(i) σ^* kein Gleichgewichtspunkt ist;

(ii) σ^* kein stabiler Gleichgewichtspunkt ist, sondern nur ein schwacher;

(iii) σ^* in einem "bargaining deadlock" mit (mindestens) einem anderen Gleichgewichtspunkt σ^{**} ist oder

(iv) σ^* in einem "coordination deadlock" mit (mindestens) einem anderen Gleichgewichtspunkt ist.

Diese verschiedenen problematischen Spielsituationen enthalten, wie man in der Sprache der Theorie der Property rights oder des Transaktionskosten-Ansatzes sagen könnte, unterschiedliche, von Null verschiedene, Transaktionskosten. Im Fall (iv) eines nichttrivialen Koordinationsproblems beruhen diese Transaktionskosten auf dem Fehlen von Kommunikationsmöglichkeiten. Die Kommunikation zwischen den Akteuren ist, wie in den Regeln eines semivokalen oder stillen ("tacit") Spiels ausgedrückt, prohibitiv kostspielig, so daß sie nicht zustande kommt. Im Fall (i), also z.B. dem klassischen Gefangenen-Dilemma, entstehen die Transaktionskosten aus dem Fehlen einer Institution (welcher Art auch immer), die einen Erzwingungs- und Sanktionsmechanismus derart bereitstellt, daß Abmachungen bindend sind, usw.

Umgekehrt kann nun auch angegeben werden, welche Leistungen ("Funktionen") institutionelle Änderungen erbringen müssen, damit Pareto-superiore Ausgänge erreicht werden können:
In Situationen vom Typ (iv) müssen Institutionen die fehlenden Kommunikationsmöglichkeiten substituieren. Nach Schelling (1960) oder Lewis (1975) reicht dazu die Existenz eindeutiger konventioneller Regeln, welche zur Auszeichnung eines Gleichgewichtspunktes dienen, bereits hin, sofern in der betreffenden Population die Erwartung besteht, daß jeder sich an diese Regeln halten wird. Gefangenen-Dilemma-Institutionen dagegen können ohne einen Sanktionsmechanismus keine Stabilität eines effizienten kooperativen Ausgangs ermöglichen. Hier besteht das strukturelle Problem nicht darin, eine eindeutige Regel zu schaffen (wie z.B.: "wähle die nicht-dominante, kooperative Handlungsalternative!"), sondern es müssen Anreize geschaffen

werden, die diese kooperativen Alternativen technisch gesprochen zu Gleichgewichtsstrategien machen.

Unter dem Gesichtspunkt einer Identifizierung von sozialen Situationen, die (potentiell) einen Institutionen-generierenden Charakter besitzen, hat sich also (im Licht der Theorie der Property rights) eine umfangreiche Klasse nichtkooperativer Spielsituationen ergeben. Dieses Ergebnis überrascht keineswegs. Vielmehr stimmt es weitgehend überein - ohne daß die Autoren jedoch die Verbindung zur Mikroökonomie explizit deutlich machen würden - mit den spieltheoretisch formulierten Theorien sozialer Institutionen, die Ullmann-Margalit (1977) und Schotter (1981) vorgelegt haben, die ihrerseits u.a. auf die Arbeiten von Schelling (1960) und Lewis (1975) zurückgreifen.

Ullmann-Margalits (1977:9 u. passim) Hauptargument besteht in der These, daß bestimmte Klassen von Normen, also speziellen sozialen Institutionen, Lösungen von Problemen sind, die in bestimmten (spieltheoretisch beschreibbaren) Interaktionssituationen auftreten. Diese typischen Problemsituationen können nach Ullmann-Margalit (ibid.) grob in drei Klassen eingeteilt werden:

(1) Gefangenen-Dilemma-Situationen

(2) Koordinations-Situationen

(3) Ungleichheits-Situationen.

Unter einer Ungleichheits-Situation versteht Ullmann-Margalit eine Situation, die im Sinn Harsanyis ein Verhandlungsproblem enthält. Das Spiel (5) in Abb. 3.4. repräsentiert eine solche Ungleichheits-Situation. Zusätzlich nimmt sie jedoch an, daß sich ein Gleichgewichtspunkt als status quo herausgebildet hat, d.h. Ergebnis einer früheren Periode des Spiels war. Die resultierenden Lösungen nennt Ullmann-Margalit (1977) aufgrund der unterschiedlichen Funktionen dieser Normen (1) Gefangenen-Dilemma-, (2) Koordinations- und (3) 'Partialitäts'-Normen ("norms of partiality"). Zwischen den Norm-generierenden Situationen (2) und (3) gibt es dabei keine scharfe Abgrenzung

(Ullmann-Margalit 1977:82-83). Schotter (1981:Kap.2) schließt sich dieser Konzeption an und weist ebenfalls darauf hin, daß die Grenze zwischen Ungleichheits-Situationen (die er "Problems of inequality preservation" nennt) und Koordinations-Situationen künstlich sei. Ungleichheits-erhaltende Situationen sind nach Schotter (1981:26-28) spezielle Koordinations-Situationen, in denen ein Gleichgewichtspunkt als status quo-Punkt ausgezeichnet ist. Es handelt sich um Koordinations-Situationen, in denen bereits eine soziale Institution (ein Gleichgewichtspunkt) erreicht ist. Sie könnten hinsichtlich ihrer Konsequenzen für die Entstehung von Institutionen genauso behandelt werden wie Koordinationssituationen (ibid.). Dieser Meinung Schotters kann man sich nicht unbedingt anschliessen, jedenfalls wenn man von Harsanyis Spieltheorie ausgeht[24]. Es mag zwar richtig sein, daß diese Situationen wie Koordinationsprobleme behandelt werden können, wenn es einen Status quo-Punkt gibt. Es ist aber unklar, wie man die Entstehung eines Status quo-Punktes erklären soll. Wir können im folgenden auf die Frage nach den institutionellen Konsequenzen von Ungleichheits-Situationen nicht eingehen, möchten aber darauf hinweisen, daß sie unter der Voraussetzung einer Berücksichtigung korrelierter Superspielstrategien (vgl. oben unsere Bemerkungen zu Thibaut und Kelleys Beispiel, S. 82-84) andere Konsequenzen haben können als Koordinationsspiele im engeren Sinn. Die Behandlung von Verhandlungssituationen gehört unseres Erachtens zu den problematischen Aspekten der Analysen Schotters (und auch Ullmann-Margalits).

Abgesehen von den angesprochenen Detailproblemen[25] ergibt diese Charakterisierung Institutionen-generierender sozialer Situationen eine Teilmenge derjenigen, die man aus unserer oben angegebenen erhält. Insofern ist die Vermutung (z.B. Hardin 1980:587) berechtigt, daß die drei von Ullmann-Margalit angegebenen Klassen von Situationen nicht exhaustiv sind.

3.2.2 Soziale Bedingungen der Entstehung von Institutionen

3.2.2.1 Soziale Institutionen als Verhaltensregelmäßigkeiten und ihre 'institutionellen Bedingungen'

Eine selten explizit gemachte Hintergrundannahme ökonomischer Erklärungsansätze (vgl. jedoch die oben angegebenen Äußerungen Beckers und Homans') besteht in der Vermutung, daß Handlungen, die (kollektiv) ineffiziente Ergebnisse hervorbringen, keine zeitliche Stabilität aufweisen. Nur solche Handlungen (oder Strategien usw.) in sich wiederholenden Situationen weisen Stabilität auf, werden also zu sozialen Regelmäßigkeiten, die das Harsanyi-Prisoners' dilemma-Paradox nicht enthalten.

Diese Idee legt eine Konzeption von sozialer Institution nahe, die das Stabilitäts- und Erzwingungs-Problem derart mit dem der gemeinsamen Effizienz verknüpft, daß von dem Bestehen einer sozialen Institution dann gesprochen wird, wenn sich Akteure wiederholt einer Situation gegenübersehen, in der eine (Nash-)Gleichgewichtsstrategie gemeinsame Effizienz aufweist.

Der Institutionen-Begriff, den Schotter (1981:78 u. passim) verwendet, ist umfassender, weil seine Konzeption auch ineffiziente Verhaltensregelmäßigkeiten zuläßt. Eine solche Sprachregelung trifft die o.g. intuitiven Ideen, die hinter den quasi-funktionalistischen Erklärungen stehen, nicht. Es ist natürlich eine konventionelle Frage, ob eine regelmäßige und stabile Wahl der nichtkooperativen Alternative eines Gefangenen-Dilemma-Spiels (ein sozial ineffizienter Zustand) als Institution bezeichnet werden soll oder nicht. Ein Grund, der es dennoch zweckmäßig erscheinen läßt, den Effizienzaspekt nicht von vornherein als Kriterium für das Bestehen einer Institution zu verwenden, ist der oben bereits angesprochene Punkt der in den <u>Regeln</u> eines Spiels ausgedrückten Institutionen. Dieser institutionelle Kontext kann einerseits (beim klassischen nichtkooperativen Gefangenen-Dilemma wegen der mit ihm verbundenen Transaktionskosten (Kosten einer Erzwingung von Abmachungen)) eine Erreichung Pareto- optimaler Ausgänge verhindern. Andererseits ergeben sich aus ihm partielle Anreize, institutionelle Änderungen zu kreieren, die die Transaktionskosten vermindern und einen kooperativen Kontext schaffen, um damit eine Stabilisierung der kooperativen Alternative zu erreichen.

Akzeptiert man diese Konzeption, nach der Institutionen stabile Verhaltensregelmäßigkeiten in wiederkehrenden Situationen strategischer Interdependenz sind, so ergibt sich eine Übereinstimmung mit den oben dargestellten Ideen im Rahmen ökonomischer Erklärungen sozialer Institutionen. Dort werden Institutionen als stabile Verhaltensregelmäßigkeiten aufgefaßt, welche auf rationalem Verhalten unter Berücksichtigung stabiler Einschränkungen der Opportunitäten beruhen (z.B. Becker, Theorie der Property rights). Eine spieltheoretische Betrachtungsweise erfordert die Berücksichtigung folgender Restriktionen, denen die Strategiewahlen der Spieler unterliegen: Erstens müssen die globalen institutionellen Regeln des Spiels (z.B. Kooperativität vs. Nichtkooperativität; Kommunikationsmöglichkeit usw.) berücksichtigt werden. Die Opportunitäten bestehen zweitens aus den vorgegebenen Strategiemöglichkeiten. Drittens gehört dazu die Information über die Strategiemöglichkeiten der (n-1) anderen Akteure. Diese Informationen ermöglichen zusammen mit den Präferenzen, d.h. den Auszahlungsfunktionen die Bestimmung von 'besten Antworten' für jeden Spieler (bzw. durch jeden Spieler). Unter einer 'besten Antwort' ("best reply") versteht man (vgl. für diese Terminologie Harsanyi 1977:102) diejenige Strategie σ_i^* von Spieler i, die diesem Spieler unter der Bedingung, daß die (n-1) anderen Spieler das Strategien-(n-1)-tupel

$$\sigma^i := (\sigma_1, \sigma_2, \ldots, \sigma_{i-1}, \sigma_{i+1}, \ldots \sigma_n)$$

wählen, eine bezogen auf i's Strategieraum Σ_i maximale Auszahlung liefert:

$$U_i(\sigma_i^*, \sigma^i) = \max_{\sigma_i \in \Sigma_i} (\sigma_i, \sigma^i).$$

Ein <u>Nash-Gleichgewichtspunkt</u> $\sigma := (\sigma_1, \sigma_2, \ldots, \sigma_n)$ ist ein Strategien-n-tupel derart, daß die Strategie σ_i eines jeden Spielers i (i = 1,...,n) eine beste Antwort auf σ^i darstellt. Aus den besten Antworten aller n Spieler auf eine festgehaltene Strategiekombination ergibt sich also (analytisch) ein Gleichgewichtspunkt. Handelt es sich dabei um einen eindeutigen, stabilen Gleichgewichtspunkt, kann davon ausgegangen werden, daß er rationale Lösung des Spiels ist.

Schotter (1981) hat vorgeschlagen, das Nash-Gleichgewichtskonzept mit bezug auf wiederholte, iterierte Spiele, d.h. 'Superspiele' (Luce und Raiffa 1957:99), zur Definition sozialer Institutionen zu verwenden. Nach diesem Vorschlag ist eine soziale Institution eine Regelmäßigkeit im Verhalten einer Population (einer Menge N = {1,...,i,...,n} von Spielern), die darauf beruht, daß sie Gleichgewicht eines Superspiels ist. (Schotter nennt noch zusätzliche Kriterien, auf die unten eingegangen wird.)

Eine stabile Verhaltensregelmäßigkeit ergibt sich also daraus, daß bestimmte <u>institutionelle Bedingungen</u>, die in den Regeln eines nichtkooperativen Spiels repräsentiert sind, wiederholt auftreten und zu einer in jeder Periode stabilen Kombination gewählter Handlungen führen. Die Stabilität (im Nash-Sinn) in den sich wiederholenden Situationen strategischer Interdependenz (im Superspiel) kann dabei (z.B. im Fall von Koordinationsspielen) eine Konsequenz der Stabilität in den einzelnen konstituierenden Situationen einer jeden Periode sein (vgl. Friedman 1977: Kap.8 für diese Terminologie). Die nichtkooperativen Nash-Gleichgewichtspunkte eines gewöhnlichen, konstituierenden Spiels sind nämlich triviale Gleichgewichte des entsprechenden Superspiels (Friedman 1977:177; Lemma 8.1.).

Diese Überlegungen verdeutlichen, daß das Explanandum einer ökonomischen Theorie sozialer Institutionen die institutionellen Bedingungen sind, die zu einer stabilen Wahl der gleichen

Handlungen, über eine längere Zeitperiode hinweg, führen. Explanandum ist folglich <u>nicht</u> die unterliegende Situation strategischer Interdependenz einschließlich der Auszahlungsfunktionen bzw. <u>Präferenzen</u>. Es ist also entgegen den Thesen Opps (1982b:144) nicht erforderlich, die Formation von Präferenzen zu erklären, wenn man die Entstehung von Normen (also in Opps Terminologie speziellen Bausteinen von Institutionen) erklären möchte. (Allenfalls könnte von Präferenzen für bestimmte Strategien gesprochen werden, was aber eine begriffliche Verwirrung verursachen könnte.)

Unser Interesse gilt nicht diesen <u>trivialen</u> Institutionen, die aus regelmäßigen, in jeder sich wiederholenden Periode ohnehin stabilen Wahlhandlungen bestehen, sondern es geht gerade darum, unter welchen sozialen Bedingungen in einer der o.g. Institutionen-generierenden Situationen die Entwicklung einer effizienz-steigernden Institution erwartet werden kann. Erklärt werden muß dabei eine <u>Stabilisierung</u> einer effizienten Verhaltensregelmäßigkeit im Nash-Sinn von Stabilität aufgrund der Entwicklung neuer <u>institutioneller Bedingungen</u>, die Transaktionskosten im Sinn der o.g. Rekonstruktion vermindern.

Die folgende Darstellung der Bedingungen einer Stabilisierung von Institutionen wird in drei Abschnitte unterteilt. Man kann nämlich zunächst endogene von exogenen Erklärungen abgrenzen. <u>Endogene</u> Erklärungen der Entstehung einer Institution machen die sozialen Bedingungen deutlich, unter denen Akteure einen selbst-tragenden (self-enforcing) Mechanismus der Stabilisierung entwickeln, ohne dabei auf dritte Instanzen bezug nehmen zu müssen. Eine <u>exogene</u> Erklärung der Entstehung institutioneller Bedingungen greift demgegenüber zurück auf Eingriffe dritter Instanzen, die als 'institutionelle Unternehmer' bezeichnet werden können und die aus der Bereitstellung eines Sanktionsmechanismus Vorteile gewinnen können oder darauf, daß die Akteure 'pragmatisch', ausgehend von bereits etablierten kooperativen Basis-Institutionen, die Situation umstrukturieren können.

Schließlich wird eine dritte Gruppe von Erklärungsversuchen angesprochen, die sich mit funktionalen Alternativen zur Entstehung von Institutionen befassen, nämlich solchen Prozessen, die in einer Änderung von Präferenzen bestehen.

3.2.2.2 Endogene Stabilisierung sozialer Institutionen

Unter welchen sozialen Bedingungen entwickeln sich in Gruppen (oder einem sozialen System) soziale Institutionen, die ein effiziente und stabile Überwindung des Harsanyi-Prisoners' dilemma-Paradox ermöglichen? In der Property rights- und Transaktionskosten-Tradition wurden zur Beantwortung dieser Frage die o.g. 'Internalisierungsthesen' formuliert (Kap. 3.1.2.1). Danach müssen die erwarteten Erträge der Errichtung und Stabilisierung von Institutionen die Kosten übersteigen. Williamsons Variante dieser These (Kap. 3.1.2.2) hat die Wiederholung der problematischen Institutionen-generierenden Situationen als einen Faktor hervorgehoben, der die Höhe der Transaktionskosten steigert und damit Investitionen in neue Institutionen profitabel macht.

Die Erklärungskraft dieser, den Investitionscharakter institutioneller Änderungen ausdrückenden, Internalisierungsthesen ist dann begrenzt, wenn systematische Hinweise auf Faktoren fehlen, die ihrerseits die Kosten- und Nutzenaspekte dieser Investitionen beeinflussen. Die Internalisierungsthesen sind deshalb, so unsere Vermutung, von begrenzter Aussagekraft, weil es unmöglich ist, Aussagen über soziale Bedingungen der Entstehung von Institutionen zu machen, ohne dabei zwischen den unterschiedlichen Typen Institutionen-generierender Situationen zu differenzieren. Das Demsetz-Beispiel der Entwicklung privater Verfügungsrechte bei den Labrador-Indianern ist offensichtlich die Beschreibung der Entwicklung einer Gefangenen-Dilemma-Institution (vgl. hierzu Lindenberg 1979). Gegenstand der Analysen im Rahmen des Transaktionskosten-Ansatzes sind Situationen, aus denen sich eine - häufig nicht genau aufgeschlüsselte - Kombination von Koordinations-, Verhandlungs- und Gefangenen-Dilemma-Institutionen entwickelt. Ein anderes Beispiel (Wittman 1982) von Property rights-Analysen befaßt sich mit Regeln, die Koordinationsprobleme lösen. In diesem Beispiel ist zudem nicht eindeutig zu erkennen, ob es sich dabei um exogene oder endogene Prozesse handelt. Auch in der Theorie des sozialen Tauschs werden ganz unterschiedliche Typen sozialer Institutionen untersucht (vgl. oben Kap.3.1.1).

Differenzierter als die Internalisierungsthese sind Überlegungen zu den Bedingungen für die Entstehung und Stabilisierung 'informaler Regeln' oder 'ethischer Codes', die McKean (1975) anstellt. Obwohl McKean nicht genau zwischen den Situations-Typen unterscheidet, kann seine Auflistung durchaus als Ausgangspunkt spieltheoretischer Überlegungen zu Bedingungen der Entstehung von Institutionen dienen. Die von ihm genannten Faktoren müssen dabei in Abhängigkeit vom untersuchten Situationstyp verschieden stark gewichtet werden. Die <u>erste</u> Bedingung McKeans (vgl. zum folgenden 1975:34-36) ist eine Variante des Investitions-Aspekts der Internalisierungsthese: Die erwarteten <u>Gewinne</u> (der Errichtung und Beibehaltung) einer Institution müssen die Kosten übersteigen, und zwar für die meisten beteiligten Akteure. <u>Zweitens</u> muß es Opportunitäten "for application of social pressure" (ibid.:35) geben, d.h. Regelabweichungen müssen entdeckt und sanktioniert werden können. Die <u>Opportunitäten für Sanktionen</u> ändern sich u.a. in Abhängigkeit von strukturellen Bedingungen wie der Gruppengröße. <u>Drittens</u> muß ein angemessener Grad an sozialer <u>Stabilität</u> und <u>sicheren</u> Erwartungen zukünftiger Stabilität (der problematischen sozialen Situation) gegeben sein: "Rapid change of conditions, associates, acquaintances, or locations makes tradition or ethical codes less effective, because rapid change, like a move from a small town to a large city, reduces the perceived gains from customs and honesty, makes them less certain, and/or attenuates the enforcement mechanism" (ibid.:35). Die <u>vierte</u> Bedingung ist das Vorhandensein relativ <u>eindeutiger</u> (unambigous) <u>Regeln</u>.

Diese Bedingungen können in präzisierter oder modifizierter Form, wie wir zeigen werden, aus den Annahmen gewonnen werden, die erforderlich sind, um stationäre Superspiele mit Pareto-optimalen Gleichgewichtspunkten zu definieren, deren konstituierende Spiele aus Situationen mit Harsanyi-Prisoners' dilemma-Paradox bestehen. Aus Platzgründen soll diese These hier zunächst anhand von Koordinationsproblemen erläutert werden (vgl. für eine kurze Skizze einer Verhandlungssituation oben S.82-84, für eine ausführliche Analyse des Gefangenen-Dilemmas siehe unten Kap.4).

<u>Koordinationsprobleme</u> sind in der Literatur bereits eingehend beschrieben worden (Schelling 1960:Kap.3,4, Lewis 1975, Ullmann-Margalit 1977:Kap.III), so daß auf eine Wiederholung der dort angegebenen Aspekte weitgehend verzichtet werden kann. Probleme der Koordination von Strategien sind dann nichttrivial, wenn das betreffende Spiel (mindestens) eine Menge wechselseitig äquivalenter, aber nicht streng koeffektiver Strategien-n-tupel enthält (vgl. oben Kap.3.2.1). Dieses Kriterium kann am Beispiel eines trivialen Koordinationsspiels veranschaulicht werden (Abb.3.5). Das Spiel (1) in Abb.3.5 ist trivial, weil die beiden Paare von Strategien (a_1, b_1) und (a_2, b_2) äquivalent und streng koeffektiv sind (für i = A,B):

$$u_i(a_1, b_1) = u_i(a_2, b_1) = u_i(a_1, b_2) = u_i(a_2, b_2).$$

Die Nichttrivialität eines Strategien-Koordinations-Problems, wie (2) in Abb. 3.5, besteht unter der institutionellen Bedingung des Fehlens einer Kommunikationsmöglichkeit zwischen den Spielern. Diese Bedingung ist nicht so zu interpretieren, daß die physikalischen, ökologischen usw. Voraussetzungen nicht gegeben sind, sondern daß die Kosten der Kommunikation - aus welchen Gründen auch immer - prohibitiv sind. Im übrigen kann man diese Situation als kooperatives Spiel ansehen (Harsanyi 1977:111), weil Abmachungen zwischen den Spielern selbst-tragend (self-enforcing) sind.

Abb. 3.5: Triviales (1) vs. nichttriviales (2) Strategien-Koordinations-Problem

(1)

		B: b_1	b_2	b_3
A	a_1	3,3	3,3	0,1
	a_2	3,3	3,3	0,0
	a_3	1,1	1,1	2,2

(2)

		B: b_1	b_2	b_3
A	a_1	3,3	0,0	2,1
	a_2	1,1	3,3	0,0
	a_3	0,1	0,0	2,2

Beispiele für Koordinationsprobleme sind die Wahl von Zeitstandards, von Maßeinheiten (z.B. von numéraire- Gütern wie Geld), Regeln verschiedener Art (z.B. Verkehrsregeln, Regeln für sprachliche und nichtsprachliche Kommunikation, Regeln der 'Etiquette') usw. Man kann sich leicht klarmachen, daß praktisch jede soziale Interaktionsbeziehung aus einer Vielzahl von durch Abmachung und vorhandene Regeln gelösten und damit trivialen oder im Zuge der Interaktion zu lösenden oder ungelöst bleibenden (z.B. Verkehrsunfall in nicht eindeutig geregelten Situationen) Koordinationsproblemen besteht. In einer eher makrosoziologischen und historisch-vergleichenden Perspektive kann davon ausgegangen werden, daß im Zuge der "Modernisierung" sozialer Systeme eine Zunahme der Anzahl zu lösender Koordinationsprobleme, aber auch eine Zunahme der zur Wahl stehenden alternativen Lösungen sowie vor allem der Größenordnungen der mit Koordinationsproblemen verbundenen externen Effekte, stattgefunden hat[26].

In diesem Zusammenhang sei auch erwähnt, daß die Lösung von Koordinations- bzw. Verhandlungsproblemen eine Vorbedingung für die Lösung anderer Interdependenzprobleme (z.B. des Gefangenen-Dilemmas) sein kann und sicher auch im Hobbesschen

Naturzustand ein entscheidender Aspekt ist (vgl. sinngemäß Parsons 1951:36). Auch wenn es in einer sozialen Situation institutionell stabilisierte Anreize dafür gibt, daß die Akteure sich kooperativ verhalten, so wird das sozial erwünschte effiziente Ergebnis nur dann erreicht werden können, wenn es unter den Akteuren Koorientierung darüber gibt, was in der gegebenen Situation kooperatives Verhalten bedeutet. Typischerweise können solche Situationen gestaltet sein wie in Abb. 3.6. Der erste Fall (1) ist dabei ein reines Koordinationsproblem. Spielmatrix (2) kann eine Situation des Aushandelns von Rollenleistungen sein, in der jeder Akteur Vorteile aus einer anderen Interpretation der Rollenerwartungen ziehen kann als sie für den Partner günstig wäre. Die Funktion der Eindeutigkeit einer Regel kann also darin bestehen, daß sie es den Akteuren ermöglicht, stillschweigend kognitive Koorientierung über in einer problematischen Situation auszufüllende Handlungen herzustellen. Vage Regeln geben den Akteuren keine trennscharfen Standards über das eindeutig 'prominente' Koordinationsgleichgewicht. An dieser Stelle würde es zu weit führen, ausführlich auf die Vor- und Nachteile unterschiedlicher Typen von Normen und Regeln (z.B. formalisierte vs. informale; universale vs. partikulare Normen), diese Koordinationsleistungen zu ermöglichen, einzugehen (vgl. für einige Aspekte einer ökonomischen Analyse der Koordinationsleistungen unterschiedlicher 'Daumenregeln' bei der Allokation von Verfügungsrechten in Koordinationssituationen Wittman 1982: passim).

Bevor wir uns der eigentlichen Frage zuwenden, unter welchen Bedingungen die Entstehung von Koordinations-Institutionen zu erwarten ist, sei eine Bemerkung zu einem Aspekt der im Anschluß an Schelling (1960) entstandenen "Lösungsvorschläge" gestattet. Schelling (1960:Kap.3) oder Lewis (1975:24-43 u. passim) vertreten die These, daß es für die Lösung eines Koordinationsproblems hinreichend ist, wenn es unter den Beteiligten konvergente Erwartungen derart gibt, daß der jeweils andere eine bestimmte Gleichgewichtsstrategie vorzieht. Solche konvergenten Erwartungen könnten aufgrund wechselseitiger An-

Abb. 3.6: Koorientierungs- und Verhandlungsprobleme bei Gefangenen-Dilemma-Situationen

(1)

A \ B	b_1	b_2	b_3
a_1	6,6	1,1	0,10
a_2	1,1	6,6	0,10
a_3	10,0	10,0	2,2

(2)

A \ B	b_1	b_2	b_3
a_1	4,6	0,0	0,10
a_2	0,0	6,4	0,10
a_3	10,0	10,0	2,2

tizipationen dann zustande kommen, wenn es ein gemeinsames Wissen gibt, das aus einem 'fokalen Punkt' ("Schelling-Punkt") besteht, der die Gleichwahrscheinlichkeit der Wahl einer Alternative leicht zugunsten einer bestimmten verschiebt. Dieses Wissen reicht aus, um die Spieler zu veranlassen, eine bestimmte Alternative zu präferieren, und damit zur Lösung des Koordinationsproblems. Dies Ergebnis hat einen sich selbst verstärkenden Charakter, da es auf einem stabilen Nash-Gleichgewichtspunkt beruht. Dieser Lösungsvorschlag von Koordinationsproblemen enthält einen fragwürdigen Punkt (Harsanyi 1977:297, note 5). Wenn nämlich in der Analyse davon ausgegangen wird, daß es Schellingpunkte gemeinsamer Orientierung gibt, wird eine Art von 'implizitem Kommunikationsprozess' unterstellt, der das Koordinationsspiel zu einem (partiell) vokalen Spiel macht. Eine Änderung der institutionellen Bedingungen einer Koordinationssituation ist aber gerade ein in unserem Zusammenhang interessierendes Erklärungsziel, nicht ein Teil des Explanans.

Die Ausgangssituation ist vielmehr ein nichtvokales oder 'stillschweigendes' (tacit) Spiel, und die Fragestellung ist die nach den sozialen Bedingungen, unter denen die Spieler in der Lage sind, endogen eine Institution zu kreieren. Die Antwort hat bereits Lewis (1975:36-42, 57-58) angedeutet mit seiner Überlegung, daß sich gemeinsame Handlungs-Erwartungen dann ausbilden können, wenn es <u>Präzedenzfälle</u> für die Lösung von Koordinationsproblemen gibt. Hat sich nämlich ein Gleichgewicht eines Koordinationsspiels ergeben, so besitzt kein Akteur einen Anreiz, bei einer Wiederholung der Situation von der im Präzedenzfall realisierten Gleichgewichtsstrategie abzuweichen. Kern der Lösung ist, daß die Akteure sich einen künstlichen Kommunikationsmechanismus aufbauen, indem sie das Koordinationsspiel wiederholt durchspielen und dabei sukzessive stabile konvergente Erwartungen ausbilden, die zu eindeutigen (strategisch und) zeitlich stabilen Lösungen führen.

Im Unterschied zur Iteration von Spielen anderen Typs, z.B. dem Gefangenen-Dilemma, besteht die Funktion der Wiederholung <u>nicht</u> darin, einen Sanktionsmechanismus für kooperatives Verhalten zu etablieren. An der strategischen Situation eines Strategien-Koordinationsspiels ändert sich durch die Iteration nichts, vielmehr wächst die Anzahl der koordinativen (Nash-) Gleichgewichte an, so daß es prima facie noch schwieriger wird, eine Lösung zu bestimmen. Die Wiederholung einer problematischen Koordinationssituation kann insofern zur Entstehung einer Koordinationssituation beitragen, als sie <u>Lernprozesse</u> der <u>Ausbildung übereinstimmender wechselseitiger Erwartungen</u> möglich macht.

Eine Modellierung derartiger Lernprozesse stammt von Schotter (1981; vgl. auch Berman und Schotter 1982, 1983). Schotter geht von den stationären <u>Superspielen</u> aus, die Friedman (1977: Kap.8) analysiert hat (vgl. als Übersicht über andere Modelle von Superspielen und die Alternativen bei der Definition der Auszahlungsfunktionen Aumann 1981).

Es handelt sich um Spiele, in denen eine fixierte Menge N von n Spielern eine abzählbar unendliche Sequenz von Spielen durchlaufen. Die unendlich oft wiederholten Spiele heißen konstituierende Spiele. Ist das konstituierende Spiel in jeder Periode identisch, handelt es sich um ein zeitunabhängiges, stationäres Spiel (Friedman 1977:173). Die Annahme der <u>unbestimmt</u> häufigen Wiederholung ist für Koordinationsspiele weniger relevant, da bei diesen Spielen keine Anreizprobleme auftreten. Wir wollen deshalb an dieser Stelle nicht genauer darauf eingehen (vgl. unten Kap. 4).

Ein <u>Superspiel</u> S ist ein Spiel in Normalform, das durch das Tripel

(3.1) $$S = (N, \Sigma, \pi)$$

gegeben ist. Dabei bezeichnet

(3.2) $$N = \{1,2,\ldots,i,\ldots,n\}$$

die Menge der Spieler,

(3.3) $$\Sigma := \mathop{\times}_{i=1}^{n} \Sigma_i$$

den Strategieraum des Spiels S, wobei

(3.4) $$\Sigma_i \ni \sigma_i$$

die Menge aller Superspielstrategien σ_i von Spieler i bezeichnet. Auszahlungsfunktionen π des Spiels sind gegeben durch Abbildungen der Gestalt

(3.5) $$\pi : \mathop{\times}_{i=1}^{n} \Sigma_i \rightarrow R^n.$$

Dabei ist $\pi(\sigma) = (\pi_1(\sigma), \ldots, \pi_n(\sigma))$ ein Auszahlungsvektor für ein n-tupel von Superspielstrategien σ. Die Auszahlung für Spieler i ist gegeben durch $\pi_i(\sigma)$, die Summe der Auszahlungen $P_i(\cdot)$ in jeder Periode des konstituierenden Spiels, die mit einem individuellem Diskontfaktor α_i^{t-1} gewichtet werden. Es bezeichnet t dabei die diskreten Zeitperioden

(3.6) $$t = 1, 2, \ldots,$$

es gilt außerdem, daß α_i folgende Funktion der Diskontrate r_i von Spieler i ist

(3.7) $$\alpha_i = \frac{1}{1+r_i},$$

so daß folglich gilt:

(3.8) $0 < \alpha_i < 1.$

Die Superspielauszahlungen haben also die Gestalt

$$(3.9) \qquad \pi_i(\sigma) = \sum_{t=1}^{\infty} \alpha_i^{t-1} P_i(\cdot).$$

Betrachten wir als konstituierendes Spiel ein Koordinationsspiel G in Normalform, das gegeben ist durch die folgende Matrix (in der Notation folgen wir Schotter 1981):

$$(3.10) \qquad G = \begin{array}{c|cc} & a_2^1 & a_2^2 \\ \hline a_1^1 & 1,1 & 0,0 \\ a_1^2 & 0,0 & 1,1 \end{array}$$

Die Superspielstrategien (vgl. zum folgenden Schotter 1981:63 u. passim) können in naheliegender Weise darin bestehen, daß sich die Spieler i=1,2 auf eine bestimmte Strategie a_1^k oder a_2^k festlegen für den gesamten Lauf des Superspiels. Im Unterschied zu Superspielen vom Gefangenen-Dilemma-Typ ist es nicht erforderlich, bedingte Strategien zu berücksichtigen. Die Strategiemenge von Spieler i (i= 1,2; i≠j) besteht nun aus

$$\Sigma_i = \{\sigma_i(a_i^1|a_j^1), \sigma_i(a_i^1|a_i^2), \sigma_i(a_i^2|a_j^1), \sigma_i(a_i^2|a_j^2)\}$$

Eine Superspielstrategie $\sigma_i(a_i^k|\cdot)$ schreibt dabei vor, <u>un</u>bedingt a^k zu wählen, egal was der andere vorher gespielt hat:

$$(3.11) \qquad \sigma_i(a_i^k|a_j^k) := \begin{cases} a_{i1} = a_i^k \\ a_{it} = a_i^k, \text{ falls } a_{j\tau} = a_{j\tau}^k \\ a_{it} = a_i^k \quad \text{sonst} \end{cases}$$

$\tau = 1,\ldots, t-1$

$t = 2,3, \ldots$

$k = 1,2,$

$i = 1,2; \quad i \neq j$

Die aus diesen reinen Superspielstrategien resultierenden Auszahlungen sind in der Matrix des Superspiel S zusammengefaßt (Abb. 3.7).

Abb. 3.7: Das aus dem Koordinationsspiel G resultierende Superspiel S in Matrixdarstellung

Spieler 2

		AA	AB	BB	BA
	AA	$(f(\alpha_1), f(\alpha_2))$	$(f(\alpha_1), f(\alpha_2))$	(0,0)	(0,0)
Spieler	AB	$(f(\alpha_1), f(\alpha_2))$	$(f(\alpha_1), f(\alpha_2))$	(0,0)	(0,0)
1	BB	(0,0)	(0,0)	$(f(\alpha_1), f(\alpha_2))$	$(f(\alpha_1), f(\alpha_2))$
	BA	(0,0)	(0,0)	$(f(\alpha_1), f(\alpha_2))$	$(f(\alpha_1), f(\alpha_2))$

$AA: = \sigma_i(a_i^1 | a_j^1)$ $\quad$ $BB: = \sigma_i(a_i^2 | a_j^2)$

$AB: = \sigma_i(a_i^1 | a_j^2)$ $\quad$ $BA: = \sigma_i(a_i^2 | a_j^1)$

$i = 1,2; \quad i \neq j$

$$f(\alpha_1) := \frac{1}{1-\alpha_1} \; ; \qquad f(\alpha_j) := \frac{1}{1-\alpha_2}$$

Ergebnis der Beschreibung eines iterierten Koordinationsspiels ist zunächst, daß sich die Anzahl der Koordinationsgleichgewichtspunkte nicht vermindert.

Bei der Bewertung dieses Ergebnisses muß in Betracht gezogen werden, daß ein solches Superspielmodell keinen realistischen dynamischen Prozeß beschreibt. Das Modell ist genauso statisch wie die Theorie von gewöhnlichen Spielen in Normalform. Wählen die Spieler eine der Gleichgewichtsstrategien (einschließlich einer Zentroid-Strategie), so sind sie bis in alle Ewigkeit dazu verdammt, an der Superspielvorschrift festzuhalten, auch dann, wenn der (gleichermaßen wahrscheinliche) Fall eingetreten ist, daß das Koordinationsgleichgewicht nicht getroffen wurde.

Eine realistischere Beschreibung des Verhaltens könnte auf der Annahme aufbauen, daß die Spieler sich nicht ein für allemal auf eine Superspielstrategie festlegen, sondern sich in jeder Periode erneut - sozusagen aufgrund eines Münzwurfs - für eine Strategie a^k entscheiden, und zwar solange, bis ein stabiler Gleichgewichtspunkt "getroffen" wurde. Danach ist es rational, die Gleichgewichtsstrategien des einmal gefundenen Gleichgewichtspunktes beizubehalten.

Eine Formulierung eines stochastischen Prozesses, der auf solchen intuitiv plausiblen Annahmen aufbaut, und sozusagen das 'Superspiel eines Superspiels' (Berman und Schotter 1982:135) darstellt, ist Schotters (1981: Kap.3) Bayesianisches Modell der Ausbildung konvergenter Erwartungen. Schotters Überlegungen bauen auf Harsanyis (1975) "tracing procedure" auf, einer Formalisierung eines hypothetischen intellektuellen Prozesses, der zur Auszeichnung eindeutiger Gleichgewichtspunktslösungen (z.B. in Koordinations- oder Verhandlungsspielen) führen soll.

Dieser Lösungsprozeß (vgl. zum folgenden Harsanyi 1975, Friedman 1977:165-167) besteht aus zwei Schritten. Zunächst wird angenommen, daß es für jeden Spieler i eine anfängliche Wahrscheinlichkeitsverteilung $p_i = (p_i^1, p_i^2, \ldots, p_i^{K_i})$ über der Menge $k = 1,2,\ldots,K_i$ der reinen Strategien gibt. Formal handelt es sich dabei um gemischte Strategien des Spielers i. Inhaltlich werden diese n Wahrscheinlichkeitsverteilungen $p = (p_1,\ldots,p_n)$ aber als kollektive Erwartungen der (n-1) von i verschiedenen Spieler j über i's Verhalten interpretiert. Die Wahrscheinlichkeitsvektoren p drücken also für jeden Spieler i die subjektiven Wahrscheinlichkeitsschätzungen der Spieler $j \neq i$ dafür aus, daß i eine bestimmte reine Strategie wählen wird.

Auf der Grundlage dieser reziproken Erwartungen p wird in einem zweiten Schritt ein eindeutiger Gleichgewichtspunkt als Lösung bestimmt. Das "tracing procedure" genannte Verfahren ist dabei mathematisch recht aufwendig, weil ein naheliegendes Verfahren, nämlich anzunehmen, daß jeder Spieler i seine beste Antwort auf den Wahrscheinlichkeitsvektor $p^i = (p_1, \ldots, p_{i-1}, p_{i+1}, \ldots, p_n)$ und die korrespondierenden gemischten Strategien der (n-1) anderen Spieler wählt, nicht allgemein zu Gleichgewichtslösungen führt. Die tracing procedure besteht intuitiv gesprochen aus einem Verfahren der schrittweisen Modifikation der Erwartungen und (besten Antworten-)Strategiewahlen bis ein Gleichgewichtspunkt erreicht ist.

Die "tracing procedure" ist ein Verfahren, das in einem statischen "one-shot"-Spiel zur Erreichung eindeutiger Lösungen führt. Das Modell Schotters (ibid.) soll dagegen Prozesse der Bestimmung von (ersten Schritten von) Superspielstrategien aufgrund von Annahmen über reziproke Erwartungen der Spieler beschreiben. Schotter formuliert einen Prozeß, der folgendermaßen beschrieben werden kann. Eine festgelegte Anzahl von Spielern ist mit einer iterierten Koordinationssituation konfrontiert. Die Spieler entscheiden in jeder Periode des Superspiels erneut über die zu befolgende (gemischte) Superspielstrategie. Dabei verwenden sie (in Bayesianischer Weise) ihre subjektiven Wahrscheinlichkeitsschätzungen für bestimmte Strategiewahlen anderer Akteure, die man sich analog zu Harsanyis p-Vektoren vorstellen kann. Der Lösungsprozeß (vgl. Schotter 1981:67-68) unterscheidet sich jedoch von der tracing procedure, zumal eindeutige Lösungen zeitlich gestreckt erreicht werden müssen. Die Klasse von Lösungsprozeduren, auf die Schotters Modell anwendbar ist, hat die Eigenschaft, daß sichere Erwartungen (mit Wahrscheinlichkeit 1) des Auftretens einer Gleichgewichtsstrategie den Spieler veranlassen, die korrespondierende beste Antwort (bzw. Gleichgewichtsstrategie) zu verwenden (vgl. Schotter 1981:68, Def.3.3). Ist in dem System ein Zustand mit sicheren Erwartungen einer Superspielstrategie erreicht, so hat sich in dem System also dann eine stabile Institution, d.h. ein zeitlich stabiles n-tupel von gewählten Superspiel-Strategien herausgebildet, wenn dieses n-tupel einem Gleichgewichtspunkt des Superspiels entspricht. Dieser Zustand ist im übrigen absorbierender Zustand einer stationären Markov-Kette, die über einem Zustandsraum von Erwartungen p definiert ist. Damit ist der stabile Gleichgewichtszustand eines dynamischen Systems umschrieben, der darin besteht, daß die Akteure eine stabile Verhaltensregelmäßigkeit ausgebildet haben. Ausgangspunkt des stochastisch-dynamischen Prozesses sind jedoch annahmegemäß reziproke Erwartungen, die nicht konvergieren, sondern in einem System ohne Geschichte gemäß dem Laplace-Prinzip gleichverteilt sind. Folglich ist es erforderlich, Annahmen über bestimmte Lernprozesse, d.h. die Änderung von Erwartungen einzuführen. Schotter (1981:72) nimmt an, daß die Erwartungen zur Zeit t aufgrund der Information geändert werden, die die Spieler aus den Ausgängen der Spielperiode (t-1) gewinnen. Die Ausgänge liefern jeweils Informationen über die in (t-1) ausgeführten Handlungen der (n-1) anderen Akteure. Die beobachteten, ausgeführten Superspielstrategien vergrößern die Wahrscheinlichkeitsgewichte um einen Faktor ε zugunsten dieser Strategien, während die anderen (K-1) Gewichte um $(\varepsilon/(K-1))$ vermindert werden.

Die präzise Form des auf dem Hintergrund dieser Vorstellung konstruierten stochastischen Modells kann hier nicht näher erläutert werden (vgl. für eine übersichtliche Darstellung Berman und Schotter 1982:133-139; ausführlicher Schotter 1981:80-108). Es handelt sich um eine stationäre Markov-Kette, die in endlicher Zeit einen absorbierenden Gleichgewichtszustand erreicht. Die formale Struktur des Modells ist derart aufwendig, daß die Berechnung der erwarteten (Anzahl der) Zeit (perioden) der ersten Passage in einen absorbierenden Zustand, die Schotter (1981:103-106) am Beispiel eines iterierten 2-Personen-Koordinationsspiels erläutert, auf recht schwierige numerische Probleme (der Lösung partieller Differentialgleichungen) führt. Abgesehen von dieser praktischen Schwierigkeit, die die Herleitung spezifischer testbarer Konsequenzen wenig fördert, ist das Modell vermutlich auch zu abstrakt, um empirische Prozesse der Ausbildung konvergenter Erwartungen abbilden zu können. Empirisch nicht unproblematisch ist vermutlich u.a. die Annahme der zeitlichen Homogenität (Stationarität) eines Prozesses ohne Geschichte (Voss 1983b:156, Kliemt und Schauenberg 1983), also die Annahme einer zeitunabhängigen Änderung der Übergangswahrscheinlichkeiten (Erwartungen). Die einfache Struktur der "norm-updating-rule" der Erwartungsänderung wird dabei im übrigen nicht Bayesianisch begründet. Andererseits ist diese Homogenitätsannahme vermutlich als eine eher schwache und konservative Beschreibung der Prozesse einzuschätzen. Sich selbst verstärkende inhomogene Prozesse führen vermutlich zur schnelleren Erreichung von Gleichgewichtslösungen.

Ein wichtiger Aspekt des Modells, das Schotter vorgeschlagen hat, ist neben der Tatsache, daß lediglich eine Wahrscheinlichkeitsverteilung über der Menge der Gleichgewichtsausgänge angegeben werden kann und das Ergebnis des Prozesses in dieser Hinsicht unbestimmt ist, die Möglichkeit der Stabilität lokaler Maxima des dynamischen Prozesses. Darunter kann man am Beispiel von Koordinationsproblemen solche Lösungen verstehen, die zwar Gleichgewichtspunkte sind, aber ineffiziente, suboptimale Lösungen der Interdependenzprobleme ergeben. Dieser Fall kann eintreten, wenn ein Koordinationsspiel vorliegt, in dem es mindestens zwei Klassen von Koordinationsgleichgewichten gibt, wobei Elemente der einen Klasse diejenigen der anderen Menge gemeinsam dominieren.

Es sei noch darauf hingewiesen, daß Schotter (1981) die Vektoren reziproker Erwartungen umgangssprachlich als "Normen" bezeichnet. Es handelt sich bei diesen Normen um kognitive Erwartungen über das langfristige Verhalten (d.h. Superspielstrategien) eines jeden anderen Spielers.

Diese Normen sind also keine "desiderativen Erwartungen" (Popitz) der anderen (n-1) Akteure an das Verhalten des Akteurs i. Sie sind aber nichtsdestoweniger verhaltenswirksam, weil sie Informationen liefern, die ein Akteur i bei der Bestimmung seines Verhaltens berücksichtigen muß. Normen sind nach Schotters (1981: Kap.4 u. passim) Interpretation Grundlage von Koordinationsinstitutionen. Sie haben in Situationen strategischer Interdependenz eine ähnliche Funktion wie Preise in Marktsystemen aus parametrischen Akteuren. Während Preise jedoch über die Knappheit von Ressourcen informieren, informieren Normen über das Verhalten anderer Akteure (ibid.) Nach unserer Deutung von transaktionskostenreduzierenden Institutionen liefern (stationäre) Normen (d.h. sichere Erwartungen) den Akteuren Informationen, die in Strategie-Koordinations-Situationen die den Akteuren fehlenden Kommunikationsmöglichkeiten substituieren. Sind diese sicheren Normen und stabilen Institutionen erst einmal gebildet in einem langfristigen, zeitkonsumierenden Evolutionsprozeß der "unsichtbaren Hand", so können sie an Akteure, die sich an den Kosten der Etablierung dieser Institutionen nicht beteiligt haben, leicht weitergegeben werden. Die Information ist nämlich in den Normen komprimiert, so daß sie auch neu in den Prozeß eintretende Akteure verwenden können. Niemand von diesen Akteuren hat wegen der Struktur der Situation einen Anreiz, diese überkommenen Institutionen nicht anzuerkennen. Im Gegenteil können diese Akteure von der 'Weisheit' der vorgegebenen Institutionen (F.A. Hayek) profitieren, die frühere Generationen von Akteuren errichtet haben.

Bevor wir zu der Ausgangsfrage der sozialen Bedingungen der Entstehung von Koordinations-Institutionen zurückkehren, kann der von Schotter (1981) im Anschluß an Lewis (1975) vorgeschlagene Begriff einer sozialen Institution oder Konvention angegeben werden: Eine <u>Konvention</u> ist eine Regelmäßigkeit R des Verhaltens der Mitglieder einer Population in einer wiederkehrenden Koordinations-Situation S genau dann, wenn gilt (vgl. Schotter 1981:52):

(1) Jeder hält sich an R.
(2) Jeder erwartet (mit Sicherheit) die Konformität jedes anderen.
(3) Jeder präferiert, sich unter der Bedingung, die in (2) angegeben ist, an R zu halten, weil die gleichförmige Konformität gegenüber R ein (Nash-)Gleichgewicht eines (gewöhnlichen und/oder iterierten) Koordinationsspiels ist.

Es lassen sich nun leicht soziale Bedingungen angeben, bei deren Vorliegen die Entstehung einer Koordinations-Institution oder Konvention zu erwarten ist. Die wesentliche Bedingung ist das Bestehen der in (2) genannten reziproken Verhaltenserwartungen. In vielen Koordinationsproblemen werden diese Erwartungen einfach aufgebaut durch in der Sozialisation vermittelte, auf andere Weise vorgegebene oder pragmatisch vereinbarte Regeln. Diese Koordinationsprobleme sind dann aber trivial. Die Bayesianische Theorie der Bildung sicherer Verhaltenserwartungen nach Schotter ergibt für eine Koordinations-Situation mit gleichförmig verteilten Erwartungen die Vorhersage, daß sichere rationale Erwartungen sich dann ausbilden, wenn die Koordinations-Situation iteriert ist. Dann kann es nämlich dazu kommen, daß die Akteure Präzendenzfälle der Lösung von Koordinationsproblemen schaffen und diese Lösungen beibehalten. Welche Koordinationsgleichgewichte dabei absorbierende Gleichgewichtspunkte des sochastischen Evolutionsprozesses sind, kann nicht vorhergesagt werden. Das hängt von der "Geschichte" des Prozesses ab (vgl. Schotter 1981:Kap.2). In dieser Hinsicht einer Unbestimmtheit der konkreten Ergebnisse evolutionärer Prozesse hat dieses Modell der Evolution von Institutionen einiges gemeinsam mit Modellen biologischer Evolutionsprozesse (Kliemt 1983).

Ein Gesichtspunkt der Wiederholung von Spielsituationen sollte hervorgehoben werden. Dieser Aspekt trifft auf sämtliche iterierte Institutionen-generierende Situationen zu. Die Teilnahme an einer wiederholten problematischen Spielsituation kann - insbesondere wenn sie nach dem von Schotter modellierten Prozeß abläuft - Opportunitätskosten für die Beteiligten verursachen. Diese Opportunitätskosten entstehen aus der Realisierung von Ausgängen, die durch andere mögliche Ausgänge gemeinsam dominiert werden. Es handelt sich um Investitionen der Akteure, d.h. Kosten der Kreation einer Koordinations-Institution. Dieser Investitions-Aspekt ist bei Koordinationsproblemen dann entscheidend, wenn auch die Teilnahme an einer sozialen Situation, die mit Koordinationsproblemen verbunden ist, als Entscheidungssituation betrachtet werden kann. Stehen die Akteure vor der Alternative, in eine Tausch- oder andere Beziehung einzutreten, die

(1) mit nichttrivialen Koordinationsproblemen verbunden ist oder
(2) in eine Beziehung einzutreten, die keine oder triviale bzw. 'gelöste' Koordinationsprobleme aufweist, jedoch geringere Belohnungen liefert als die erste Beziehung,

so kann erwartet werden, daß nur unter der Bedingung einer häufigen Wiederholung der im Rahmen der Beziehung auftretenden Transaktionen ein Eintritt in die Situation (1) lohnend ist.

Auch für Koordinationssituationen kann es also eine Rolle spielen, daß ein Investitions- bzw. Anreizproblem gelöst ist, indem die Beteiligten ohnehin durch prohibitiv hohe Austrittskosten in "kasernierte Vergemeinschaftungen" (Popitz) eingeschlossen sind oder einen angemessenen Grad an zeitlicher Stabilität erwarten können, weil nur unter diesen Bedingungen die erwarteten Gewinne der Errichtung der Institution die Kosten übersteigen.

Der wichtigere Aspekt der Bedingung einer Iteration ist jedoch bei Koordinationsproblemen die Entstehung von Opportunitäten für Lernprozesse der Ausbildung reziproker Erwartungen. Bestehen in einem sozialen System soziale Bedingungen einer Lösung von Koordinationsproblemen, so wird damit die Lösung von Problemen vom Gefangenen-Dilemma-Typ erleichtert. In diesen Situationen ist die Bedingung einer Iteration jedoch zusätzlich deshalb notwendig, weil sich durch die Erwartung langfristiger Beziehungen eine grundlegende Änderung der Anreizstruktur ergibt. In diesem Fall können nämlich aus der Iteration Opportunitäten für die Ausübung wechselseitiger Sanktionen entstehen.

3.2.2.3 Exogene Stabilisierung sozialer Institutionen

Die sozialen Bedingungen einer endogenen Stabilisierung von Institutionen sind in grober erster Annäherung diejenigen, die in relativ kleinen, stabilen und geschlossenen Gemeinschaften bestehen. Es sind Bedingungen, unter denen sich nach Durkheim (1973) "mechanische Solidarität" entwickelt. In modernen, komplexen sozialen Systemen sind diese Bedingungen nur in einigen Kernbereichen wie Familien- und Peer-Gruppen-Beziehungen sowie sozialen Tauschbeziehungen anderer Art realisiert.

Wie kann man erklären, daß sich Institutionen entwickeln und stabilisieren, ohne daß diese Bedingungen gegeben sind?

Für Koordinations-Institutionen ist die naheliegende Antwort darin zu sehen, daß dritte Instanzen Regeln für die Klassen von Situationen vorgeben, in denen eine spontane endogene Entwicklung institutioneller Lösungen nicht zu erwarten ist. Handelt es sich bei den zu regelnden Situationen tatsächlich um reine Koordinationsprobleme, so wird sich dann kein Problem der Stabilisierung einer vorhandenen, eindeutigen Lösung ergeben. Unter dem Gesichtspunkt einer quasi-funktionalistischen Betrachtung besteht die Funktion dritter Instanzen dann also darin, die Regeln des Koordinationsspiels so zu ändern, daß das Spiel im o.g. Sinn trivial wird. Solche institutionellen Änderungen durch externe Akteure führen dabei zu einer Pareto-Verbesserung der Situation für die von einem Koordinationsproblem betroffenen Akteure, weil letztere die o.g. Kosten der Investition in die institutionelle Änderung nicht tragen müssen. Eine Voraussetzung der Entstehung dieser exogenen Lösung ist jedoch auch bei Koordinationsproblemen, daß die exogenen "institutionellen Unternehmer" aus der Übernahme ihrer Leistungen Belohnungen erhalten. Die Quellen dieser Belohnungen können ganz unterschiedlicher Art sein. Z.B. können institutionelle Unternehmer ihre Maklerdienste im Tausch gegen Kompensationsleistungen seitens der von den Diensten begünstigten Akteure anbieten. Eine solche Beziehung könnte dabei als auf einem impliziten Vertrag beruhend vorgestellt werden, dessen Vertragsparteien der Koordinator und die Gruppe der anderen Akteure als korporativer Akteur sind. Die Stabilität einer solchen indirekten Tauschbeziehung (im Sinn von Blau 1964) entsteht daraus, daß die Gruppe intern ein Anreizproblem der Gefangenen-Dilemma-Struktur gelöst, und erreicht hat, daß jedes Gruppenmitglied seinen individuellen Beitrag zu den Kompensationsleistungen trägt. Vorbedingung einer solchen exogenen Entstehung von Koordinationsinstitutionen wäre in diesem Fall also die Lösung anderer, mit dieser Institution verflochtener, problematischer Interaktionsinstitutionen.

Diese Voraussetzung der Stabilität kooperativer Kerninstitutionen für die Entstehung zusätzlicher institutioneller Regelungen, trifft auch auf Gefangenen-Dilemma-Situationen zu. Dieser Sachverhalt kann an der These von Thompson und Faith (1980, 1981) erläutert werden, daß unter der institutionellen Bedingung einer "truly perfect information" eine kooperative Lösung des gewöhnlichen Gefangenen-Dilemmas erreicht werden kann. Darunter verstehen Thompson und Faith einen strategischen Kommunikationsprozeß, in dem (n-1) hierarchisch nach ihren Kommunikationsmöglichkeiten geordnete Akteure i (i = 1,2,...,n-1) Reaktionsfunktionen auf die möglichen Aktionen der anderen Spieler j
(j = 2,...,n;i<j) bekannt geben, so daß mit der Aktion des (nicht kommunizierenden) Spielers n die Handlungen der (n-1) anderen Spieler eindeutig bestimmt sind. Gleichgewichtslösungen dieser Situation ergeben sich, indem die Handlung von Spieler n und die Reaktionsfunktionen der i = 1,...,(n-1) anderen Akteure so gewählt werden, daß sie jeweils beste Antworten füreinander darstellen. Gefangenen-Dilemma-Situationen haben unter der Bedingung einer "truly perfect information" eine kooperative Lösung (vgl. Thompson und Faith 1981:372), weil ego's beste Antwort auf alters (bindendes) commitment, die kooperative Alternative zu wählen falls ego kooperiert, darin besteht, ebenfalls zu kooperieren.

Diese kooperative Lösung des Gefangenen-Dilemma beruht also auf der institutionellen Voraussetzung, daß (1) commitments für Reaktionsfunktionen bindend und (2) hierarchisch kommunizierbar sind. Im Licht dieser Konzeption führt Nichtkooperativität in Gestalt eines Mangels an "truly perfect information" zur Ineffizienz des gewöhnlichen Gefangenen-Dilemmas. Die in den Regeln der Spielsituation von Thompson und Faith gegebene institutionelle Vorausetzung einer "truly perfect information" ist jedoch exogen. Entstehen könnte diese institutionelle Bedingung dann, wenn die Population bereits stabile Institutionen der Solidarität ausgebildet hat, die die fraglichen commitments erzwingen. Die Akteure können dann nämlich endogen geschaffene stabile Gefangenen-Dilemma-Institutionen so einsetzen, daß sie Lösungen anderer, zeitlich parallel auftretender, Gefangenen-Dilemma-Probleme durch die Bereitstellung eines kooperativen Spielkontextes ermöglichen. Das kann deshalb möglich sein, weil vorgetäuschte und nicht eingehaltene commitments in dieser Konstellation miteinander verknüpfter Spielsituationen, Rückwirkungen auf die grundlegenden, annahmegemäß kooperativ über Iteration gelösten, Gefangenen-Dilemma-Spiele haben, auf denen die Kern-Solidarität der Gemeinschaft basiert.

Diese Möglichkeit einer exogenen Lösung besteht darin, daß die betroffenen Akteure ein nichtkooperatives mit einem kooperativen Spiel verknüpfen.

Daneben kann auch im Fall von Gefangenen-Dilemma-Situationen eine exogene Lösung zustande kommen, indem eine dritte Instanz einen Sanktionsmechanismus aufbaut. Auch dann müssen die Bedingungen angegeben werden unter denen ein spezialisierter Überwacher (monitor) einer Gruppe von Akteuren, in der es Anreizprobleme gibt, die Kosten der Überwachung trägt. Wie oben erläutert, ist dieses Problem der "Überwachung eines Überwachers" nach der Teamtheorie von Alchian und Demsetz (1972) in der kapitalistischen Firma gelöst, indem der klassische Unternehmer, dessen Hauptaufgabe nach Alchian und Demsetz tatsächlich darin besteht, Funktionen eines "institutionellen Unternehmers" zu übernehmen, Verfügungsrechte über das Residualeinkommen beanspruchen kann, wobei zusätzlich als institutionelles Nutzenargument angenommen wird, daß es eine positive Beziehung gibt zwischen (1) privaten Nutzenquellen U und dem Residualeinkommen R

$$\frac{\partial U}{\partial R} > 0$$

und (2) zwischen Residualeinkommen R und der Intensität der Überwachung M

$$\frac{\partial R}{\partial M} > 0,$$

so daß die Nutzenfunktion mit der Überwachung steigt:

$$\frac{\partial U}{\partial M} = \frac{\partial U}{\partial R} \cdot \frac{\partial R}{\partial M} > 0.$$

Obwohl diese hier nur grob skizzierte Argumentation von Alchian und Demsetz eine interessante Lösung dieser Motivationsproblematik institutioneller Unternehmer ergeben hat, überwiegt bei diesen Autoren eine quasi-funktionalistische Argumentation. Das komplexe Arrangement von vertraglichen Beziehungen, aus dem eine Unternehmung nach Meinung der Autoren besteht, wird nicht erklärt. Es werden lediglich Hinweise auf die Konsequenzen einer Pareto-Verbesserung gegenüber alternativen Arrangements gegeben.

Der entscheidende Punkt in einer exogenen Erklärung der Entstehung von Gefangenen-Dilemma-Institutionen wie Alchian und Demsetz sie formuliert haben ist jedoch gerade die Entstehung dieses vertraglichen Arrangements. Konzeptualisiert man diese Vertragsbeziehungen analog zu denen eines Netzwerks bilateraler Tauschbeziehungen zwischen homogenen Akteuren (vgl. Alchian und Demsetz 1972:777 u. passim), ist die Lösung eines Gefangenen-Dilemmas jedoch unplausibel, weil es keinen Mechanismus gibt, der diese Vertragsbeziehungen überwacht. Insofern sind Williamsons (1975) Vorschläge überzeugender, nach denen die Entstehung von Hierarchie (interner Organisation) von Bedingungen abhängig gemacht wird, unter denen Institutionen sich endogen stabilisieren können.

Dieses Beispiel ist nicht das einzige einer exogenen institutionellen Lösung von Gefangenen-Dilemma-Situationen. Abgesehen von der reichhaltigen Literatur (vgl. Frolich und Oppenheimer 1978:Kap.4 für Hinweise) zur Lösung von Kollektivgutproblemen durch "politische Unternehmer", die selektive Anreize (Belohnungen, Strafen) liefern, welche eine Änderung der Struktur der Situation in Richtung kooperatives Spiel ermöglichen, gibt es eine Reihe von Vorschlägen, die in der Einführung kollektiver Entscheidungsprozesse mögliche institutionelle Lösungen sehen (Hardin 1971, Buckley et al. 1974:292-293, Orbell und Wilson 1978).

Die meisten dieser Arbeiten sind tendenziell quasi-funktionalistisch und analysieren die Pareto-Konsequenzen institutioneller Lösungen, nicht aber den Mechanismus der Entstehung. In jedem Fall setzen solche exogenen Vorgänge das Bestehen endogen abgesicherter Solidaritäts-Institutionen voraus.

3.2.2.4 Funktionale Alternativen der Entstehung von Institutionen

Gemeinsames Merkmal der endogenen und exogenen Prozesse der Stabilisierung sozialer Institutionen war die Annahme einer über die Zeit konstanten Struktur der grundlegenden strategischen Situation und der Präferenzen. Die Stabilisierung von Institutionen beruht nicht darauf, daß Konformität ein inhärenter Wert der Nutzenfunktionen der Akteure ist, sondern die Anreizbedingungen sind so gestaltet, daß Konformität ein Nebenprodukt der Verfolgung nichtmoralischer Ziele ist, sei es, weil die Situation ohnehin in dieser Weise strukturiert ist oder weil exogene Belohnungen oder Strafen sie so modifiziert haben.

Eine Pareto-Verbesserung Institutionen-generierender Situationen ist alternativ erreichbar, wenn sich die Präferenzen der Akteure so ändern, daß effiziente Strategien-n-tupel zu stabilen Gleichgewichtspunkten wurden (entweder bereits im gewöhnlichen, konstituierenden Spiel oder im Superspiel).

Diese Pareto-Verbesserung kann illustriert werden an der Konversion eines Gefangenen-Dilemma-Spiels in ein "Assurance game", ein von Sen (1975:108-110) eingeführtes (triviales) Koordinationsproblem (Abb. 3.8). Bei diesem Spiel gibt es zwei Gleichgewichtspunkte in reinen Strategien (a_1,b_1) und (a_2,b_2). Der Gleichgewichtsausgang $U(a_1,b_1)$ besitzt dabei gemeinsame Dominanz gegenüber dem anderen Ergebnis. Kooperatives Verhalten beider Akteure ist in dieser Situation die einzige Pareto-optimale Situation.

Abb. 3.8: Beispiel eines "Assurance game" (Sen)

		B: b_1	B: b_2
A	a_1	9,9	-10,8
	a_2	8,-10	0,0

Die Bezeichnung "Assurance game" ist deshalb vorgeschlagen worden (ibid.:109), weil kooperatives Verhalten auch in dieser Situation keine einfach domininante Strategie ist. Nach Sen ist die Voraussetzung für die Wahl der effizienten Gleichgewichtsstrategie, daß in der Erwartung eines jeden Spielers sichergestellt ist, daß der Andere kooperiert, also eine Art von wechselseitigem Vertrauen besteht.

Ob diese Vorausetzung tatsächlich gemacht werden muß in einem solchem trivialen Koordinationsspiel, hängt von den angenommenen spieltheoretischen Rationalitätspostulaten ab. Gemäß einer Bayesianisch inspirierten Rationalitätskonzeption würden die Spieler ohnehin wechselseitig Erwartungen der Rationalität, d.h. der Wahl des Gleichgewichtspunktes mit den höheren Auszahlungen, ausgebildet haben (Harsanyi 1977), so daß allenfalls "Vertrauen" in diesem kognitiven Sinn rationaler Erwartungen, aber nicht in einem anderen Sinn, Voraussetzung für eine eindeutige Lösung ist.

Eine Konversion eines Gefangenen-Dilemma-Spiels in ein Assurance game setzt voraus, daß der Anreiz zur Abweichung von der kooperativen Alternative so gemildert wird, daß Kooperation einen höheren Nutzen ergibt. Die übrigen Auszahlungen können diejenigen eines Gefangenen-Dilemmas bleiben. Es muß also gelten:

(3.12) $$U_A\,(a_1,b_1) > U_A\,(a_2,b_1)$$

und

(3.13) $$U_B\,(a_1,b_1) > U_B\,(a_1,b_2).$$

Eine solche Konversion oder Transformation eines gewöhnlichen Gefangenen-Dilemmas kann erreicht werden, wenn sich <u>altruistische</u> Präferenzen entwickelt haben (vgl. Collard 1978:Kap.4). Taylor (1976:70) schlägt vor, unter Altruismus ein Verhalten zu verstehen, bei dem jeder Spieler eines 2-Personen-Spiels eine Nutzenfunktion besitzt, die abhängt von eigenen Auszahlungen v_i und denen des Partners v_j. Ein einfaches Modell ist die Annahme der Maximierung einer gewichteten Summe von v_i und v_j:

$u_i = \alpha_i v_i + \beta_i v_j$ mit $-1 \leq \alpha_i \leq 1$ und $-1 \leq \beta_i \leq 1$ $(i \neq j)$.

Falls $\beta_i > 0$ gilt, spricht Taylor (ibid.) von positivem Altruismus. Collard (1978:Kap.4) geht von einer ähnlichen Konzeption aus und nimmt vereinfachend an, daß

$$\alpha_i = (1-\beta_i).$$

Geht man von dieser altruistischen Nutzenfunktion aus, dann kann das erforderliche Ausmaß an altruistischen Gefühlen bestimmt werden, das für eine Transformation eines Gefangenen-Dilemma-Spiels in ein Assurance-Spiel erforderlich ist. Es muß dann gelten für ein symmetrisches 2-Personen-Gefangenen-Dilemma-Spiel nach Abb. 3.9 (1):

(3.12) und (3.13) $x > y$.

Die altruistisch transformierten Präferenzen ergeben die Bedingung (für i und j):

(3.14) $$(1-\beta)x + \beta x > y(1-\beta) + \beta z.$$

Dieser Ausdruck ist äquivalent mit

(3.15) $$\beta > \frac{y - x}{y - z}.$$

Weitere Restriktionen (bei Collard 1978 nicht angegeben), damit unter Verwendung derart transformierter Auszahlungsfunktionen ein Assurance game enstehen kann, sind wegen

(3.16) $$x > y > w > z$$

als Definition eines Assurance game:

(3.17) $$(1-\beta)y + \beta z > w > (1-\beta)z + \beta y,$$

also

(3.18) $$\beta < 1/2$$

Abb. 3.9: "Assurance game" als transformiertes Gefangenen-Dilemma

(1)

x,x	z,y
y,z	w,w

Gefangenen-Dilemma: $y>x>w>z$
Assurance game: $x>y>w>z$

(2)

1,1	-2,2
2,-2	0,0

Gefangenen-Dilemma

(3)

1,1	-2/3, 2/3
2/3, -2/3	0,0

Assurance Game (transformiertes Spiel (2) mit $\beta=1/3$)

$$\beta > \frac{z-w}{y-z} \tag{3.19}$$

$$\beta < \frac{w-z}{y-z} \; . \tag{3.20}$$

Sind demnach simultan die Bedingungen (3.14), (3.18), (3.19) und (3.20) gegeben, ist das transformierte Spiel tatsächlich ein Assurance game. Ein Beispiel für eine solche Transformation ist in Abb. 3.9 angegeben. Dieses Gefangenen-Dilemma (aus Collard 1978:37) ist genau dann in ein Assurance game überführbar, wenn $\beta>1/4$.

Ein bestimmtes Maß altruistischer Gefühle der Berücksichtigung der Interessen anderer kann also eine Lösung des Gefangenen-Dilemmas bewirken. Wie können aber diese altruistischen Gefühle entstehen?

Die interessante Antwort, die Sen (1975:109-110) auf diese Frage liefert, besteht in dem Hinweis auf die Möglichkeit eines nur vorgetäuschten Alturismus:

"Selbst wenn die betreffenden Leute weiterhin die Präferenzen vom Typ 'Prisoners' Dilemma' besäßen, aber sich so verhielten, als ob ihre Präferenzen von der Art des 'Assurance Game' wären (...), könnten sie sich selbst hinsichtlich ihrer eigentlichen Präferenzen besserstellen" (Sen 1975:109).

Sen (ibid.) vermutet weiter, daß kulturelle Wertorientierungen die entscheidende Funktion haben könnten, Akteuren zum Zweck einer effizienten Durchsetzung ihrer privaten Interessen einen "als ob"-Altruismus vorzuschreiben.

In diesem Zusammenhang sei kurz auf Beckers (1976:Kap. 12, 13; 1981:Kap.8) Analyse altruistischer Verhaltensweisen in der Familie hingewiesen. Becker untersucht Konsequenzen altruistischen Verhaltens eines Familienmitglieds unter selbstinteressierten anderen Personen. Das Überraschende Ergebnis seiner Überlegungen (vgl. das "Rotten Kid Theorem", Becker 1981:179-183) besteht darin, daß unter den sozialen Bedingungen der Existenz eines effektiven Altruisten in der Familie (der auf eigenen Konsum von Nutzengegenständen zugunsten von Transfers an andere Familienmitglieder verzichtet) die begünstigten nicht-altruistischen Personen so handeln als ob sie Altruisten wären. Das liegt grob gesagt daran, daß ein Egoist unter bestimmten Bedingungen die Transferleistungen eines Altruisten effektivieren kann, indem er Beiträge zur Wohlfahrt des Altruisten leistet. Becker (1981:Kap.8 passim) hebt eine Reihe effizienzfördernder Funktionen dieser Art von Altruismus in der Familie hervor: Externalitäten innerhalb der Familie werden internalisiert, weil Altruisten und "Als-ob-Altruisten" sich selbst schädigen würden durch negative Externalitäten, effiziente Normen des Verhaltens innerhalb der Familie werden stabilisiert (Altruismus senkt Transaktionskosten) usw. Die Bedeutung, die altruistisches Verhalten in der Familie besitzt, führt Becker (1981:194-199) darauf zurück, daß im Kontext von Familienbeziehungen eine effizientere Allokation von Ressourcen möglich wird, wenn es Altruismus gibt. In anderen Kontexten sei diese Effizienzfunktion altruistischen Verhaltens fragwürdig, z.B. im Zusammenhang gewöhnlicher Marktbeziehungen (ibid.).

Ähnlich wie Sen hebt also auch Becker die in bestimmten Kontexten zum Tragen kommenden positiven Konsequenzen altruistischer Präferenzen für die Realisierung der anderen, nicht-altruistischen Präferenzen der Altruisten hervor, sei dieser Altruismus nur 'vorgetäuscht' oder 'echt'. Eine Erklärung für die Entwicklung altruistischer Präferenzen wird jedoch nicht gegeben.

Der Rahmen dieser Arbeit würde gesprengt, wenn an dieser Stelle versucht werden sollte, Mechanismen der Präferenzänderung zu untersuchen, die zur Konversion von Gefangenen-Dilemma- in Assurance game-Situationen führen. Elster (1978:155-156) weist in diesem Zusammenhang darauf hin, daß eine Wiederholung von Gefangenen-Dilemma-Situationen zur Entwicklung wechselseitiger positiver Gefühle beitragen könne (vgl. etwa auch die Homanssche Regel).

Dagegen soll im folgenden eine Idee weiterverfolgt werden, die gemäß den eingangs (Kap. 1) skizzierten Leitideen des ökonomischen Programms, aber auch nahegelegt durch Sens und Beckers "Als-ob-Altruismus", altruistisches, moralisches oder normorientiertes Verhalten nicht als Konsequenz von altruistischen oder moralischen Präferenzen aufweist, sondern als selbst-interessiertes Verhalten, das aufgrund bestimmter Situations-Bedingungen ein rationalen Akteuren angemessenes Verhalten ist.

In diesem Sinn analysiert etwa Kurz (1977) sog. "altruistische Transfers" in einem Markt sozialer Austauschbeziehungen als ein selbst-interessiertes Verhalten, das unter Bedingungen einer Superspielsituation und der Möglichkeit bedingter Strategien zu effizienterer Ressourcenallokation führt als ein prima facie egoistisches Verhalten.

Anmerkungen

(1) Die Koordinationsfunktion von equity-Normen als die von Quasi-Marktinstrumenten wird expliziter als bei Blau betont von Cook und Emerson (1978: 722-723), die die Bedeutung der Equity-Regel darin sehen, in nicht-vollkommenen Märkten (insbes. im bilateralen Monopol) Standards zu liefern, aus denen die Tauschrate eindeutig bestimmt werden kann.
Die Funktion von Equity-Regeln kann man also darin sehen, Transaktionskosten zu vermindern. Diese Schlußfolgerung kann aus der These von Cook und Emerson (1978:723-724) gewonnen werden, daß die Anwendung der Equity-Regel und die wechselseitige Anwendung der Verhandlungs<u>macht</u> (power) in einer sich wiederholenden Situation des bilateralen Monopols zu den gleichen Tauschraten konvergieren. Die genannte Schlußfolgerung ergibt sich, wenn man - abweichend von Cook und Emerson - annimmt, daß die Machtausübung mit Kosten verbunden ist, so daß beide Parteien sich besser stellen, wenn sie sich an die Equity-Norm halten.

(2) Diese Rekonstruktion trifft die von Thibaut und Kelley (1959) gegebenen Beispiele, die Autoren machen aber - was nicht verwundert angesichts des frühen Publikationszeitpunktes - nicht sehr intensiv von spieltheoretischen Begriffen Gebrauch. Viele Analysebeispiele von Thibaut und Kelley sind heuristisch fruchtbar, unter dem Gesichtspunkt der spieltheoretischen Theorie sozialer Institutionen (z.B. Schotter 1981) jedoch nicht immer haltbar. Immerhin ist hervorzuheben, daß Thibaut und Kelley in Übereinstimmung mit der Spieltheorie die Entstehung kooperativen Verhaltens aus Superspielsituationen vorhersagen, falls bestimmte Bedingungen gegeben sind.

(3) In diesem Zusammenhang sei erwähnt, daß Thibaut und Kelley (1959:Kap.4) unter "interference" und "social facilitation" ähnliches verstehen wie Ökonomen unter externen Effekten:
Negative externe Effekte (externe Kosten) in einer sozialen Beziehung nennen Thibaut und Kelley "interference" und positive Externalitäten "social facilitation". Ist die Äußerung eines response in einer Beziehung unvereinbar mit der eines anderen response, so besteht "response

interference". In dem Fall, wo responses zweier Personen gemeint sind, ist ein den externen Effekten analoges Phänomen angesprochen: Stehen A und B in einer sozialen Beziehung, und befinden sich z.B. beide im selben Raum, wobei A arbeitet und B laute Musik hört, so kann der Konsum der Musik durch B ein negativer externer Effekt für A's Produktion der Aufgabe sein. Thibaut und Kelley (1959:54) nehmen an, daß Interferenz proportional zu den durch sie entstehenden Kosten zu Konflikt führen kann und daß unter diesen Umständen die gemeinsame Schaffung und Einsetzung von Normen und Rollenvorschriften, die eine Synchronizität der responses ermöglichen, wahrscheinlich ist (Thibaut und Kelley 1959: 60ff.).

(4) Dieses Spiel ist eine abgewandelte Form des von Luce und Raiffa (1957:90-94) eingeführten Koordinationsspiels "Battle of the Sexes". Die Veränderung besteht in dem zusätzlichen Indifferenz- und Instabilitätsaspekt, der zu einer bestimmten Art von Prisoners' dilemma (Harsanyi) führt.

(5) Den kritischen Bemerkungen Ullmann-Margalits (1977:99-100), daß Thibaut und Kelley das Problem der Stabilisierung einer Institution (sie spricht von 'Quellen der Effektivität') nur über externe Sanktionen bzw. als Internalisierung von Verpflichtungen gelöst sehen, kann man insofern nicht zustimmen, als die Autoren auch eine selbsttragende Stabilisierung berücksichtigt haben. Es muß zugegeben werden, daß Thibaut und Kelley keine systematischen Argumente zu der Frage entwickeln, wann welche Art von stabilisierendem Mechanismus einsetzt.

(6) Vgl. für Literaturhinweise über diese historischen Vorläufer in Deutschland und Amerika z.B. Hutter (1979: Kap.3).

(7) Profitmaximierendes Handeln ist, um an die Ausführungen in Kap. 1 zu erinnern, kein Motiv des Unternehmers im Sinn eines Nutzenarguments. Unter den Bedingungen der vollkommenen Konkurrenz jedoch kann der Unternehmer seinen persönlichen Nutzen nur maximieren, indem er profitmaximierend handelt.

(8) Dieser Satz wurde mit Absicht unter Anspielung auf Beckers Haushaltsproduktionsfunktions-Ansatz formuliert (vgl. auch oben Kap.1).

(9) Das heißt genau (vgl. unten Kap. 4.1), daß die marginalen Kosten der Nutzung durch i ($i \varepsilon N=\{1,..., i,...,n\}$), C_i, von allen n Mitgliedern aufgebracht werden müssen. Person i schädigt sich also durch eine Kostenfaktor C_i/n; genauso wie alle $j \neq i$ bei unterstellten identischen Nutzenfunktionen und Restriktionen durch eine Kostenfaktor C_j/n geschädigt werden.

(10) Coase (1937:392) gibt lediglich den folgenden Hinweis: "A firm is likely to emerge in those cases where a very short term contract would be unsatisfactory. It is obviously of more importance in the case of services - labour - than it is in the case of the buying of commodities."

(11) Unter dem "metering"-Problem verstehen Alchian und Demsetz (1972:778-779) genauer die Messung individueller Produktivität und die Bemessung der dieser Produktivität entsprechenden Belohnungen.

(12) Williamson schließt sich Simons (1957:198) Definition des 'Prinzips der begrenzten Rationalität' an (Unterstreichung weggelassen, T.V.): "The capacity of the human mind for formulating and solving complex problems is very small compared with the size of the problems whose solution is required for objectively rational behavior in the real world - or even for a reasonable approximation to such objective rationality."

Die Rationalitätsannahme wird von Williamson - in der Tradition Simons - als tendenziell kognitive Annahme über Prozesse rationalen Verhaltens interpretiert, nicht als "as if" - Konzeption. Es ist eine offene Frage, die hier nicht geklärt werden kann, ob diese "bounded rationality"-Konzeption tatsächlich - und wenn ja, unter welchen Bedingungen - äquivalent ist mit der modifizierten neoklassichen Annahme etwa der Chicago-Schule, wie sie oben (Kap. 1) skizziert wurde.

(13) Vgl. zu diesem Konzept einer selbst-tragenden Erzwingung von Verträgen durch Wettbewerb allgemein Ben-Porath (1980:10-11) oder, bezogen auf das Überwachungsproblem bei der Teamproduktion, Alchian und Demsetz (1972:781-782).

(14) Vgl. die folgende Beschreibung dieser Situation bei Williamson (1979:241-242):
"Given (...) the unenforceability of general clauses (zu verantwortlichem Verhalten, T.V.) (...), the following hazard must be confronted: joined as they are in an idiosyncratic condition of bilateral monopoly, both buyer and seller are strategically situated to bargain over the disposition of any incremental gain whenever a proposal to adapt is made by the other party. Although both have a long-term interest in effecting adaptations of a joint profit-maximizing kind, each also has an interest in appropriating as much of the gain as he can on each occasion to adapt."

(15) Für einen ersten Hinweis auf dieses Problem danke ich Arja Koskivaara-Rautsola.

(16) Williamson (1975:Kap.3) gibt eine interessante Analyse der Effizienzeigenschaften von Peer-Gruppen vs. einfachen

(Kleingruppen-)Hierarchien in der Terminologie seines Ansatzes. Für die hier angedeutete Erklärung der Evolution von Maklern sind v.a. die "bounded rationality"-Aspekte relevant, weniger die Opportunismus-Probleme.

(17) Eine gute Übersicht über diese ethischen bzw. normativen Public Choice-Theorien gibt Mueller (1979:Kap.12-14), wo auch weitere Hinweise auf die umfangreiche Literatur erfolgen.

Als ein besonders durchsichtiges Beispiel für diesen Argumentationstyp kann Harsanyis Herleitung eines utilitaristischen Wohlfahrtskriteriums aus rationalem Handeln in moralischen Situationen angesehen werden. Moralische Situationen sind solche Situationen, "in which the outcome does depend on interaction between two or more individuals but in which this outcome and these individuals' actions are evaluated, not in terms of their own individual interests but rather in terms of the interests of society as a whole - as seen by an impartial but sympathetic observer" (Harsanyi 1977:87). Die Unparteilichkeit und Unpersönlichkeit moralischer Werturteile drückt sich darin aus, daß der Urteilende ein positives sympathisches Interesse für die Wohlfahrt jedes Beteiligten, jedoch kein Interesse zugunsten irgendeines Beteiligten (zugunsten einer bestimmten Person) hat. Auch moralische Werturteile einer Person lassen sich, wie Aussagen der Theorie rationalen Handelns, allgemein in die Form hypothetischer Imperative bringen, so daß aus gewissen Rationalitätsaxiomen und der Definition eines moralischen Werturteils analytisch ein Urteil folgt, dessen Gestalt angegeben werden kann. Harsanyi (1955, 1977:48ff., 64ff.) formuliert in einem Ansatz zur Bestimmung einer Wohlfahrtsfunktion eine erste Annahme über die Eigenschaften moralischer Präferenzen einer Person i, d.h. derjenigen Präferenzen, die eine Person hat, wenn sie einen Zustand vom Standpunkt eines unparteiischen und unpersönlichen Beobachters bewertet. Von diesen Präferenzen wird angenommen, daß sie die Axiome für rationales Verhalten unter Risiko erfüllen. Die gleiche Annahme wird auch von den persönlichen (nicht-moralischen, gewöhnlichen) Präferenzen i's und der übrigen Mitglieder der Gesellschaft gemacht. Ein drittes Axiom ist ein (schwaches) moralisches Werturteil, das eine positive Beziehung zwischen den moralischen Präferenzen des Individuums i und den persönlichen Präferenzen der n Mitglieder der Gesellschaft ausdrückt, also eine schwache Form von Utilitarismus enthält. Es kann gezeigt werden, daß die Wohlfahrtsfunktion der Person i, W_i, eine gewichtete Summe (das arithmetische Mittel) der individuellen Nützlichkeiten ist, also für eine konstante Populationsgröße mit dem utilitaristischen Kriterium übereinstimmt (Harsanyi 1977: 64ff.).

Intuitive Idee ist dabei die folgende: Harsanyi nimmt an, daß das Kriterium der Impartialität und Unpersönlichkeit dann erfüllt ist, wenn der Urteilende <u>nicht im Voraus weiß, welchen Platz er in der Gesellschaft einnehmen wird</u>, über die er urteilt. Wendet i das Laplace-Prinzip an, so ist die Wahrscheinlichkeit, irgendeines von 1, ..., n Individuen der Gesellschaft zu sein, 1/n. Aus den Rationalitätsannahmen für moralische Präferenzen ergibt sich dann, daß i den erwarteten Nutzen maximieren muß, also:

$$W_i(A) = (1/n) \sum_{j=1}^{n} U_j(A).$$

Vorbedingung ist hier natürlich eine bestimmte Art von Nutzenvergleich.

(18) Diese Termini 'künstlich', 'natürlich' bzw. 'organisch' usw. werden in der Bedeutung gebraucht, die sie in der österreichischen Schule insbesondere bei Menger und Hayek besitzen.

(19) Harsanyi (1977) zählt Koordinationsspiele mit strikt identischen Interessen zu den kooperativen Spielen. Wenn wir von nichtkooperativen Spielen reden, schließen wir diese Koordinationsspiele mit ein.

(20) Diese Definition nichtkooperativer Spiele als Spiele ohne Regeln, die einseitige Commitments verpflichtend und Abmachungen bindend machen, hat gegenüber der klassischen von Nash den Vorteil (Harsanyi 1977:110-112, Kap.14), daß Variationen der beiden Dimensionen Nashs (weiteres Kriterium ist, die Möglichkeit freier Kommunikation vor dem Spiel) unabhängig voneinander auf ihre Konsequenzen untersucht werden können. (Auch für kooperative Spiele gibt es dann den Fall fehlender Kommunikationsmöglichkeiten.)

(21) Starke Gleichgewichtspunkte in diesem Sinn sind nicht zu verwechseln mit Aumanns starken Gleichgewichtspunkten. Starke Gleichgewichtspunkte sind übrigens auch stabil, wenn das Spiel 'unprofitabel' ist, d.h. wenn die Spieler sich nur ihre Maximin-Auszahlungen sichern können (vgl. für einen Beweis Harsanyi 1977:126-127).

(22) Eine ähnliche Charakterisierung von Koordinationsproblemen geht auf Schelling (1960:Kap.3 und v.a. Appendix C) zurück.

(23) Taylor (1976:17) ist der einzige uns bekannte Autor, der den Buchanan-Stubblebine-Ansatz unter Verwendung nichtkooperativer Spiele erläutert. Er gibt dabei jedoch nur ein Beispiel einer Situation mit Pareto-irrelevanter Externalität - vgl. Abb. 3.4 Spiel (3) - ohne ein präzises Kriterium für Pareto-Relevanz oder -Irrelevanz zu formulieren. Eine explizite Klassifikation unterschiedlicher Typen Pareto-relevanter Situationen mit Blick auf eine ökonomische Theorie sozialer Institutionen findet sich bei Taylor auch nicht.

(24) Schotter (1981) behandelt in seinem Buch lediglich '<u>unkorrelierte</u>' Institutionen, in denen die Akteure in jeder Wiederholung des Spiels die gleiche Strategie wählen (vgl. ibid.:53). Bei Verhandlungsspielen bzw. Ungleichheits-erhaltenden Situationen kann jedoch gerade eine '<u>korrelierte' Institution</u> im Sinn einer Kompromiß-Strategie Pareto-superior sein gegenüber einer Maximin- oder Zentroid-Strategie (vgl. das in Abb. 3.1 beschriebene Spiel oben).

(25) Unklar ist im Zusammenhang mit Schotters (1981: 45-51) Analyse einer unsichtbare-Hand-Erklärung des Staates nach Nozick (1976) unter Verwendung eines <u>kooperativen</u> Spiels in charakteristischer Funktionsform die Beziehung zu seiner Theorie sozialer Institutionen und zu seinem Institutionenbegriff. Der Staat als Pareto-optimale, im Kern liegende Imputation eines (one-shot) kooperativen n-Personen-Spiels ist sicher keine soziale Institution im Sinn einer zeitlich stabilen Verhaltensregelmäßigkeit. Wir berücksichtigen daher diesen Vorschlag Schotters nicht weiter.

(26) Vgl. z.B. die interessante Analyse der Verfeinerung von Zeitstandards in historisch-makrosoziologischer Sicht bei Zerubavel (1982). In diesem Zusammenhang kann u.a. auch das bei Elias (1969) präsentierte Material über eine zunehmende Regulierung individuellen Verhaltens angesichts sich verlängernder "Interdependenzketten" genannt werden.

4. Soziale Bedingungen der endogenen Stabilisierung von Gefangenen-Dilemma-Institutionen

Im folgenden wird die Klasse Institutionen-generierender sozialer Situationen untersucht, bei der das Prisoners' dilemma-Paradox im Sinn Harsanyis besonders schwer überwindbar scheint. Beim klassischen Gefangenen-Dilemma-Spiel, das in dieser Hinsicht einzigartig (zumindest als 2x2-Spiel) unter den nichtkooperativen Spielen ist (Rapoport und Guyer 1966), entsteht das Paradox nämlich daraus, daß der stabile, auf dominanten Strategien basierende, Gleichgewichtspunkt eindeutig ist und zusätzlich das einzige ineffiziente Strategien-Paar repräsentiert. Die anderen Institutionen-generierenden Situationen dagegen besitzen im allgemeinen effiziente Gleichgewichtspunkte, die instabil oder ohne Koordination nicht erreichbar sind.

Unter inhaltlichen Gesichtspunkten ist der endemische Charakter der durch die Situation des Gefangenen-Dilemmas repräsentierten Spielsituationen hervorzuheben. Nicht nur kann Hobbes' Problem der sozialen Ordnung als Problem einer Stabilisierung kooperativer Lösungen eines Gefangenen-Dilemmas gesehen werden. Auch Probleme kollektiven Handelns, in denen es nicht darum geht, einen Natur- oder Kriegszustand, in dem jeder Beteiligte den anderen aktiv schädigt, zu verhindern, sondern in denen ein kollektives Ziel oder Gut durch individuelle Beiträge erreicht bzw. produziert werden soll, weisen Anreizstrukturen eines Gefangenen-Dilemmas auf. Schließlich ist es von besonderem Interesse, daß in sozialen Tauschbeziehungen Anreizprobleme eines Gefangenen-Dilemmas auftreten können. Diese in sozialen Tauschbeziehungen auftretenden Transaktionskosten können aber typischerweise nicht durch exogene Erzwingungsstäbe vermindert werden. Daher ist es für das Entstehen und die Stabilität direkter und indirekter sozialer Tauschbeziehungen eine notwendige Voraussetzung, daß die Akteure endogen Reziprozitäts- und Solidaritätsnormen kreieren und stabilisieren. Die nachfolgenden Überlegungen können als Beitrag zur Klärung der Frage verstanden werden, unter welchen sozialen Bedingungen solche sozialen Institutionen, und damit sozialer Tausch überhaupt, entstehen.

Bevor wir uns dieser inhaltlichen Anwendung der ökonomischen Theorie sozialer Institutionen zuwenden können (4.4), wird zunächst in zwei eher technischen Abschnitten auf die spieltheoretische Beschreibung des Gefangenen-Dilemmas in Form gewöhnlicher (4.1) und als Superspiele (4.2) eingegangen. Danach wird versucht, allgemein die Frage zu diskutieren, unter welchen sozialen Bedingungen die in den Superspielanalysen verwendeten Annahmen zur Ableitung kooperativer Gleichgewichte empirisch realisiert sein und welche Arten testbarer Konsequenzen sich aus den vorgestellten spieltheoretischen Überlegungen ergeben können (4.3).

4.1 Die soziale Situation des Gefangenen-Dilemmas

Das bei Luce und Raiffa (1957:95-97) erstmals und klassisch beschriebene Gefangenen-Dilemma-Spiel ist ein endliches 2-Personen-Spiel in Normalform mit einer Auszahlungsmatrix G

(4.1)

$$G = \begin{array}{c} \\ a_1 \\ a_2 \end{array} \begin{array}{cc} b_1 & b_2 \\ \left[\begin{array}{c} U_1(a_1,b_1),\ U_2(a_1,b_1) \\ U_1(a_2,b_1),\ U_2(a_2,b_1) \end{array}\right. & \left.\begin{array}{c} U_1(a_1,b_2),\ U_2(a_1,b_2) \\ U_2(a_2,b_2),\ U_2(a_2,b_2) \end{array}\right] \end{array}$$

so daß gilt (vgl. z.B. ibid. oder Rapoport und Chammah 1965: 34):

(4.2)

$$U_1(a_2,b_1) > U_1(a_1,b_1) > U_1(a_2,b_2) > U_1(a_1,b_2)$$
und
$$U_2(a_1,b_2) > U_2(a_1,b_1) > U_2(a_2,b_2) > U_2(a_2,b_1)$$

Es sei noch einmal darauf hingewiesen, daß die Prisoners' dilemma-Paradoxie eines eindeutigen, stabilen und ineffizienten Gleichgewichtspunktes (a_2,b_2) auch dann bestehen bleibt, wenn zwischen den Spielern freie kostenlose Kommunikation möglich ist. Das entscheidende transaktionale Problem ist die Nichtkooperativität (im eingeschränkten Sinn Harsanyis) der Situation mit dem Fehlen eines Mechanismus zur Stabilisierung bzw. Erzwingung (enforcement) von Abmachungen. Folglich entsteht auch unter der Bedingung freier Vereinbarungen zwischen den Spielern über die Wahl der kooperativen Alternativen a_1 und b_1 für jeden Spieler ein Anreiz, von der kooperativen Handlung abzuweichen.

Einige Autoren (Rapoport und Chammah 1965:34-36, Hamburger 1973) haben neben (4.2) zusätzliche Bedingungen aufgestellt, die ein Gefangenen-Dilemma erfüllen muß. Aus den von Hamburger (1973:32-33) formulierten Bedingungen der Intervall-Symmetrie (die stärker ist als die in (4.2) implizierte ordinale Symmetrie) und der Existenz einer nicht-oszillierenden Lösung folgt (Hamburger 1973:33) die Forderung von Rapoport und Chammah (1965:34):

(4.3)

$$2\, U_1(a_1,b_1) > U_1(a_1,b_2) + U_1(a_2,b_1)$$

$$2\, U_2(a_1,b_1) > U_2(a_2,b_1) + U_2(a_1,b_2).$$

Zweck dieser Nebenbedingung soll sein, solche Spiele auszuschließen, in denen die Akteure Anreize zur 'stillen Übereinkunft' haben, alternierend die kooperative und die nichtkooperative Alternative zu wählen. Unseres Erachtens ist es wenig zweckmäßig, Apriori-Beschränkungen für Gefangenen-Dilemma-Situationen derart einzufügen, daß die Chance, unter bestimmten zusätzlichen Bedingungen kooperative Ausgänge zu erreichen, erhöht wird. Der Allgemeinheitsgrad einer 'Theorie' der Kooperation in Gefangenen-Dilemma-Situationen wird größer, wenn auf solche Einschränkungen verzichtet wird. Es wird dann auch möglich, derartige kooperationsfördernde Bedingungen <u>endogen</u> aus den theoretischen Annahmen zu gewinnen. Im übrigen ist die Voraussetzung (4.3) speziell auf das von Rapoport und Chammah initiierte experimentelle Paradigma zugeschnitten und wird dann fragwürdig, wenn iterierte Spiele anderer Art untersucht werden (vgl. dazu auch Taylor 1976:41-42). Anstatt die Bedingungen einer Gefangenen-Dilemma-Situation restriktiver zu fassen, soll im folgenden eine Verallgemeinerung des Spiels nach Bedingung (4.2) auf n Personen ($n \geq 2$) vorgestellt werden, die nicht zuletzt deshalb von Interesse ist, weil n-Personen-Gefangenen-Dilemma-Situationen empirisch häufiger sein dürften.

Taylor (1976:43-44) führt ein n-Personen-Spiel ein, für das folgende Annahmen zutreffen. Die Menge der n Spieler $N = \{1,2,\ldots,n\}$ ist in zweierlei Hinsicht <u>homogen</u>. Erstens hängen die Auszahlungen eines jeden Spiels nur ab von seiner eigenen Handlung und der <u>Anzahl</u> der anderen, die die kooperative oder die nichtkooperative Alternative gewählt haben. Keiner der n Spieler hat also eine besondere Identität. Außerdem erfüllen die Auszahlungen jedes Akteurs $i \in N$ folgende Eigenschaften.

(4.4) <u>Definition des n-Personen-Gefangenen-Dilemmas</u>
(nach Taylor 1976:43-44)

(1) Sei $f(\nu)$ die Auszahlung von i, die dann resultiert wenn i die kooperative Alternative wählt und $\nu \in N - \{i\}$ andere Spieler ebenfalls kooperieren.

(2) Sei $g(\nu)$ die Auszahlung von i, die dann resultiert, wenn i nicht kooperiert und $\nu \varepsilon N - \{i\}$ andere Spieler die kooperative Alternative wählen.

(3) Für alle $i \varepsilon N$ gilt dann:

(i) $g(\nu) > f(\nu)$ für alle $\nu \geq 0$

(ii) $f(n-1) > g(0)$

(iii) $g(\nu) > g(0)$ für alle $\nu > 0$.

Annahme (i) besagt, daß es eine strikt dominante Strategie ist, nicht-kooperativ zu handeln. Für beliebige Anzahlen $\nu \varepsilon \{0,...,n-1\}$ kooperierender Akteure ist Nichtkooperation mit einer für i höheren Auszahlung verbunden. Aus Annahme (ii) folgt, daß ein Strategien-n-tupel mit n kooperativen Aktionen ein n-tupel mit n nichtkooperativen Aktionen stark gemeinsam dominiert. Nach Annahme (iii) zieht jeder nichtkooperierende Spieler eine Situation, in der 1,2,...,n-1 andere kooperieren einer Situation vor, in der keiner kooperiert (vgl. Taylor 1976:43-44).

Aus den Bedingungen (i) bis (iii) folgt [1)]

(4.5) $g(n-1) > f(n-1) > g(0) > f(0)$.

Damit ergibt sich als Spezialfall von Taylors Spiel ein n-Personen-Spiel, das "Ego gegen alle anderen" genannt werden könnte. Es handelt sich um eine n-Personen-Analogie des klassischen 2-Personen-Spiels, bei der alle (n-1) anderen entweder gemeinsam kooperieren oder nicht kooperieren. Die Überlegungen Schotters (1981:Kap.3) oder Ullmann-Margalits (1977:50-52) basieren auf diesem speziellen n-Personen-Spiel, bei dem jeder einzelne Akteur entscheidend (pivotal) für einen kooperativen oder anderen Ausgang ist[2)].

Das klassische 2-Personen-Gefangenen-Dilemma ergibt sich übrigens, wenn in (4.5) für n=2 gesetzt wird:

(4.6) $$g(1) > f(1) > g(0) > f(0)$$

Dieser Ausdruck (4.6) ist äquivalent dem Kriterium für das klassische 2-Personen-Spiel in (4.2).

Als Beispiel eines n-Personen-Gefangenen-Dilemmas sei eine Version eines Kollektivgutproblems im Sinne Olsons (1968) vorgestellt, die Hardin (1971) vorgeschlagen hat und die auch von Taylor (1976:18, 51-53) analysiert wird. Zu diesem Beispiel sind vorab einige Erläuterungen angezeigt.

Kollektive Güter sind gegenüber privaten Gütern durch zwei entscheidende Eigenschaften ausgezeichnet (vgl. Head 1962), die nicht in der intrinsischen Natur des Gutes begründet liegen, sondern von Eigentumsrechten und anderen institutionellen Regelungen abhängen: (1) Verbundenheit des Angebots oder Unteilbarkeit und (2) Unmöglichkeit des Ausschlusses vom Konsum (Nicht-Ausschlußprinzip). Sei $N = \{1,2,\ldots,i,\ldots,n\}$ die Menge von Personen bezüglich derer ein Gut kollektives Gut ist, dann ist die Bedingung (1) der Unteilbarkeit erfüllt, wenn jede Einheit x des Gutes, die einer Person $i \in N$ angeboten werden kann, auch einer Person $j \in N$ zum Konsum zur Verfügung steht (für alle $i,j \in N$). Die Bedingung (2) ist davon unabhängig und besagt, daß es keine institutionellen Rekrutierungsmechanismen gibt, die eine Zugehörigkeit zur Gruppe N regeln. Der Konsum eines kollektiven Gutes, das nicht ausschlußfähig ist, kann also nicht 'bepreist' werden. Für den Extremtyp eines 'reinen Kollektivguts' gilt nun, daß die Beziehung zwischen der Gesamtmenge X und den individuell konsumierten Quantitäten x_i wie folgt beschrieben werden kann: $X = x_1 = \ldots = x_i = \ldots = x_n$. Für reine private Güter gilt hingegen:

$$X = \sum_{i=1}^{n} x_i$$

(vgl. Samuelson 1954). Zwischen diesen beiden Extremtypen existieren eine Reihe von Abstufungen des Grades an 'Kollektivität' eines Gutes, die z.T. auch dadurch gewonnen werden können, daß den beiden genannten Dimensionen weitere hinzugefügt werden (z.B. Rivalität, Optionalität des Konsums). Ein Beispiel für Güter, die das Nicht-Ausschlußprinzip nicht erfüllen, sind durch Clubs oder sharing groups (Buchanan 1965a, Lindenberg 1982) bereitgestellte Güter. Hier besteht die interessante Fragestellung gerade darin, die optimale Zusammensetzung der Gruppe N zu bestimmen, wobei der Aspekt einer Rivalität im Konsum zu berücksichtigen ist (Überfüllungs-Effekt). Ein in klar formulierter Weise bereits auf Samuelson (1954) zurückgehendes Ergebnis besagt, daß unter vollkommenen Marktbedingungen keine Pareto-optimale Allokation reiner öffentlicher Güter erfolgen kann. Dieses Ergebnis beruht technisch gesprochen darauf, daß die Nachfragekurven für öffentliche Güter vertikal addiert werden müssen. Da öffentliche Güter von allen Gruppenmitgliedern gleichzeitig konsumiert werden, ergibt sich das Pareto-Optimum durch vertikale Addition der individuellen Grenzraten der Substitution zwischen öffentlichen Gütern x_k und x_l. Pareto-optimal ist eine Allokation öffentlicher Güter genau dann, wenn folgende Bedingung erfüllt ist (Samuelson 1954:176; Riker und Ordeshook 1973: 249):

$$\sum_{i=1}^{n} \frac{\partial U^i/\partial x_k^i}{\partial U^i/\partial x_l^i} = \frac{p_k}{p_l}$$

Im Wettbewerbsgleichgewicht resultiert jedoch eine Allokation

$$\frac{\partial U^1/\partial x_k^1}{\partial U^1/\partial x_l^1} = \frac{\partial U^2/\partial x_k^2}{\partial U^2/\partial x_l^2} = \dots = \frac{\partial U^n/\partial x_k^n}{\partial U^n/\partial x_l^n} = \frac{p_k}{p_l}$$

Folglich werden unter Marktbedingungen im allgemeinen suboptimale Quantitäten kollektiver Güter nachgefragt.

Soziologisch gesehen interessante Anwendungen der Theorie kollektiver Güter stammen insbesondere von Olson (1968; vgl. auch 1982). Olson hebt hervor, daß Leistungen von Organisationen, Gruppen und anderen korporativen Akteuren (Lobbies, Gewerkschaften, Nationalstaaten) in der Regel Kollektivguteigenschaften für ihre Mitglieder haben. Es entsteht dann das Problem, daß die individuellen Beiträge rational handelnder Akteure zur Erstellung dieser kollektiven Güter unter sehr allgemeinen Bedingungen suboptimal sein werden. Die besondere Leistung Olsons besteht darin, soziale Bedingungen der optimalen, suboptimalen oder Nicht-Versorgung von Gruppen mit kollektiven Gütern bestimmt zu haben. Kernargument ist dabei, daß sich drei im allgemeinen gemeinsam mit der Gruppengröße variierende Faktoren angeben lassen, von denen der Grad der Versorgung mit dem Kollektivgut abhängt. Diese Faktoren sind (Olson 1968:46-47 u. passim): (1) die Anteile des Gesamtnutzens, den einzelne Akteure durch kooperatives Beitragshandeln erzielen können; (2) die Wahrnehmbarkeit und Wirksamkeit individueller Beiträge zur Produktion des kollektiven Gutes (d.h. der 'Grad' der strategischen Interdependenz); (3) die Höhe der Organisationskosten (oder der 'transaktionsspezifischen' Investitionen), die zur Produktion des Kollektivguts erforderlich sind. Olsons (1968) These ist, daß diese Faktoren derart mit der Gruppengröße variieren, daß für große Gruppen eine Nichtbereitstellung oder suboptimale Produktion kollektiver Güter wahrscheinlich ist. Da kollektive oder öffentliche Güter im Unterschied zu den auf vollkommenen Wettbewerbsmärkten zirkulierenden privaten Gütern mit externen Effekten bei der Produktion und Konsumption verbunden sind, ist es in theoretischer Hinsicht unbefriedigend, sie mit Mitteln der traditionellen Mikroökonomie zu modellieren. Die Akteure können nämlich bei Vorliegen externer Effekte nicht als strategisch unabhängig angesehen werden. Auch Olson (1968:42) erwähnt den prinzipiell wichtigen Beitrag spieltheoretischer Überlegungen zu seiner Problemstellung, insbesondere was den unter (2) genannten Aspekt betrifft.

Hardins (1971) spieltheoretische Rekonstruktion eines kollektiven Handlungs-Problems als ein n-Personen-Gefangenen-Dilemma ist eine mögliche Darstellung (vgl. abweichend z.B. Schoefield 1975). Dabei (vgl. zum folgenden Taylor 1976:18, 51-53) ist jedoch zu beachten, daß es sich um einen bestimmten Typ kollektiver Güter handelt, nämlich um reine kollektive Güter im Sinn von Samuelson (1954). Betrachtet sei also ein kollektives Gut, für das das Ausschlußprinzip bezogen auf die Gruppe N = {1,2,...,n} nicht gilt und das vollkommen unteilbar ist. Vollkommene Unteilbarkeit oder Verbundenheit des Angebots soll dabei heißen, daß der Konsum aller n Akteure gleich ist. Sei m die Anzahl derjenigen Akteure, die einen Beitrag zur Produktion des Gutes leisten, etwa in Form einer Einheit eines privaten numéraire-Gutes. Es wird angenommen, daß jede Einheit, die ein Individuum beitragen kann zur Produktion des kollektiven Gutes einen Nutzen r ergibt. Falls m Akteure einen Beitrag leisten, ergibt sich folglich für ein ego, das keine Kosten trägt, ein Nutzen von

$$(4.7) \qquad U_i\ (D) = \frac{mr}{n}$$

Beteiligt ego (i) sich an der Produktion, so vermindert sich ego's Ertrag um eine Einheit, nämlich die Kosten, die i beiträgt:

$$(4.8) \qquad U_i\ (C) = \frac{mr}{n} - 1$$

Es ist nun möglich zu untersuchen, wie ego's optimales Verhalten aussieht, wenn die Anzahl m nicht mehr als konstant betrachtet wird, sondern durch ego's Beitrag erhöht werden kann. Dann ergibt sich als Konsequenz von ego's Nichtbeteiligung bei ν anderen kooperierenden Akteuren ($\nu \in \{1,2,...,i-1,i+1,..., n\}$)

$$(4.9) \qquad g(\nu) = \frac{\nu r}{n} \;;$$

bei Kooperation ego's resultiert

$$(4.10) \qquad f(\nu) = \frac{(\nu+1)r}{n} - 1 .$$

Es gelten folgende Beziehungen:

(4.11)

$$f(\nu) = g(\nu) \Leftrightarrow r = n$$
$$f(\nu) < g(\nu) \Leftrightarrow n > r$$
$$f(\nu) > g(\nu) \Leftrightarrow r < n$$

Ein Gefangenen-Dilemma liegt also vor, sofern n>r. Diese Bedingung ist jedoch nicht hinreichend. Es muß außerdem Bedingung (ii) aus (4.4) erfüllt sein, f(n-1)>g(0).

(4.12)

$$f(n-1) > g(0)$$
$$\Leftrightarrow \frac{nr}{n} - 1 > 0$$
$$\Leftrightarrow r > 1$$

Die Bedingung (iii) aus (4.4) besagt

$g(\nu) > g(0)$ für alle $\nu>0$.

Diese Bedingung ist erfüllt, falls

(4.13)

$$\frac{\nu r}{n} > 0$$

$$\Leftrightarrow \nu > 0.$$

Das Kollektivgutspiel ist ein Gefangenen-Dilemma-Spiel genau dann, wenn

(4.14) $1 < r < n$

gilt[3].

Zur Illustration können die Funktionen $f(\nu)$ und $g(\nu)$ als Beitragskurven dargestellt werden (vgl. Schelling 1978). Wir wählen dazu $r = n/2$, so daß

(4.15)

$$f(\nu) = \frac{\nu+1}{2} - 1 = \frac{\nu}{2} - \frac{1}{2}$$

$$g(\nu) = \nu/2$$

Abb. 4.1: Auszahlung des n-ten Akteurs als Funktion der eigenen Kooperation (f) oder Nichtkooperation (g) und der Anzahl ν anderer Akteure, die kooperieren.

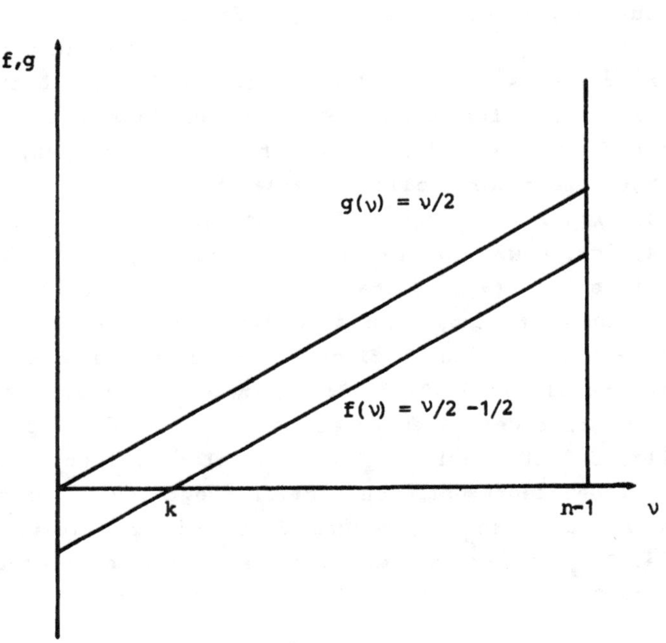

Schelling (1978:21) hebt die entscheidende Rolle des kritischen Parameters k in Abb. 4.1 hervor. Der Parameter k gibt nämlich an, welche minimale Größe eine Koalition haben muß, so daß es für ihre Mitglieder vorteilhaft ist zu kooperieren:

$$f(\geq k) \geq g(0); \quad (k \leq n-1)$$

Dabei ist es einerlei, ob i Mitglied der Koalition der Kooperateure ist oder nicht. Andererseits ist wegen der Gefangenen-Dilemma-Eigenschaft immer g>f, d.h. Nichtkooperation ist stark (einfach) dominante Strategie eines jeden Spielers i, so daß Pareto-optimale Auszahlungsvektoren nicht erreicht werden können.

Schelling (1978:221) weist auf die Bedeutung der Beziehung zwischen k und n hin, falls n variabel ist. Folgende Gesichtspunkte sollen hier lediglich hervorgehoben werden. Zunächst kann es Situationen geben, in denen k>n ist, so daß bei gegebener Gruppengröße Kooperation unvorteilhaft, sogar im Sinn des Pareto- Kriteriums, wäre. Hier wäre eine Unterversorgung (oder Nichtproduktion) des kollektiven Gutes Pareto-optimal. Ein Zustand, in dem es überhaupt effizient wäre und in diesem Sinn Anreize geben könnte, das kollektive Gut zu produzieren, würde erst entstehen, wenn die Gruppengröße n≥k betragen würde. Beispiele für solche Situationen lassen sich übrigens leicht finden. Es wären dies sehr kleine Gruppen, bei denen der Nutzen aus der Produktion eines kollektiven Gutes die (auf die n Mitglieder aufgeteilten) Kosten der Herstellung nicht übersteigt, etwa eine latente "sharing-Gruppe" mit zu kleiner Mitgliederzahl (vgl. Buchanan 1965a, Lindenberg 1982). Dieser Fall kann auftreten, wenn sich die Akteure in einem 'gekappten' n-Personen-Spiel befinden, das duale Gleichgewichte aufweist (Schelling 1978:231-234). In Abb. 4.2 ist die Auszahlungsfunktion der ν-ten Person eines ν-Personen-Spiels dargestellt, daß für variable Personenzahlen drei unterschiedliche Situationen repräsentieren kann. Beträgt ν=z+1, so handelt es sich um das eben besprochene Spiel mit zu kleiner Gruppengröße. Für ν=y+1 resultiert ein y-Personen-Gefangenen-Dilemma-Spiel. Für ν=x+1 hingegen gibt es einen Punkt, an dem f=g gilt und Nichtkooperation keine dominante Strategie ist. Dieses Spiel hat zwei Gleichgewichtspunkte, nämlich vollständige Nichtkooperation und vollständige Kooperation, wobei der letztgenannte Ausgang Pareto-optimal ist. Es handelt sich also um ein (triviales) Koordinationsproblem, den effizienten Gleichgewichtspunkt zu erreichen.

Abb. 4.2: n-Personen-Spiel mit gekappten dualen Gleichgewichten (nach Schelling 1978:234, Fig.20)

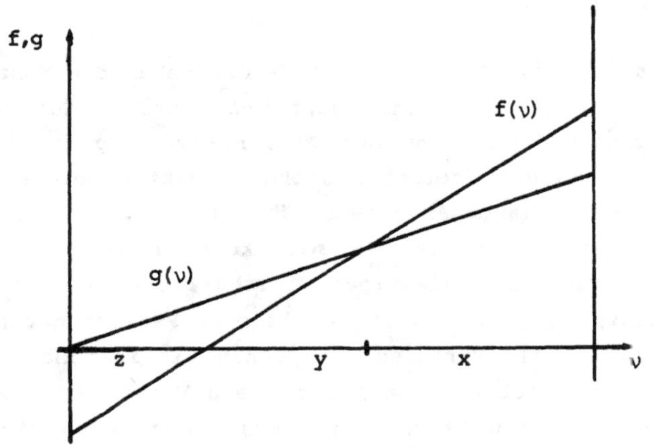

Diese Konstellation ist ein Beispiel für eine Situation, in der Akteure mit gleichen, strukturell vorgeformten Präferenzen aufgrund unterschiedlicher Populationszusammensetzungen kollektive Resultate hervorbringen, die völlig unterschiedlich sein können.

4.2 Gefangenen-Dilemma-Superspiele

Die zahlreichen analytischen Lösungsvorschläge für die Erzielung kooperativer, Pareto-optimaler Ausgänge im Gefangenen-Dilemma-Spiel können hier nicht referiert und diskutiert werden (vgl. z.B. Nurmi 1977). Als analytischen spieltheoretischen

Rationalitätskriterien entsprechend, haben sich in den letzten Jahren die Lösungen durchgesetzt, die die Annahme verwenden, daß das Spiel iteriert wird. Abgesehen von der intuitiven Plausibilität der Vorstellung, daß bei Bestehen einer langfristigen Rationalität die Antizipation der Rückwirkungen kooperativen bzw. nichtkooperativen Verhaltens auf die zukünftigen Perioden und mögliche Sanktionen der anderen Spieler die Akteure veranlassen kann, sich kooperativ zu verhalten, gehen auch experimentelle Befunde (Rapoport und Chammah 1965) in diese Richtung.

Bereits Luce und Raiffa (1957:97-102) haben die Konsequenz der Iteration analytisch untersucht und gezeigt, daß sich an der strategischen Situation der Akteure so lange nichts ändert, wie das Ende der Iteration sicher erwartet werden kann. Wird nämlich ein Gefangenen-Dilemma über 1,2,...,T diskrete Zeitperioden gespielt, so ist das nichtkooperative Strategien-n-tupel in Periode T eindeutiges Gleichgewicht (im klassischen 2-Personenspiel (a_2,b_2)). In der letzten Periode hat nämlich jeder Spieler alle Veranlassung, genau wie im "one- shot"-Spiel nicht zu kooperieren, weil sich sein Verhalten nicht auf zukünftige Perioden T+1,... auswirken kann. Wenn die Strategie für T von den übrigen Perioden unabhängig bestimmt werden kann, kann man aber auch das Spiel (T-1) als ein letztes Spiel behandeln. Auch hier ist wieder Nichtkooperation Gleichgewichtsstrategie. Rekursion über die Perioden T-1,T-2,...,2,1 ergibt, daß es für <u>keine</u> Periode rational ist, zu kooperieren. Folglich bleibt für Superspiele mit bekannter endlicher Anzahl von Iterationen die Dilemma-Eigenschaft erhalten.

Eine Möglichkeit, Superspiele mit unbestimmter Anzahl von Wiederholungen zu beschreiben, ist die oben (Kap. 3.2.2.2) dargestellte Konzeption stationärer, unendlich oft von denselben Spielern wiederholt gespielter Superspiele Friedmans (1977: Kap.8), der Taylor (1976;Kap.3 u. passim) und Schotter (1978)[3a] sich anschliessen. Wir betrachten im folgenden wieder die in Kap. 3.2.2.2 (Formeln (3.1) bis (3.9)) beschriebenen Superspiele S. Die Superspielauszahlungen zur Zeit t=0 sind dabei eine Funktion (Summe) der Auszahlungen des konstituierenden Spiels in jeder Periode t=1,2,.... Die Auszahlungen in jeder Periode t werden gewichtet mit einem Diskontfaktor α_i^{t-1}:

$$(3.9)' \quad \pi_i(\sigma) = \lim_{T\to\infty} \sum_{t=1}^{T} \alpha_i^{t-1} p_i(\cdot).$$

Hinsichtlich des Diskontfaktors α_i sind zwei Interpretationen möglich (Friedman 1977:176): Einerseits kann er eine negative Zeitpräferenz des Akteurs i repräsentieren, also das Ausmaß des Abdiskontierens zukünftiger Ausgänge gemäß der Diskontrate r_i (vgl. oben (3.7)). Die zweite mögliche Sichtweise besteht darin, $(1-\alpha_i)$ als Wahrscheinlichkeitsschätzung dafür anzusehen, daß das laufende Spiel das letzte Spiel ist. Beide Interpretationen haben die Konsequenz, daß der (Erwartungs-) Wert weit in der Zukunft liegender Ausgänge gegen Null strebt. Gemäß beiden Interpretationen kann die Größenordnung von α_i als ein Indikator für die zeitliche Dauer der durch die konstituierenden Spiele repräsentierten sozialen Situation betrachtet werden. Die Annahme einer unendlichen Spieldauer - zusammen mit der Einführung des Parameters α - ist also keine starke und unrealistische Voraussetzung des Modells, sondern hat vor allem den Zweck, das Ende unbestimmt zu machen [4].

In einem wiederholten Gefangenen-Dilemma hat die Iteration die Funktion, das Verhalten der n Spieler in der Weise wechselseitig voneinander abhängig zu machen, daß sich Anreize für eine bedingte Kooperation ergeben. Die Struktur eines Superspiels, das aus konstituierenden Gefangenen-Dilemma-Spielen besteht, weicht unter (unten genauer anzugebenden) bestimmten Bedingungen von der eines Gefangenen-Dilemmas ab, weil Nichtkooperation keine dominante Strategie ist und die Spieler in dem vollen Sinn interdependent werden, daß sie ihr Verhalten vom (vergangenen oder zukünftig erwarteten) Verhalten der (n-1) anderen Spieler abhängig machen können. Diese Veränderung der Anreizstruktur kann erreicht werden, wenn die Spieler <u>bedingte</u> Superspielstrategien berücksichtigen, die für den genannten unendlichen Zeithorizont des Superspiels vorschreiben, genau dann zu kooperieren, wenn die anderen (n-1) kooperieren.

Wenn wir zunächst den einfachsten Fall eines iterierten 2-Personen-Gefangenen-Dilemmas betrachten, kann als eine erste naheliegende reine bedingte Superspielstrategie von Spieler i die von Friedman (1977:178) oder Schotter (1981) angegebene <u>Strategie vom Typ (*)</u> berücksichtigt werden. Eine solche Strategie $\sigma(*)$ schreibt vor, daß i im ersten Spiel (t=1) eine Strategie s_j' des konstituierenden Spiels wählen soll und in den folgenden Perioden solange daran festhält wie j ($j \neq i$) ebenfalls die Strategie s_j' ausführt. Im Fall eines Abweichens des Spielers j würde i dagegen bis "in alle Ewigkeit" eine andere, Bestrafungsstrategie, s_i'' wählen:

(4.16)

$$\sigma_i(*) = \sigma_i(s_i|s_j) := \begin{cases} s_{i1} = s_i' \\ s_{it} = s_i', \text{ falls } s_{j\tau} = s_j' \\ s_{it} = s_i'' \quad \text{sonst} \end{cases} \qquad \begin{array}{l} \tau = 1,\ldots,t-1 \\ t = 2,3,\ldots \\ j \neq i \end{array}$$

Im Gefangenen-Dilemma ist dabei s_i'' zweckmäßigerweise zu interpretieren als die nicht-kooperative Alternative des konstituierenden Spiels. (In anderen Institutionen-generierenden Spielsituationen mit mehr als zwei Alternativen, z.B. einem Gefangenen-Dilemma-Koordinationsspiel, wäre s_i'' als ein ineffizienter Nash-Gleichgewichtspunkt des konstituierenden Spiels zu wählen.) Die Strategie s_i' wäre die kooperative Strategie.

Wir bezeichnen die Strategie $\sigma_i(*)$ mit dieser Interpretation als σ_i^{coop}.

Die Superspielauszahlungen π_i in einem 2-Personen-Gefangenen-Dilemma-Spiel mit Auszahlungsmatrix G nach (4.1) sind bezogen auf das Strategienpaar $\sigma^{coop} = (\sigma_i^{coop}, \sigma_j^{coop})$ für i=1, j=2:

(4.17)

$$\pi_1(\sigma^{coop}) = \sum_{t=1}^{\infty} \alpha_1^{t-1} U_1(a_1,b_1) = \frac{1}{1-\alpha_1} U_1(a_1,b_1)$$

Dieses Paar von Superspielstrategien σ^{coop} ist wegen eines prinzipiell bestehenden Anreizes zur Abweichung von σ_1^{coop} mit der Auszahlung

$$U_1(a_2,b_1) > U_1(a_1,b_1),$$

bzw. der Abweichung von σ_2^{coop} mit dem Ergebnis

$$U_2(a_1,b_2) > U_2(a_1,b_1),$$

nicht für beliebige Diskontparameter α_i ein Gleichgewichtspunkt. Intuitiv ist es plausibel, daß ein kurzer Zeithorizont mit kleinem α_i den Anreiz verstärkt, von einem trade-off zwischen dem kurzfristigen Gewinn (aufgrund der einseitigen Nichtkooperation) und dem langfristigen Verlust (aufgrund zweiseitiger Nichtkooperation) Gebrauch zu machen.

Die hier betrachteten Superspiele besitzen wegen der in allen Perioden identischen konstituierenden Spiele die Eigenschaft der Zeitunabhängigkeit bzw. Stationärität, weshalb eine Untersuchung der Besten-Antwort-Eigenschaften von σ_i^{coop} für t=1 hinreichend ist (Friedman 1977:179). Der Wert einer Abweichung von σ^{coop}, d.h. einer Strategie σ_1', ist:

$$\pi_1' := \pi_1(\sigma_1', \sigma_2^{coop}) = U_1(a_2,b_1) + \sum_{t=2}^{\infty} \alpha_1^{t-1} U_1(a_2,b_2)$$

$$= U_1(a_2,b_1) + \frac{\alpha_1}{1 - \alpha_1} U_1(a_2,b_2).$$

σ_1^{coop} ist eine beste Antwort auf σ_2^{coop} genau dann, wenn gilt:

(4.17) $\pi_1(\sigma^{coop}) > \pi_1'$.

Mit (4.17) äquivalent ist der folgende Ausdruck, den Taylor (1976:43,89) als 'Versuchung' ("temptation") bezeichnet:

(4.18)
$$\alpha_1 > \alpha_1^* = \frac{U_1(a_2,b_1) - U_1(a_1,b_1)}{U_1(a_2,b_1) - U_1(a_2,b_2)}.$$

Der zu (4.18) analoge Ausdruck für Spieler 2 ist:

(4.19)
$$\alpha_2 > \alpha_2^* = \frac{U_2(a_1,b_2) - U_2(a_1,b_1)}{U_2(a_1,b_2) - U_2(a_2,b_2)}.$$

Das Strategien-Paar σ^{coop} ist ein Gleichgewichtspunkt gdw. für beider Spieler Diskontparameter gilt $\alpha_i > \alpha_i^*$. Dieses Ergebnis verdeutlicht, daß es für die Existenz kooperativer Gleichgewichtspunkte nicht auf die absolute Größe von α_i, also die erwartete Dauer der sozialen Situation ankommt, sondern auf die Größenordnung von α_i relativ zur Größenordung der wechselseitigen externen Effekte im konstituierenden Spiel.

Die Gleichung α_1^* in (4.18) wird Null, wenn gilt $U_1(a_2,b_1) = U_1(a_1,b_1)$, d.h. wenn die Kosten der Kooperation im gewöhnlichen Spiel verschwinden. (Dieser Extremfall würde kein Gefangenen-Dilemma mehr repräsentieren.) Der Wert von α_1^* wird Eins, wenn $U_1(a_1,b_1) = U_1(a_2,b_2)$, d.h. wenn die externen Effekte (Abweichungen vom gemeinsamen Pareto-Optimum aufgrund der nicht zustande gekommenen Kooperation) verschwinden. Je geringer die externen Kosten in diesem Sinn, desto höher die Anforderungen, die die Diskontparameter zu erfüllen haben. Kooperation kann also ceteris paribus um so weniger erwartet werden, je geringer die externen Effekte. Der Quotient der relativen Nutzendifferenzen α_i^* kann übrigens als ein Analogon zur Risikogrenze im Zeuthen-Modell des Verhandlungsprozesses (vgl. Harsanyi 1977:149-153) angesehen werden.

Die Größenordnung der Risikogrenze, die als ein Quotient aus Nutzendifferenzen definiert ist, die die gleiche Rangordnung aufweisen wie die Auszahlungen in α_i^*, kann dabei als Maß für die Stärke des Anreizes von i gesehen werden, auf der Durchsetzung seines am meisten präferierten Strategienpaars - (a_1, b_2) für i=1 - zu beharren. Im Gefangenen-Dilemma-Superspiel kann dieser Anreiz nur ausgeglichen oder gemindert werden durch eine hohe Bewertung zukünftiger Ausgänge bzw. eine starke (bezogen auf das erste Spiel nahe bei eins liegende) Erwartung, daß die soziale Situation sich wiederholt.

Taylor (1976:31-43) analysiert eine Anzahl weiterer Superspielstrategien, die sich von σ^{coop} unterscheiden. Wir erwähnen nur noch eine Strategie , die mit geringeren Drohungen (statt ewiger Verdammnis) bzw. Versprechungen (statt ewiger Glückseligkeit) auskommt als eine Strategie $\sigma(*)$, nämlich die 'tit for tat'-Strategie Rapoports[5]:

(4.20)

$$\sigma_i(tft) = \sigma_i(s_i|s_j) := \begin{cases} s_{i1} = s_i' \\ s_{it} = s_i' \text{ falls } s_{j(t-1)} = s_j' \\ s_{it} = s_i'' \text{ falls } s_{j(t-1)} = s_j'' \end{cases}$$

$$t = 2,3,...$$

$$i \neq j$$

Hier ist wieder s_i' als kooperative und s_i'' als nichtkooperative Alternative im Gefangenen-Dilemma zu interpretieren. Für diese tit-for-tat-Strategie gilt, daß sie nur dann Gleichgewichtsstrategie sein kann gegen sich selbst, wenn Bedingung (4.18) bzw. (4.19) erfüllt ist. Der Anreiz zur Abweichung besteht dabei darin, immer nichtkooperativ zu spielen. Zusätzlich kann der Fall betrachtet werden (Taylor 1976:37, Axelrod 1981), daß im ersten (bzw. irgendeinem) Spiel nichtkooperativ gespielt wird und die tit-for-tat-Strategie danach beibehalten wird, so daß sich eine Alternation zwischen kooperativen und nichtkooperativen Wahlen bei beiden Spielern ergibt. In diesem Fall ist $\sigma_1(tft)$ eine beste Antwort auf $\sigma_2(tft)$, falls (σ_1' bezeichnet die abweichende Strategie)

(4.21) $\pi_1(\sigma(tft)) > \pi_1(\sigma_1', \sigma_2(tft))$.

Dabei ist der rechte Teil von (4.21), also die Auszahlung der abweichenden Strategie:

(4.22)

$$\pi_1(\sigma_1', \sigma_2(tft)) = \sum_{t=0}^{\infty} \alpha_1^{2t}\, U_1(a_2, b_1) + \sum_{t=1}^{\infty} \alpha_1^{2t-1}\, U_1(a_1, b_2)$$

$$= \frac{1}{1-\alpha_1^2}\; U_1(a_2, b_1) + \alpha_1 U_1(a_1, b_2)$$

Eine tit-for-tat-Strategie ist die beste Antwort auf eine tit-for-tat-Strategie, wenn neben (4.19) der folgende mit (4.21) äquivalente Ausdruck erfüllt ist:

(4.23)

$$\alpha_1 > \alpha_1^{**} = \frac{U_1(a_2, b_1) - U_1(a_1, b_1)}{U_1(a_1, b_1) - U_1(a_1, b_2)}$$

Diese Quantität α_1^{**} (allgemein α_i^{**}) hat nicht mehr eine dem Zeuthen-Prinzip analoge Interpretation wie die Bedingung α_1^{*}.

Es bleibt festzuhalten, daß eine tit-for-tat-Strategie genau dann eine Gleichgewichtsstrategie sein kann, wenn für beide Akteure i=1,2 (wegen der ordinalen Symmetrie kann aus α_1^* oder α_1^{**} sofort α_2^* und α_2^{**} angegeben werden) gilt:

(4.23a)
$$\alpha_i > \alpha_i^{***} = \max(\alpha_i^*, \alpha_i^{**}).$$

Die Voraussetzungen der Stabilität einer tit-for-tat-Strategie sind also strenger als die für eine σ^{coop}-Strategie vom (*)-Typ, wenn gilt

(4.24) $\alpha_i^* < \alpha_i^{**}$, bzw.

(4.25) $U_1(a_1,b_1) - U_1(a_1,b_2) < U_1(a_2,b_1) - U_1(a_2,b_2)$
und
$U_2(a_1,b_1) - U_2(a_2,b_1) < U_2(a_1,b_2) - U_2(a_2,b_2)$.

Bevor wir unsere Betrachtung des 2-Personen-Spiels abschliessen, seien noch Bemerkungen zu den Eigenschaften der unbedingten Superspielstrategien angefügt.

(1) Trivialerweise ist eine unbedingte Nichtkooperation sowohl Gleichgewichtsstrategie im konstituierenden als auch im Superspiel. Dieser Satz folgt aus Friedmans Lemma 8.1 (1977:177). Die unbedingte Nichtkooperation ist jedoch unter der Voraussetzung $\alpha_i > \alpha_i^*$ für i=1,2 ein Pareto-inferiorer Gleichgewichtspunkt.

(2) Es ist auch leicht einzusehen, daß eine unbedingte Kooperation, d.h. eine Superspielstrategie, die unabhängig von den vergangenen Handlungen des anderen Spielers die Wahl der kooperativen Alternative vorschreibt, keinen Gleichgewichtspunkt ergeben kann. Jede Abweichung liefert hier nämlich (für Periode t=τ) eine um
$$\alpha_1^{\tau-1} (U_1(a_2,b_1) - U_1(a_1-b_1)) > 0$$

höhere Auszahlung gegenüber der aus unbedingter Kooperation sich ergebenden Auszahlung.

Für die Untersuchung weiterer Superspiel-Strategien verweisen wir auf Taylor (1976), der zu dem Ergebnis kommt, daß eine notwendige Bedingung für die Existenz eines kooperativen Pareto-optimalen Gleichgewichtspunktes die Erfüllung der Bedingungen (4.18) und (4.19) ist, d.h. es muß für i=1,2 gelten $\alpha_i > \alpha_i^*$. Notwendig und hinreichend ist diese Voraussetzung im allgemeinen nur für den Punkt σ^{coop}. Es ist wichtig, daß neben einem kooperativen Gleichgewichtspunkt wie σ^{coop} oder σ(tft) und dem trivialen nichtkooperativen Punkt der unbedingten Nichtkooperation auch andere Pareto-optimale Gleichgewichtspunkte existieren können (vgl. Taylor 1976:40-41 für ein Beispiel).

Ein Merkmal von Superspielen ist nämlich allgemein, daß neben den nichtkooperativen Gleichgewichtsauszahlungen des konstituierenden Spiels praktisch auch sämtliche Pareto-optimalen Auszahlungen aufgrund von Gleichgewichtspunkten des Superspiels resultieren können. Dieses Ergebnis, das nicht nur für das Gefangenen-Dilemma, sondern auch für andere Institutionen-generierende Situationen bedeutsam ist, wird in dem in der spieltheoretischen Literatur als "Folk theorem" bekannten Satz zusammengefaßt (vgl. Aumann 1981:12, 32-33 u. passim; vgl. auch Friedmans 1977:178-179 Theorem 8.2 und Kap.8 passim; siehe auch z.B. Kaneko 1982). Superspiele sind damit Spielsituationen, in denen es in der Regel keine eindeutigen Gleichgewichtspunkte gibt und in denen es - je nach den gegebenen institutionellen Voraussetzungen - zu trivialen oder nichttrivialen Koordinationsproblemen kommen kann.

Bevor wir unsere Überlegungen zum Superspiel abschließen, seien noch einige Bemerkungen zum n-Personen-Spiel angeführt. Die naheliegende Verallgemeinerung des 2-Personen-Spiels ist die n-Personen-Version des Gefangenen-Dilemmas mit n entscheidenden (pivotal) Akteuren, die oben (4.5) als Spiel "Ego gegen alle anderen" bezeichnet wurde (vgl. Friedman 1977, Schotter

1981:80-86, Taylor 1976:47-51). Für ein aus diesem Spiel entstehendes Superspiel läßt sich eine Superspielstrategie vom Typ (*) angeben, indem die Bedingung in (4.16) so interpretiert wird, daß sie i's Kooperation vorschreibt, solange alle (n-1) anderen j=1,2,...,i-1,i+1,...,n kooperieren. Nimmt man an, daß alle n Akteure Superspielstrategien dieser Art berücksichtigen, dann ist die Superspielauszahlung für i (ausgedrückt in der von Taylor übernommenen Notation), die aus einem n-tupel
$\sigma^{coop} = (\sigma_1^{coop},...,\sigma_i^{coop},...,\sigma_n^{coop})$ resultiert:

(4.26)
$$\pi_i(\sigma^{coop}) = f(n-1) \cdot \frac{1}{1-\alpha_i}$$

Eine Abweichung des Spielers i ergibt eine Auszahlung $\pi_i^!$

(4.26a)
$$\pi_i^! = g(n-1) + g(0) \frac{\alpha_i}{1-\alpha_i} .$$

σ_i^{coop} ist eine beste Antwort genau dann, wenn

(4.27) $\pi_i(\sigma^{coop}) > \pi_i^!$.

Dieser Ausdruck ist äquivalent mit
(4.28)
$$\alpha_i > \alpha_i^* = \frac{g(n-1) - f(n-1)}{g(n-1) - g(0)}.$$

Diese Bedingung ist die n-Personen Analogie zu den Bedingungen (4.18) und (4.19), die wir oben für den 2-Personen-Fall angegeben und interpretiert haben.

Es liegt auf der Hand, daß auch im n-Personen-Gefangenen-Dilemma-Superspiel die unbedingte Kooperation aller n Spieler keinen Gleichgewichtspunkt ergibt, während die <u>un</u>bedingte Nichtkooperation auch im iterierten Spiel einen Gleichgewichtspunkt repräsentiert.

Taylor (1976:Kap.3.3) geht über dieses n-Personen-Spiel hinaus, indem er Superspiele untersucht, die sich aus konstituierenden Spielen nach Definition (4.4) zusammensetzen, in denen aber die Kooperation des Akteurs i nicht mehr von der Kooperation aller (n-1) anderen abhängt, sondern von einer Anzahl $k \leq (n-1)$. Dieser Parameter k entspricht Schellings o.g. kritischem Wert, der erreicht sein muß, um Kooperation profitabel zu machen. Es wird angenommen, daß für alle kooperativen Spieler i, die Mitglieder einer latenten kooperativen Koalition sind, gilt

$$f(k) > g(0),$$

wobei der Parameter k für alle gleich ist. Taylor (1976:45-51) zeigt, daß ein Gleichgewichtspunkt nur existieren kann, falls (1) die Anzahl (m-1) der Akteure, die kooperieren, genau mit der kritischen Größe übereinstimmt

$$k = m-1,$$

(2) die 'Koalition' der Kooperateure zumindest einen Akteur enthält, der <u>bedingt</u> kooperiert und (3) diejenigen Akteure, die kooperieren, Diskontparameter α_i verwenden, die den Wert α_i^* (oder für bestimmte Strategien einen anderen Wert) überschreiten. Im allgemeinen gilt, daß dieser Wert α_i^* im n-Personen-Spiel mit der Anzahl derjenigen wächst, die nicht kooperieren, weil dann die Vorteile der Kooperation (d.h. einer Internalisierung der externen Effekte) geringer werden. Ein wichtiges Ergebnis Taylors (ibid.) ist, daß rationales kooperatives Verhalten im n-Personen-Spiel auch dann entstehen kann, wenn es einige (n-k) Spieler gibt, die nicht kooperieren.

Die Grundidee der Taylorschen Analyse ist dabei, das n-Personen-Spiel so in zwei latente Koalitionen zu zerlegen, daß die kooperative Koalition einer ähnlichen Analyse unterzogen werden kann wie die Koalition aller Spieler im n-Personen-Spiel

"Ego gegen alle anderen". Im Unterschied zu einer solchen Situation kann es nach Taylor (vgl. 1976:46-51) eine Gleichgewichtsstrategie sein, unbedingt zu kooperieren, solange die Koalition der Kooperateure entscheidende (pivotal) Akteure enthält, die auf eine Abweichung von der unbedingten Kooperation so reagieren, daß die Größe der Koalition unter den Wert k fällt. Aber auch unbedingt kooperierende Akteure wählen nur dann diese Strategie, falls sie hinreichend hohe Diskontparameter besitzen. Unbedingte Kooperation kann, zusammenfassend gesagt, nur dann eine beste Antwortstrategie sein, wenn es einen funktionierenden Sanktionsmechanismus gibt, den diejenigen aufgebaut haben, die bedingt kooperieren. Mit einer Abweichung schädigt sich der unbedingt Kooperierende für ihn spürbar selbst.

4.3 Soziale Bedingungen der Kooperation

Bevor wir abschließend die Entwicklung von Gefangenen-Dilemma-Institutionen an Beispielen illustrieren, geben wir an dieser Stelle einige Hinweise für die Generierung testbarer qualitativer Hypothesen aus den oben angeführten spieltheoretischen Analysen.

In Gefangenen-Dilemma-Situationen kann die unbestimmt häufige Wiederholung eine Stabilisierung Pareto-optimaler, kooperativer Verhaltensregelmäßigkeiten bewirken. Die Funktion der Iteration liegt in Gefangenen-Dilemma-Situationen also v.a. in der endogenen Schaffung eines Sanktionsmechanismus zur Erzwingung kooperativen Verhaltens. Darüberhinaus kann eine Funktion der Iteration darin gesehen werden, die Entwicklung stabiler wechselseitiger Erwartungen über die Ausführung kooperativen Verhaltens zu fördern (vgl. oben Kap.3.2).

Voraussetzungen der Existenz kooperativer Nash-Gleichgewichtspunkte in einem Gefangenen-Dilemma-Superspiel sind:

(1) Eine hinreichend große Anzahl von Spielern muß <u>bedingte</u> Strategien, z.B. σ_i^{coop}, berücksichtigen. Die Kooperation i's ist abhängig von der Kooperation <u>aller</u> k (k≤n) Akteure, die sich (überhaupt) kooperativ verhalten.

(2) Der Diskontparameter eines jeden kooperativen Spielers i muß den Wert α_i^* überschreiten. Das gilt auch für die (wenigen) Akteure, deren beste Antworten in unbedingter Kooperation bestehen.

(3) Die in jedem 'klassischen' Spiel erforderliche Annahme der <u>vollständigen Information</u> ist auch eine Voraussetzung der Superspielanalysen. Man muß berücksichtigen, daß vollständige Information mehr beinhaltet als die Kenntnis der Auszahlungsfunktionen in jedem konstituierenden Spiel. Es ist erforderlich, daß jeder Spieler über die Superspielauszahlungen informiert ist und damit auch über die Diskontparameter eines jeden Spielers.

(4) Zu den Informationsvoraussetzungen gehört auch die einer in gewissem Grade <u>vollkommenen</u> (perfect) <u>Information</u>. Jeder bedingt kooperierende Akteur muß die Möglichkeit perzipieren, über den gesamten Verlauf des Superspiels informiert zu sein über die von allen anderen entscheidenden Akteuren ausgeführten Handlungen. Andernfalls entfällt nämlich die Anwendung von Sanktionen (in Form eigener Nichtkooperation), womit Anreize zur Nichtkooperation bei anderen Spielern enstehen.

(5) Die Bedingungen (1) bis (4) stellen lediglich die <u>Existenz</u> kooperativer Gleichgewichtspunkte sicher. Aufgrund des folk-theorems ergeben sich aber unter der Voraussetzung der Erfüllung der Bedingungen (1) bis (4) zahlreiche Pareto-optimale Gleichgewichtspunkte, zwischen denen die Spieler z.T. indifferent sein können. Einige dieser äquivalenten Strategievektoren sind dabei koeffektiv. Schotter (1981:63) nennt diese Gleichgewichtspunkte "disguised

equilibria", weil sie zwar auf unterschiedlichen Superspielstrategien beruhen, aber (sozusagen physikalisch) die gleichen Handlungen bzw. Auszahlungen ergeben (z.B. sind Gleichgewichts-n-tupel von kooperativen tit-for-tat- und (*)-Strategien u.U. koeffektiv). In einem strengen Sinn muß es im Gefangenen-Dilemma-Superspiel nicht zu Koordinations- oder Verhandlungsproblemen kommen, besonders wenn man die berücksichtigten Superspielstrategien einschränkt (wie bei Taylor 1976 oder Schotter 1981) oder gemischte Superspielstrategien nicht berücksichtigt. Man kann jedoch negativ sagen, daß die Auszeichnung des gewählten kooperativen Gleichgewichtspunktes dann keine Probleme der Strategien-Koordination aufwirft, wenn in der Population Koorientierung, d.h. sichere reziproke Erwartungen über die Wahl einer bestimmten kooperativen Gleichgewichtsstrategie, besteht. Gerade in Hinsicht auf die Herstellung von Koorientierung kommt den Modellvorstellungen Schotters (1981) besondere Bedeutung zu.

Hinsichtlich dieser Bedingungen erscheinen folgende Bemerkungen angebracht:

(Ad 1) Kooperation ist an die Voraussetzung bedingter Strategien geknüpft. Diese Abhängigkeit der Kooperation von der Kooperation anderer, die durch selbst geschaffene Sanktionsdrohungen (im Nash-Sinn) stabilisiert wird, widerspricht der Auffassung in der Tradition von Durkheim oder Parsons (vgl. oben Kap.2), wonach ein Commitment zu normativen Verpflichtungen zur Kooperation unbedingt, d.h. auch unabhängig vom Verhalten anderer erfolgen muß, um eine stabile Ordnung zu erzeugen. Tatsächlich reicht es hin, wenn egoistisch motivierte, rationale Akteure 'aus Berechnung' (expediency) ihre Kooperation so organisieren wie Tauschbeziehungen mit spot-Kontrakten: Jeder Akteur übergibt seine Ressourcen an einen anderen, sofern er davon ausgehen kann, daß der andere ihm auch die eigenen Ressourcen übergibt. Diese Organisationsform des Tauschs ist möglich durch die zeitliche Streckung.

Eine solche Möglichkeit bedingter Kooperation war im Prinzip bereits Hobbes bekannt (vgl. die ausführlichen Hobbes-Rekonstruktionen bei Taylor 1976:Kap.6), ist doch für Hobbes der Transfer individueller Freiheitsrechte an einen Leviathan eine Handlung, deren Rationalität darauf beruht, daß die anderen Akteure diesen Transfer ebenfalls vollziehen. Bemerkenswert ist die Tatsache, daß Parsons' eigene Analyse der Ordnungsproblematik im Rahmen seines 'Interaktionsparadigmas' eine beträchtliche Nähe zur spieltheoretischen Untersuchung der Rationalität bedingter Kooperation besitzt.

Parsons (1951:36-45, Parsons und Shils 1951:14-16, 105-107 u. passim) sieht in dyadischen Beziehungen zwischen Ego und Alter die elementarsten Formen sozialer Beziehungen. Aus Bausteinen wie diesen setzen sich auch komplexere soziale Systeme zusammen und Gesetzmäßigkeiten, die für die elementarsten Beziehungen gelten, finden sich nach Parsons auch dort. Das Hobbessche Ordnungsproblem besteht nun in solchen Dyaden darin, eine "order in the mutuality of motivational orientation to the normative aspects of expectations" (Parsons 1951: 36) zu erreichen, was deshalb für die Akteure problematisch ist, weil sie sich annahmegemäß in einem Zustand der 'doppelten Kontingenz' befinden (Parsons 1951:36). D.h., daß die Handlungen der beiden jeweils durch eine "tendency to the 'optimization of gratification'" (Parsons 1951:5) motivierten Akteure strategisch interdependent sind: "in the case of interaction with social objects a further dimension is added. Part of ego's expectation, in many cases the most crucial part, consists in the probable reaction of alter to ego's possible action, a reaction which comes to be anticipated in advance and thus to affect ego's own choice." (Parsons 1951:5). Dieses Problem einer 'doppelten Kontingenz' hat Parsons zufolge dann eine 'ordnungsbildende' Lösung, wenn ego und alter sich jeweils konform zu ihren komplementären Verhaltenserwartungen verhalten. Diese Konformität zu den komplementären (Rollen-) Erwartungen kann, wie Parsons ausführt, zunächst dadurch erreicht werden, daß es gemeinsame kulturelle Standards gibt, die es den Beteiligten ermöglichen, normative Erwartungen auszubilden. Die Konformität zu diesen Standards ist damit jedoch noch nicht sichergestellt. Kooperation der Akteure wird sich dann ergeben, wenn sie gelernt haben (via Sozialisationsprozesse innerhalb oder außerhalb der Dyade), daß es in ego's/ alter's Interesse liegt, sich genau dann an die normativen Erwartungen zu halten, wenn alter/ego sich ebenfalls konform verhält. Kooperation ist also zunächst kein kategorisches commitment zu Werten, sondern eine bedingte Kooperation, die beendet wird, sobald der andere seine Kooperation entzieht:

"Generally, in so far as the normative standards in terms of which ego and alter are interacting are shared and clear, favorable reactions on the part of alter will tend to be stimulated by ego's action conforming with the standards in question, and the unfavorable, by his deviating from them (and vice versa of course)" (Parsons 1951:37-38).

Genau dieser Aspekt der wechselseitigen Verhaltenssteuerung von ego und alter ist ein wesentliches Element der 'Institutionalisierung' der normativen Standards - nicht nur der Aspekt, daß Konformität inhärenter Wert (der Nutzenfunktion) eines Akteurs sein kann, oder daß eine 'dritte Instanz' Konformität überwacht und sanktioniert (vgl. sinngemäß Parsons 1951:38). Parsons hat also bereits das Hobbessche Ordnungsproblem in einer an die Spieltheorie anklingenden Sprache formuliert, und, was noch bedeutsamer scheint, einen Lösungsvorschlag für das strukturell dem Gefangenen-Dilemma analoge Interaktionsproblem gegeben, der im Kern die dargestellten kooperativen Lösungen iterierter nichtkooperativer Spiele enthält. Die Ausführungen Parsons' sind dabei nicht immer konsistent, manchmal vage und haben weder zur Generierung testbarer Konsequenzen geführt, noch sind sie von größerer systematischer Bedeutung für sein eigenes sonstiges Werk oder das seiner Epigonen. Auch neigt Parsons dazu, dieses Hobbessche Problem mit einem weiteren, Koordinations-Problem zu konfundieren, nämlich dem der "order in the symbolic systems" (Parsons 1951:36). Dieses Problem kann durch die Schaffung gemeinsamer Kommunikationsmedien, Regeln und kultureller Standards allein gelöst werden, weil es dabei nur um kognitive Koorientierung, aber nicht eine Änderung von Anreizstrukturen geht. Dennoch scheinen Parsons' Ausführungen rekonstruktionsfähig und mit spieltheoretischen Überlegungen vereinbar zu sein (vgl. auch die diesbezüglichen Bemerkungen Schwödiauers (1982) zum Konzept der 'latency').

(Ad 2) In seiner Auseinandersetzung mit den "utilitaristischen" Lösungen des Ordnungsproblems weist Münch (1982:47 u. passim) darauf hin, daß eine stabile Ordnung nicht auf rationaler 'Nutzenkalkulation' beruhen könne, sondern auf einer Anerkennung des 'Sakralen' gesellschaftlicher Ordnung beruhen müsse. Im Anschluß an Parsons' Kritik der "randomness of ends" führt Münch als Grund für das Versagen ökonomischer Erklärungen die Tatsache an, daß Präferenzen einem ständigen Wandel unterlägen. Etwas 'Konstantes' wie soziale Ordnung könne aber nicht durch instabile Präferenzen erklärt werden, weil sie sich je nach den Umständen schnell ändern könnten.

Die spieltheoretische Analyse der Bedingungen von Kooperation hat ergeben, daß eine bedingte Kooperation an die Voraussetzung geknüpft ist, daß die erwartete Dauer (bzw. die erwartete Stabilität) der Interaktionssituation groß ist, wobei sie dann um so größer sein muß, je geringer die externen Effekte im konstituierenden Gefangenen-Dilemma sind (vgl. oben Kap. 4.2). Nur dann ist sozusagen der erwartete Nettonutzen der Kooperation größer als der der Nichtkooperation. (Diese Ausdrucksweise ist etwas ungenau, da es hier nicht um Präferenzen geht, sondern um die Auswirkungen von stabilen Präferenzen auf Handlungsentscheidungen.) Es ist also völlig korrekt, daß die individuellen Abschätzungen der Größen α_i^*, die die Akteure vornehmen, sich mit "den Umständen" ändern. Daraus folgt, daß soziale Ordnung im Sinn endogen entstandener und stabilisierter kooperativer Ausgänge eines Gefangenen-Dilemmas nicht unter allen Umständen zu erwarten ist. Diese Eigenschaft der ökonomischen Analyse sozialer Institutionen ist aber keineswegs ein prinzipieller Mangel, wie Münch zu meinen scheint, sondern stellt ihre Erklärungskraft sicher. Im Unterschied zu einer "voluntaristischen Lösung" nach Parsons, die Kooperation aus unbedingten (möglicherweise lexikographischen) Präferenzen erklärt (vgl. Münch 1982: passim), für die Entstehung und Änderung solcher Präferenzen jedoch keine Hinweise liefern kann, ergeben sich aus der ökonomischen Theorie testbare Konsequenzen, wenn man näher untersucht, von welchen Faktoren die individuellen Abschätzungen der Größenordnungen von α_i^* abhängen.

Es ist noch darauf hinzuweisen, daß der Diskontparameter als ein Indikator dafür angesehen werden kann, ob die erwarteten Gewinne der Internalisierung externer Effekte die Kosten der Internalisierung übersteigen, sofern die externen Effekte darauf beruhen, daß die Akteure in einem Gefangenen-Dilemma sind (vgl. Demsetz' 1974 Internalisierungsthese; vgl. für eine Deutung dieser Situation als Gefangenen-Dilemma Lindenberg 1979). Die Idee, daß steigende externe Effekte Anreize zu institutionellen Änderungen, die Transaktionskosten reduzieren (im Fall des Gefangenen-Dilemmas Überwachungskosten), schaffen, läßt sich also unter Verwendung des hier dargestellten spieltheoretischen Intrumentariums rekonstruieren[6].

<u>(Ad 3, 4, 5)</u> Die Annahmen der Vollständigkeit und der (im genannten Sinn) Perfektion der Information wie auch der Existenz <u>konvergenter Erwartungen</u> legen die Idee nahe, daß Kooperation durch eine hohe interne Homogenität und Ähnlichkeit der Gruppe von Akteuren gefördert wird. Es müssen tendenziell Bedingungen vorliegen, die denen von Durkheims 'mechanischer Solidarität' entsprechen. Zumindest muß die Gruppe, folgt man der Theorie Schotters (1981), bereits eine gemeinsame Geschichte besitzen, damit sich solche konvergenten Erwartungen ausgebildet haben können. Aus der Theorie Schotters (1981:Kap.4) ergibt sich andererseits, daß diese gemeinsame Geschichte dann sozusagen "vergessen" werden kann, wenn solche stabilen konvergenten Erwartungen erst einmal bestehen. Diese Erwartungen (Normen) können dann auch leicht kommuniziert werden. Sie haben ähnliche Funktionen einer kostensparenden Vermittlung von Informa-

tion wie in Wettbewerbsmärkten die Preise (Schotter 1981:139 u. passim).

Eine naheliegende, aber spekulative Idee, wäre es, stärker noch als in Schotters Modell, die Funktion solcher Erwartungen darin zu sehen, eine Parametrisierung strategischer Situationen derart zu bewirken, daß die beiden genannten Informationsvoraussetzungen der Vollkommenheit bzw. Vollständigkeit abgeschwächt werden können. Die Akteure i verlassen sich nach dieser Vorstellung darauf, daß die zu dem Normvektor p passende Strategie (einer Erfüllung der Erwartungen p_i und der Wahl von $\sigma(*)$) tatsächlich eine beste Antwort auf das (n-1)-tupel von Strategien $\sigma^i(*)$ ist, das gemäß $(p_1,...,p_{i-1},p_{i+1},...,p_n)$ erwartet wird. Man könnte von Bayesianern, die unter Bedingungen unvollständiger Information entscheiden müssen, möglicherweise tatsächlich dieses Verhalten erwarten. Die 'wahre' Situation könnte dabei sogar so sein, daß vollständige Informationen aller Spieler das System zusammenbrechen ließe, weil die Bedingungen der Kooperation objektiv nicht erfüllt sind. Ein analoges Argument ließe sich möglicherweise auch für die Bedingung der Vollkommenheit der Information konstruieren.

Die Rationalität einer Erfüllung solcher im strategischen Nash-Sinn instabilen rationalen Erwartungsgleichgewichte könnte in einer Optimierung der Informationskosten gesehen werden. Jeder Akteur i geht in dieser Situation davon aus, daß jeder andere kooperiert, weil die Bedingungen der Kooperation gegeben sind und Kooperation Nash-Gleichgewicht des Superspiels ist, und das System nur dann nicht zusammenbricht, wenn i ebenfalls kooperiert. (Dabei schließt i aus den in den Normen komprimierten Informationen darauf, daß Kooperation seine beste Antwort ist.) Obwohl diese Vorstellung noch zu wenig ausgearbeitet ist und eine Präzisierung keine leichte Aufgabe wäre, kann man wohl davon ausgehen, daß empirische soziale Institutionen zu einem großen Teil auf diesen Vorgängen beruhen. (Intuitive Analysen finden sich z.B. bei Schelling 1960:Kap.4 oder Scheff 1967)[7].

Um zu illustrieren, wie die skizzierte Theorie der Entstehung und Stabilisierung kooperativer Gefangenen-Dilemma-Insitutionen zu Generierung testbarer, qualitativer Aussagen eingesetzt werden kann, sollen nun einige Bedingungen der Kooperation in herrschaftslosen Gemeinschaften (communities) angegeben werden (vgl. Abb. 4.3). Die Bedingung der Herrschaftslosigkeit soll dabei sicherstellen, daß die Gefangenen-Dilemma-Situation nicht ohne weiteres exogen gelöst werden kann (im Sinn von Kap. 3.2). Es existiert - jedenfalls für das betrachtete Gefangenen-Dilemma-Problem - kein wirksamer kooperativer Spielkontext in Form von erzwingbaren kollektiven Entscheidungsmechanismen oder Autorität usw. Als Beispiel für soziale Einheiten, auf die diese Bedingungen annähernd zutreffen, kann man sich primitive Gesellschaften vorstellen (vgl. als Übersicht z.B. Roberts 1981, vgl. auch Posner 1980). Herrschaftslosigkeit muß dabei nicht bedeuten, daß es keine Kommunikationshierarchien gibt, vielmehr können durchaus charismatische Führerfiguren oder Stammesoberste Koordinationsleistungen wahrnehmen, ohne daß die Randbedingungen des Modells (einer nichtkooperativen Gefangenen-Dilemma-Situation) verletzt sein müssen. Wesentlich ist nur die Annahme, daß es keine effektiven politischen Institutionen (mit den entsprechenden Herrschaftsstäben) gibt (vgl. z.B. Posner 1980:9).

Die wesentlichen problematischen sozialen Situationen, die in primitiven Gemeinschaften eine Rolle spielen können, entstehen Posner (1980:10-28) zufolge aus der technologischen Bedingung einer fehlenden Nahrungsmittellagerung (Bevorratung) und geringen Tauschmöglichkeiten mit anderen Gesellschaften. In dieser Situation ist es für alle Akteure vorteilhaft, Institutionen zu kreieren, die die Funktion haben, einzelne Akteure gegen Nahrungsmittelknappheit (Hunger) zu versichern, sofern alle Akteure gleichermaßen damit rechnen müssen, aufgrund exogener Faktoren von Ressourcenverknappung betroffen zu werden. Ein institutionelles Arrangement, das im Prinzip für alle Akteure vorteilhaft ist, wäre es, den Stamm (bzw. Clans, Familien) zu 'Unternehmungen' der wechselseitigen Versicherung gegen Risiken zu machen. Die involvierten Transaktionen beschreibt Posner (1980:10) so:

"In these circumstances a transaction whereby A, who happens to produce a harvest that exceeds his consumption needs, gives part of his surplus to B in exchange for B's commitment to reciprocate should their roles some day be reversed will be attractive to both parties."

Abgesehen von solchen Institutionen der Risikostreuung, kann man sich zahlreiche weitere Beispiele von Gefangenen-Dilemma-Situationen und -Institutionen vorstellen, z.B. die gemeinsame Verteidigung gegen Angriffe anderer Stämme, die Nutzung gemeinsamer Ressourcen usw. Auch Demsetz' Beispiel der Kreation privater Eigentumsrechte bei den Labrador-Indianern kann hier angeführt werden.

Unsere Darstellung theoretischer Überlegungen hat zu dem Ergebnis geführt, daß die kooperative Lösung von Gefangenen-Dilemma-Situationen von drei wesentlichen Bedingungen abhängt (vgl. zum folgenden Abb. 4.3). Erstens muß es in der Population Koorientierung darüber geben, worin in der gegebenen Situation überhaupt kooperatives Verhalten besteht (z.B. welches Verhalten eine Norm vorschreibt) und welche Institutionen in der Gemeinschaft stabile und eindeutige kooperative Lösungen des kollektiven Handlungsproblems sind. Zweitens ist für die Anwendung bedingter Strategien, d.h. die Funktionsfähigkeit eines endogen geschaffenen Sanktionsmechanismus, ein Mindestmaß an perfekter Information erforderlich. Diese beiden Bedingungen der Koorientierung und das Bestehen von Opportunitäten für eine Entdeckung und Sanktionierung abweichenden Verhaltens hängen von Faktoren wie der Möglichkeit von Kommunikation, der wechselseitigen Beobachtbarkeit und des Kontaktes ab, die ihrerseits wieder mit der Gruppengröße variieren. Das von Buchanan (1965b) bzw. Olson (1968) konstatierte "large numbers-dilemma" resultiert nicht zuletzt daraus, daß die Möglichkeit wechselseitiger Überwachung ceteris paribus mit wachsender Größe der Population abnimmt. Andere ökologische Bedingungen, wie Dichte der Besiedlung, fördern hingegen Überwachungs- und Kommunikationsmöglichkeiten. Die dritte theoretische Variable des Modells war der Diskontparameter, der genügend hoch sein muß, damit die erwarteten Erträge der Kooperation (die als Investition aufgefaßt wird) die Kosten (den Verzicht auf kurzfristige Vorteile) übersteigt. Der Parameter gibt die erwartete Dauer der Situation an. Bedingungen, die subjektive Einschätzungen dieses Parameters beeinflussen können, sind z.B. die Geschlossenheit der Gemeinschaft (Höhe der Austrittskosten) aufgrund ökologischer Bedingungen oder geringer Attraktivität von Alternativen. Die Größenordnung der externen Effekte, bzw. die "Stärke" des Dilemmas, wirkt sich so aus, daß sie den erforderlichen Schwellenwert des Diskontparameters herabsetzt. (In der Abbildung wird das vereinfachend durch einen positiv bewerteten Pfeil repräsentiert.)

Zu den in Abb. 4.3 zusammengefaßten qualitativen Hypothesen ist zu bemerken, daß sie weder eine ausgearbeitete Theorie der Kooperation artikulieren, noch in einem strengem Sinn in die Sprache regressionsanalytischer Modelle übersetzbar sein sollen. Es handelt sich um grobe Orientierungshypothesen, die aber vermutlich in verfeinerter und an die konkreten Randbedingungen angepaßter Form in ausgearbeitete Erklärungsskizzen eingehen würden. Verdeutlicht werden sollte lediglich die Möglichkeit, erklärende und testbare Aussagen aufgrund eines theoretischen Modells aufstellen zu können, das zunächst recht abstrakt erscheint. Zum anderen ergeben sich aus der Bedingung der Iteration und dem Diskontparameter testbare Aussagen, die mit konkurrierenden Ansätzen nicht generiert werden können, z.B. mit der Theorie kollektiver Güter nach Olson.

Abb.4.3: Soziale Bedingungen der Kooperation in Gemeinschaften.

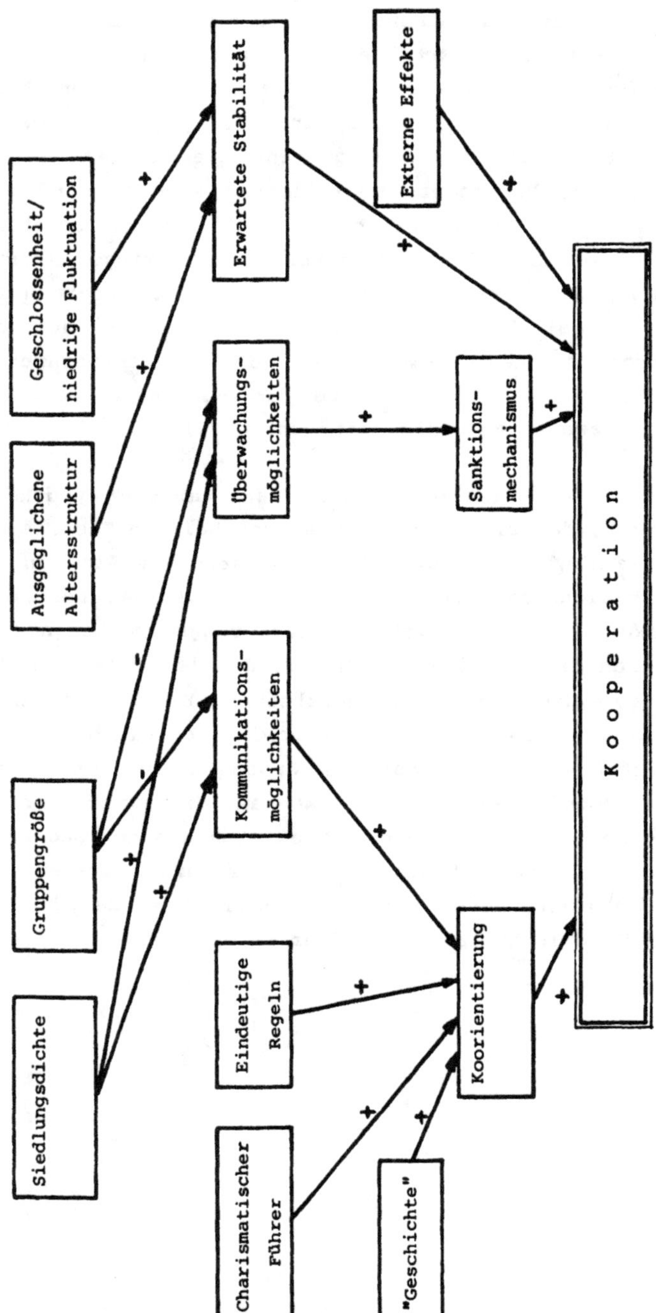

4.4 Normen der Reziprozität und Solidarität im sozialen Tausch

Bevor wir uns abschließend kurz der Frage nach den Bedingungen der Stabilisierung von Normen der Reziprozität und Solidarität im sozialen Austausch zuwenden, sind einige allgemeine Bemerkungen zur Entstehung sozialer Normen an Gefangenen-Dilemma-Situationen angebracht.

Die dargestellte Theorie der Stabilisierung von Gefangenen-Dilemma-Insitutionen ist keine spezifische Theorie der Entstehung sozialer Normen. Sie ist insofern in der Lage, soziale Normen zu erklären, als die - sozusagen 'technisch' ausgedrückt - kooperative Alternative in einem Gefangenen-Dilemma inhaltlich eine Handlung beschreiben kann, die darin besteht, einer Norm der Verpflichtung zu kooperativem, solidarischem usw. Verhalten zu folgen. Die konkrete 'Sollens'-Vorschrift einer Norm, die Art ihrer Vermittlung an die Normempfänger und dgl. sind nicht zentraler Gegenstand dieses Ansatzes. Bei diesen Aspekten handelt es sich vermutlich strukturell um Koordinations- oder Verhandlungsprobleme (vgl. oben Kap. 3.2). Auch Schotter (1981) verwendet einen Normbegriff, der v.a. auf diesen Koordinationsaspekt der Herstellung konvergenter Erwartungen abzielt. Die Tatsache, daß normative Vorschriften zur Kooperation in Gefangenen-Dilemma-Situationen in eindeutigen Regeln ausgedrückt sind und reziproke Erwartungen der Befolgung dieser Regeln bestehen, reicht jedoch in Gefangenen-Dilemma-Situationen nicht hin für die Erklärung einer stabilen Verhaltensregelmäßigkeit der Kooperation. Stabil sind nur Strategien, die auf Nash-Gleichgewichtspunkten beruhen und die Erklärung dieser Stabilisierung wird in Gefangenen-Dilemma-Situationen nicht durch den Hinweis geleistet, daß in den betreffenden sozialen Systemen eine Norm existiert, die eine entsprechende Handlung vorschreibt.

In ihrer Arbeit über die Entstehung sozialer Normen vertritt Ullmann-Margalit (1977: Kap.1) die These, daß Verpflichtungsnormen, also mit Sanktionen verbundene Vorschriften, die aufgrund ihrer effizienzfördernden Konsequenzen eine breite soziale Unterstützung besitzen, obwohl sie vorschreiben, gegen die unmittelbaren eigenen Interessen zu handeln, aus Situationen entstehen, die sie als 'verallgemeinerte Gefangenen-Dilemma-strukturierte Situationen' bezeichnet. Es handelt sich dabei im wesentlichen um eine iterierte Gefangenen-Dilemma-Situation, für die jedoch gilt, daß (vgl. ibid.:25-26, 46-47 u. passim):

(i) die Anzahl der Akteure groß und
(ii) unbestimmt ist,
(iii) der Grad der Anonymität und der individuellen Insignifikanz hoch ist und
(iv) eine Versuchung zur Nichtkooperation - zumindest in einigen Iterationen - relativ groß ist.

Ullmann-Margalit beschreibt damit Bedingungen, die in einem iterierten Gefangenen-Dilemma eine endogene Stabilisierung kooperativen Verhaltens unwahrscheinlich erscheinen lassen. Eine Situation dieser Art kann dann in die Richtung effizienter kooperativer Ausgänge verändert werden, wenn es exogene Sanktionen gibt oder wenn die Akteure altruistische bzw. moralische Präferenzen besitzen, die eine Anreizstruktur wie in einem Assurance-Spiel ergeben. Diese 'Erklärung' von Gefangenen-Dilemma-Normen ist quasi-funktionalistisch.

Eine Klasse von Normen, die hingegen endogen erklärt werden kann durch die den Akteuren vorgegebenen Anreizbedingungen, sind Reziprozitäts- und Solidaritätsnormen im sozialen Tausch. Man muß nicht auf externe sanktionierende Instanzen oder eine Internalisierung von Werten der Reziprozität zurückgreifen, um die Entstehung und Stabilität sozialer Tauschbeziehungen vorhersagen zu können. Die Auffassung Blaus, daß die in der Reziprozitätsnorm enthaltene Vorschrift einer Erwiderung von Transfers "merely reinforces and stabilizes tendencies inherent in the character of social exchange itself and (that) the fundamental starting mechanism of patterned social intercourse is found in the existential conditions of exchange" (Blau 1964:92),

kann dann näher geprüft werden, wenn man untersucht, ob die Bedingungen, unter denen sozialer Austausch abläuft, mit den sozialen Bedingungen der Kooperation in Gefangenen-Dilemma-Situationen übereinstimmen.

Wir wollen an dieser Stelle nicht die Hinweise aus Kap.2 wieder aufgreifen, aus denen deutlich wird, daß soziale Tauschbeziehungen relationale Transaktionen darstellen, die über unspezifiziert lange Zeitperioden hinweg ablaufen und in denen eine externe Überwachung weder möglich ist, noch aufgrund der Realisierung der Bedingungen kooperativen Verhaltens (kleine Gruppen, hohe Sichtbarkeit usw.) zur Erreichung der wechselseitigen Einhaltung von Versprechen erforderlich scheint. Die Theorie wiederholter Spiele legt zusätzlich einige qualitative Voraussagen nahe. Für paarweise Tauschtransaktionen, die wir als typische Anwendungsfälle der Reziprozitätsnorm ansehen, kann vermutet werden, daß in ihnen ceteris paribus die Bedingungen der Kooperation eher realisiert sein werden als in indirekten Tauschbeziehungen:

1. Tauschnetzwerke mit höherem Anteil dyadischer Beziehungen weisen eine höhere Stabilität (gemessen über die Proportion gebrochener Versprechen) auf als indirekte Tauschbeziehungen.

Einige weitere Hypothesen liegen auf der Hand (ceteris paribus):

2. Die Stabilität von sozialen Tauschnetzwerken steigt mit
   (i) der Interaktionshäufigkeit (Anzahl der Iterationen),

   (ii) dem Anteil von Akteuren mit hoher 'Verweildauer' im Netzwerk (z.B. Neulingen im System),

(iii) der Höhe der Austrittskosten,

(iv) dem 'Wert' der Spezialisierungs- und Kooperationsvorteile (der Höhe der externen Effekte),

(v) der Sichtbarkeit unkooperativen Verhaltens für Dritte (Mitglieder des Netzwerks).

Neben der Entwicklung von Reziprozitätsnormen kann die Stabilisierung von Solidaritätsnormen in indirekten Tauschbeziehungen als kooperative Lösung von iterierten n-Personen-Gefangenen-Dilemma-Situationen aufgefaßt werden[8)].

Das Modell eines altruistischen Austauschgleichgewichts, das Kurz (1977) konstruiert hat, ergibt für einen "Markt" von Akteuren, die unilaterale Transfers an andere Akteure leisten, daß "all instances of observed altruistic behavior are in fact equilibrium manifestations of a complex structure of altruistic exchange." (Kurz 1977:179). Die von Kurz formulierten Bedingungen sind die eines Superspiels. Die Superspielstrategie ist bei Kurz (1977:191) vom (*)-Typ und der (Nash-)Gleichgewichtscharakter des Altruismus beruht darauf, daß alle anderen (n-1) Akteure ebenfalls Altruisten sind und unilaterale Transfers leisten.

Es bleibt noch zu erwähnen, daß auch Autoritätsbeziehungen und deren Legitimation als Kooperation in Gefangenen-Dilemma-Situationen gedeutet werden können. Blau (1964:199-207,209,329 u. passim) faßt bestimmte Autoritätsbeziehungen, insbesondere in formalen Organisationen (im Anschluß an Weber), als indirekte Tauschbezeihungen auf. Die Anerkennung der Autorität eines Führers durch Mitglieder einer Gruppe wird dabei getauscht gegen die Wertschätzung der anderen Gruppenmitglieder (vgl. Abb. 4.4). In einer Arbeitsgruppe kann die Anerkennung der Autorität eines Vorgesetzten für jedes Gruppenmitglied Vorteile in Form besserer Arbeitsbedingungen bieten. Die Nichtanerkennung hingegen kann dem einzelnen Mitglied der Gruppe noch mehr

Vorteile bringen, wenn die anderen (n-1) die Autorität unterstützen und damit für die Gruppe die Freiräume erhalten, die die Vorteile der Legitimation sind. Das strukturelle Gefangenen-Dilemma wird durch einen endogenen Sanktionsmechanismus gelöst.

<u>Abb.4.4:</u> Legitimation von Macht als indirekter Tausch

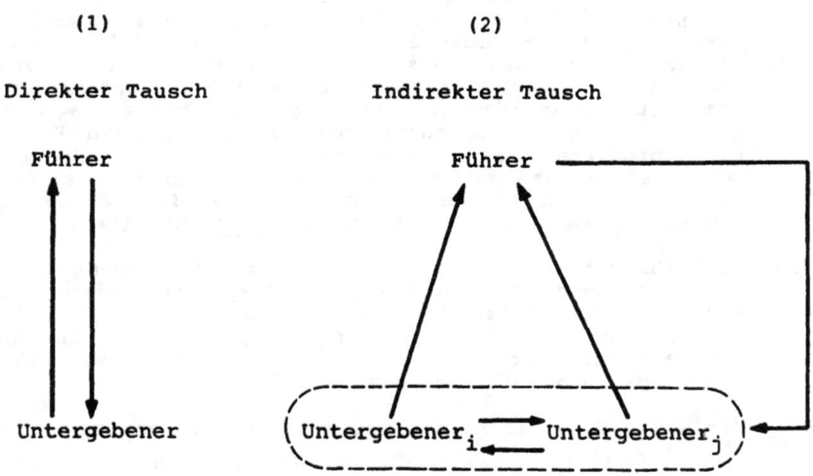

Anmerkungen

(1) Beweis von Satz (4.5):
Die mittlere Ungleichung ist genau Annahme (iii). Wegen (i) gilt auch für $\nu=n-1$ und für $\nu=0$ $g(\nu)>f(\nu)$. Daher gelten die beiden anderen Ungleichungen.

(2) Vgl. auch Hardin (1971:473-474). Ein ähnlich konzipiertes Spiel, bei dem allerdings "die anderen" keine Gefangenen-Dilemma Präferenzen besitzen, findet sich bei Ullmann-Margalit (1977: 50-52).

(3) Das Modell enthält unrealistische Linearitätsannahmen in bezug auf die Indifferenzkurven zwischen kollektivem und privatem numéraire-Gut sowie in bezug auf die Transformationskurve (bzw. Produktionsfunktion), die anzeigt, welche Menge des kollektiven Gutes mit einem gegebenen Input des privaten Beitrags (bzw. numéraire-Gutes) erzeugt werden kann (Taylor 1976:18). Konsequenz dieser Annahme ist,

daß in Abhängigkeit von der Art der Beziehung zwischen Gruppengröße (n) und dem Nutzen/Kosten-Quotienten r entweder Beitrag oder Nichtbeitrag zur Produktion des kollektiven Gutes dominante Strategie ist. Auch eine Modifikation mit variierenden individuellen Beitragsniveaus ergibt die beiden Ausgänge maximaler individueller Beiträge oder minimaler (Null-) Beiträge, wobei der letzte Fall ein n-Personen-Gefangenen-Dilemma repräsentiert (Taylor 1976:18). Wird die Linearitätsannahme für die Transformationskurve ersetzt durch die plausiblere abnehmender Skalenerträge, ist das Kollektivgutproblem nur unter sehr speziellen Voraussetzungen ein Gefangenen-Dilemma im klassischen Sinn (Taylor 1976:19-25). Eine systematische Untersuchung der Bedingungen, unter denen Kollektivgutprobleme - insbesondere solche, die soziologisch interessant sind - durch Gefangenen-Dilemma-Situationen repräsentiert werden können, existiert unseres Wissens nicht. Es bleibt Spekulation anzunehmen, daß die übrigen Kollektivgutprobleme, sofern sie nicht ohnehin unproblematische, effiziente soziale Interaktionssituationen sind, durch Spielsituationen repräsentiert werden können, die ein Harsanyi-Prisoners' dilemma-Paradox enthalten.

(3a) Vgl. für weitere Superspielanalysen von Gefangenen-Dilemma-Situationen, die zu ähnlichen Resultaten führen z.B. Shubik (1970), Telser (1980), Axelrod (1981, 1984), Kurz (1977), Hammond (1975); Radner (1980) verwendet zur Analyse analoger Situationen ein anderes Gleichgewichtskonzept; vgl. generell auch Aumann (1981).

(4) Die Gewichtung der Auszahlungen mit einem konstanten Faktor α^{t-1} ($|\alpha|<1$) hat natürlich die angenehme technische Konsequenz, daß die Superspielauszahlungen als konvergente geometrische Reihen dargestellt werden können.

(5) Axelrod (1981, 1984) liefert eine interessante Analyse der evolutionären Eigenschaften von tit-for-tat-Strategien. Tit-for-tat-Strategien sind optimal angepaßt, um in Umgebungen zu überleben, die aus Akteuren, die unterschiedliche Strategien (z.B. (*)-Strategien) anwenden, bestehen. Tit-for-tat-Strategien können unter bestimmten Vorausetzungen (hohe Dichte der Interaktionen mit anderen tit-for-tat-Strategien) in Populationen notorischer Nichtkooperateure einbrechen und kooperatives Verhalten verbreiten. Vgl. als anschauliche Zusammenfassung auch Hofstadter (1983).

(6) Einen Hinweis auf die Bedeutung der Größenordnung externer Effekte im Gefangenen-Dilemma gibt Lindenberg (1979), ohne dafür jedoch eine präzise Begründung anzugeben.

(7) Eine alternative Möglichkeit, diese Idee zu formulieren, könnte darin bestehen, daß einmal bestehende Konventionen Teil eines Stimulus-Response-Mechanismus (Leibenstein

1982:94) bzw. zu 'Gewohnheiten' im Sinn von Stigler und Becker (1977) werden. Solche Gewohnheiten können nach diesen Autoren auch dann zeitlich stabil sein, wenn sie in bestimmtem Sinn suboptimal sind (vgl. oben Kap.3.1).

(8) Einige sehr instruktive Beispiele für die Entwicklung von Solidaritätsnormen in sozialen Austauschbeziehungen elementarer Art und die 'produktiven' Vorteile von Solidarität für den Ausbau von Machtpositionen zwischen Gruppen gibt Popitz (1968). Die brillanten Schilderungen Popitz' sind unseres Erachtens fast sämtlich mit theoretischen Hypothesen erklärbar, die der ökonomischen Theorie sozialer Institutionen entstammen.

5. Schlußbemerkung

Ausgangspunkt unserer Untersuchung war die Frage nach dem Erklärungspotential der strukturell-individualistischen Theorien rationalen Handelns für eine ganze Klasse soziologischer Problemstellungen, nämlich die Erklärung sozialer Institutionen. Als "soziale Institution" wird dabei in erster Annäherung eine stabile Verhaltensregelmäßigkeit in einer Population von Akteuren bezeichnet, die in bestimmten, grundlegenden Situationen sozialer Interdependenz auftritt. Eine Beschränkung der Klasse von Situationen auf solche, in denen eine strategische Interdependenz der Individuen besteht, führt dazu, daß gewöhnliche Marktvorgänge allenfalls als triviale Grenzfälle erscheinen. Interessant sind nämlich insbesondere solche Institutionen, die weder - wie Regelmäßigkeiten des Verhaltens in vollkommenen Wettbewerbsmärkten - auf der spontanen Verfolgung (kurzfristiger) privater Interessen unter Berücksichtitung von Marktpreisen und Ressourcen als ("parametrischen") Restriktionen beruhen, noch auf der Anpassung an eine Regel oder Norm, die aufgrund der erwarteten Sanktionen dritter Instanzen (spezialisierte, "exogene" Erzwingungsstäbe) erfolgt.

Zu Beginn unserer Darstellung (Kap. 1) schienen allgemeine Bemerkungen über das strukturell-individualistische Programm einer Theorie rationalen Handelns in der Soziologie angezeigt. Zielsetzung dabei war die Herausarbeitung heuristischer und theoretischer Ideen, die geeignet erscheinen, einige naheliegende Einwände gegen Fruchtbarkeit und Durchführbarkeit des Programms zu entkräften. Ein im Kontext der vorliegenden Fragestellung zentrales Problem kann in der Konzeptualisierung regel-, norm- bzw. wertorientierten Verhaltens gesehen werden. Die prinzipiellen Möglichkeiten einer Behandlung dieser Fragen, die auch in der Literatur ausgeschöpft werden, gehen in zwei Richtungen. Die erste, prima facie naheliegende Auffassung bedeutet, Normen (und dgl.) als besondere Klassen von Präferenzen oder Nutzenargumenten anzusehen. Die Nutzenfunktion kann dabei eine gewöhnliche Nutzenfunktion (z.B. im Sinn der Neoklassik oder im Sinn von v.Neumann-Morgenstern) oder eine davon abweichende, im Extremfall lexikographische Funktion sein. Wie wir gezeigt haben (S. 27-30), ergeben sich aus der traditionellen (nicht-lexikographischen) Variante einer solchen Konzeption durchaus interessante Konsequenzen: unter sehr allgemeinen Bedingungen wird aufgrund von Opportunitätskosten die Konformität zu eine Norm (bei einem einzelnen Akteur) nicht vollständig sein. (Diese Ableitung ist für die Normen von Interesse, bei denen es einen Sinn macht, Grade ihrer Befolgung zu unterscheiden, z.B. Solidaritätsnormen). Auch zahlreiche weitere soziologische Problemstellungen könnten als vermittelt über Präferenzen und deren Veränderung konzeptualisiert werden: Wirkungen von Sozialisationsprozessen, "Gewöhnungs"-Effekte, Lebenszykluseffekte usw. Entscheidende Schwierigkeiten dieser Auffassung sind, wie wir festgestellt haben, in folgenden Gesichtspunkten zu sehen: (1) Die <u>Überprüfung</u> der Annahmen über die Präferenzen ist mangels praktikabler Meßverfahren in empirischen Untersuchungen schwierig. (2) Geht es um die <u>Erklärung</u> von Normwandel und folglich von Nutzenänderungen, dann dürften die Erklärungsbemühungen am Fehlen einer endogenen Theorie von Nutzenänderungen scheitern. Angesichts dieser Schwierigkeiten dürfte die Gefahr, im Rahmen dieses Ansatzes wenig informationshaltige Ad-hoc-Erklärungen zu liefern, die Verhaltensänderungen unmittelbar auf Präferenzänderungen zurückführen, groß sein. Es scheint uns daher angebracht, der von Gary Becker explizit vorgeschlagenen, implizit in der Tradition aber weitverbreiteten, forschungsstrategischen Empfehlung zu folgen, Verhaltensänderungen aus geänderten Umgebungsbedingungen, Opportunitäten und Restriktionen, der Ausstattung mit Ressourcen (Humankapital) und dem Optimierungsverhalten in bezug auf Informationen zu erklären. Die sich aus der Befolgung dieser Empfehlung ergebende <u>zweite Auffassung</u> basiert auf der Idee relativ stabiler und interpersonell ähnlicher Präferenzen und <u>erklärt</u> normorientiertes Verhalten, <u>Institutionen und institutionelle Änderungen aus</u> individuell rationalem, selbstinteressiertem <u>Anpassungsverhalten</u>

an gegebene (stabile bzw. sich ändernde) Verhaltensrestriktionen.
Damit sind auf der Ebene der Forschungsheuristik angesiedelte, relativ allgemeine Kriterien gewonnen, die die weitere Darstellung leiten.

Im zweiten Kapitel haben wir versucht, eine genauere Explikation der Problemstellung zu liefern. Nach einer knappen Skizze des für die theoretische Soziologie und Sozialphilosophie zentralen Hobbesschen Ordnungsproblems (S. 38-41), haben wir das zunächst von den Schottischen Moralisten vorgeschlagene Markt-Modell als eine naheliegende Lösung erläutert (S. 41-44). Dieses Modell hat gegenüber der Hobbesschen Zwangslösung den Vorteil, daß nicht auf eine externe Instanz (Leviathan) rekurriert werden muß, deren Enstehen und Stabilität theoretisch unerklärt bleibt. Entscheidende Schwächen der Markt-Lösung des Ordnungsproblems wurden von Durkheim gesehen. Ergebnis der von uns versuchten Rekonstruktion der Durkheim-These der 'nichtkontraktuellen Voraussetzungen des Vertrages' oder, allgemeiner ausgedrückt, der institutionellen Defizite des Markt-Modells, war eine Herausarbeitung der Klasse von Transaktionen, für die diese These Durkheims gilt. Abgesehen von simultanen spot-Kontrakten, die auch ohne unterstützende institutionelle Regelungen eine kurzfristige Stabilität oder "soziale Solidarität" aufweisen, entsteht in diskreten und relationalen Transaktionen ein Gefangenen-Dilemma-Problem, das darin besteht, daß jeder der Beteiligten einen Anreiz verspürt, den Vertrag zu brechen. Darüberhinaus hat Durkheim bereits die in bestimmten Klassen von Tauschtransaktionen auftretenden Koordinations- und Verhandlungsprobleme gesehen, die ebenfalls institutionelle Regelungen erfordern. Eine Betrachtung der Struktur von Transaktionen (bzw. unilateralen Transfers) in "sozialen Austauschbeziehungen" (S. 51-55) zeigt, daß die Aussagen Durkheims in diesem Fall eine besonders schwerwiegende Herausforderung an Vertreter eines "ökonomischen" Ansatzes darstellen. Sozialer Tausch besteht nämlich in der Regel aus "relationalen" Transaktionen, bei denen die Transfers sukzessive erfolgen. Es treten also auch hier Anreizprobleme auf. Diese Probleme können jedoch nicht wie im gewöhnlichen ökonomischen Tausch durch eine externe Instanz (Rechtsstab) gemildert werden. Eine ernstzunehmende Aufgabe der Theorie des sozialen Tauschs besteht darin, die Entwicklung und Stabilisierung von Tauschbeziehungen aus den sozialen Bedingungen des Tauschs "endogen" zu erklären.

Ein in Kapitel 3.1 gegebener Überblick zu Erklärungen sozialer Institutionen in Arbeiten zur Tauschtheorie (Gary S. Becker, Peter M. Blau, John W. Thibaut und Harold H. Kelley, George C. Homans) verdeutlicht, daß diese Aufgabe dort nur in Ansätzen geleistet wurde. Die Aussagen über die Entstehung von Normen (z.B. Reziprozitäts- und Solidaritätsnormen im sozialen Tausch) sind (insbesondere bei Blau) nicht immer konsistent und zum großen Teil als lediglich quasi-funktionalistisch anzusehen, insofern sie nämlich einige soziale Situationen identifizieren, die einen institutionellen Regelungsbedarf besitzen, aber nicht die sozialen Bedingungen und Mechanismen des Entstehens solcher Regelungen deutlich machen. Auch die Arbeiten aus der Institutionellen Ökonomie (Theorie der Eigentumsrechte, Transaktionskosten-Ansatz) argumentieren überwiegend quasi-funktionalistisch. Ihre Stärken liegen in inhaltlichen Beschreibungen der sozialen Situationen, die Institutionen generieren können. Ein in der Sprache der Mikroökonomie formuliertes zentrales Argument lautet dabei, daß Anreize zu institutionellem Wandel dann bestehen, wenn es in Situationen einer sozialen Interdependenz (pareto-relevante) externe Effekte und positive Transaktionskosten gibt. Institutionelle Änderungen haben die Funktion, diese externen Kosten zu vermindern.

Nach dieser Skizze einer Reihe von Erklärungsansätzen, die zwar untereinander Querverbindungen aufweisen, jedoch recht heterogen erscheinen, haben wir in den folgenden Schritten (Kapitel 3.2) auf dem Weg zu einer "endogenen Theorie des sozialen Tauschs" u.a. versucht, Gemeinsamkeiten dieser Ansätze herauszuarbeiten. Abgesehen von der erwähnten Tendenz, quasi-funktionalistisch zu argumentieren, beschreiben die Ansätze (z.T. recht unterschiedliche) Institutionen-generierende Situationen einer problematischen sozialen Interdependenz. Wir haben versucht, eine allgemeine Typologie solcher Situationen zu entwickeln. Sollen Situationen einer endogenen, "organischen" Entwicklung von Institutionen modelliert werden, scheint es naheliegend, Begriffe der nichtkooperativen Spieltheorie zu verwenden, da ein in vielen Anwendungen der Spieltheorie vorausgesetzter kooperativer Spielkontext gerade das zu Erklärende, nicht das als Randbedingung Vorauszusetzende, ist. Wir schlagen vor (S. 124-134), Harsanyis Kriterium des Prisoners' Paradox zur Bestimmung der Klasse Institutionen-generierender Situationen zu verwenden. Ein solches Harsanyi-Paradox kann auftreten in gewöhnlichen Gefangenen-Dilemma-Situationen, in Koordinationsspielen, in Verhandlungsspielen und in solchen Situationen, in denen Pareto-inferiore Ausgänge aufgrund bestimmter anderer Bedingungen (vgl. die Liste von Bedingungen, S. 131-132) resultieren. Damit ist ein heuristisches Kriterium gewonnen, das entsprechende andere, offensichtlich zu enge, Typologien von Ullmann-Margalit und Schotter als Spezialfälle enthält und das es zusätzlich möglich macht, den Konzepten der Pareto-relevanten Externalitäten und Transaktionskosten, sofern sie im Kontext unserer Fragestellung verwendet werden, größere begriffliche Schärfe zu verleihen.

Die folgenden Ausführungen dienten dem Ziel, soziale Bedingungen einer endogenen Entwicklung von Institutionen aus Institutionen-generierenden Situationen anzugeben. Grundidee ist dabei im Anschluß an Schotter, wiederholte Spiele zu betrachten und Gleichgewichtslösungen dieser Superspiele als Institutionen im Sinn der eingangs gegebenen Definition aufzufassen. Im übrigen ist der Hinweis wichtig, daß bei unseren Analysen die Annahme stabiler Präferenzen verwendet wird (S. 135-139). Am Beispiel von Koordinationssituationen versuchten wir dann, einige testbare Aussagen über soziale Bedingungen der Stabilisierung von Institutionen anzugeben (S. 141-155).

Im vierten Kapitel wendeten wir uns der für eine endogene Theorie des sozialen Tauschs wichtigen Frage der Entstehung von Reziprozitätsnormen zu. Die zugrundeliegende Spielsituation ist dabei die eines gewöhnlichen Gefangenen-Dilemmas. Ergebnisse dieser Abschnitte sind zunächst Übersichten über spieltheoretische Beschreibungen gewöhnlicher und wiederholter 2- und n-Personen-Gefangenen-Dilemma-Spiele. Im Unterschied zu einigen anderen Arbeiten zur Spieltheorie verfolgen wir das Ziel, aus den für die Existenz kooperativer Gleichgewichtspunkte im iterierten Gefangenen-Dilemma erforderlichen Bedingungen empirisch testbare Aussagen zu gewinnen. Diese Bedingungen der Kooperation sind kurz zusammengefaßt: 1. Die Akteure berücksichtigen bedingte kooperative Strategien. D.h. ein unbedingtes "kategorisches" commitment zu moralischen Normen ist nicht erforderlich. 2. Die wiederholte Interaktionssituation muß eine (unbestimmt) lange Dauer besitzen. 3. Die Stärke des Dilemmas (externe Kosten der Nichtkooperation) fördert das Auftreten kooperativer Ausgänge. 4. Das Bestehen kognitiver Koorientierung und sozialstruktureller Bedingungen, die die informationalen Voraussetzungen (vollkommene Information) der bedingten Strategien sicherstellen, sind weitere Bedingungen.

Am Beispiel der Kooperation in (anarchischen) Gemeinschaften ohne funktionsfähige kollektive Entscheidungsmechanismen (S. 205-208) haben wir einige Orientierungshypothesen entwickelt, die die Möglichkeit verdeutlichen, aus relativ abstrakt erscheinenden spieltheoretischen Annahmen systematisch testbare, qualitative Konsequenzen zu generieren. Diese Aussagen mögen z.T. wenig überraschend sein, es scheint aber wichtig zu betonen, daß sie aus einer systematischen, theoretischen Argumentation entwickelt wurden. Weitere Beispiele zu diesem Anwendungsbereich finden sich inzwischen bei Taylor (1982).

Die spieltheoretische Theorie der endogenen Entwicklung von Kooperation wirft auch neues Licht auf die Hobbessche Ordnungsproblematik (S. 200-203). Sie zeigt die restriktiven Bedingungen der Entstehung von sozialer Ordnung auf und ist sicher allein ungegeignet zur Erklärung der Stabilität globaler Makrosysteme. Ist aber erst einmal soziale Ordnung in Form von Reziprozitäts- und Solidaritätsnormen in kleinen Gruppen hergestellt, dann ermöglicht ein derart geschaffener kooperativer Spielkontext die Ingangsetzung und Steuerung weiterer Prozesse der Evolution sozialer Institutionen (Ausbildung von Ungleichheit und Machtunterschieden, Kooptation, Koalitionsbildungen usw.) und damit auch ein Größenwachstum sozialer Einheiten.

Abschließend zeigen wir kurz auf, wie die von Ullmann-Margalit (1981) vorgestellte Theorie der Normentstehung im Lichte unserer Analyse bewertet werden muß und geben als weiteres Ergebnis einige Hypothesen über die Entwicklung und Stabilität von Reziprozitäts- und Solidaritätsnormen in sozialen Tauschbeziehungen an. Damit sind die wesentlichen Ziele der Untersuchung zumindest in Ansätzen erreicht.

Einige der weiteren Forschungsfragen einer Theorie sozialer Institutionen lassen sich anknüpfend an die zuletzt genannten Punkte angeben. Eine wichtige Aufgabe wären systematischere Untersuchungen der sozialstrukturellen Bedingungen der Kooperation anhand empirischer Anwendungsbeispiele. Abgesehen von natürlichen Situationen wären bei empirischen Tests auch Laborexperimente möglich. Wenn auch viele Forschungsprobleme im Zusammenhang von sozialen Tauschbeziehungen in Gruppen über die Vorstellung paarweiser Interaktionsbeziehungen und damit eine Menge von 2-Personen-Spielen modellierbar sind (vgl. auch Axelrod 1984), ist es dringend erforderlich, die Theorie der n-Personen-Spiele weiterzuentwickeln. Auch die Zusammenhänge zwischen endogenen Institutionen und der weiteren Evolution anderer Typen sozialer Institutionen bedürfen weiterer Aufklärung. Bedeutsam dürften in diesem Zusammenhang u.a. ethnologische Arbeiten zur Staatsentstehung sein (vgl. für Hinweise Taylor 1982).
Eine weitere Gruppe von Fragestellungen ergibt sich aus unserem Kriterium für Institutionen-generierende Situationen. Dieses Harsanyi-Kriterium legt die Untersuchung der Struktur und

Konsequenzen solcher Situationen und institutionellen Lösungen nahe, die sich von den beiden hier vor allem behandelten (Koordination, Gefangenen-Dilemma) unterscheiden. Diese weiteren Situationen erfordern dabei z.T. andere Typen von Superspielstrategien, nämlich korrelierte.
Wenn unser Hauptinteresse einer empirischen Theorie sozialer Institutionen galt, so heißt dies nicht, daß Analysen dieser Art für moralphilosophische Probleme ohne Bedeutung seien. Das Progamm einer empiristischen Sozial- und Moralphilosophie, das z.B. schon von einigen der Schottischen Moralisten verfolgt wurde, verpflichtet nämlich gerade darauf, die "natürlichen Neigungen" (Moritz Schlick) der Akteure zu berücksichtigen, weil Moralprinzipien, die diesen Neigungen zuwiderlaufen, unwirksam bleiben müssen. Gerade für die Sozial- und Moralphilosophie ergeben sich vermutlich eine Reihe interessanter Problemstellungen und -lösungen aus der ökonomischen Theorie sozialer Institutionen (vgl. auch Kliemt 1983).

Literaturverzeichnis

Albert, H. (1978), "Nationalökonomie als sozialwissenschaftliches Forschungsprogramm", in: H. Albert et al., Ökonometrische Modelle und sozialwissenschaftliche Erkenntnisprogramme, Mannheim: Bibliographisches Institut, 49-71

Albert, H. (1979), "The economic tradition. Economics as a research programm for theoretical social science", in: K. Brunner (ed.), Economics and Social Institutions, Boston: Martinus Nijhoff, 1-27

Alchian, A. (1950), "Uncertainty, evolution and economic theory", Journal of Political Economy 58: 211-221

Alchian, A. (1965), "Some economics of property rights", Il Politico 30: 816-829

Alchian, A. (1974), "Corporate management and property rights", in: Furubotn und Pejovich 1974, 133-150

Alchian, A. und H. Demsetz (1972), "Production, information costs, and economic organization", American Economic Review 62: 777-795

Aldrich, H. (1982), "The origins and persistence of social networks: a comment", in: Marsden, P.V. und N. Lin (eds.), Social Structure and Network Analysis, Beverly Hills: Sage, 281-293

Anderson, T.L. und P.J. Hill (1975), "The evolution of property rights: A study of the American West", Journal of Law and Economics 18: 163-179

Arrow, K.J. (1965), "Insurance, risk and resource allocation", in: Aspects of the Theory of Risk-Bearing, Helsinki: Yrjö Jahnssonin Säätiö, 45-56

Arrow, K.J. (1971), "Political and economic effects of social effects and of externalities", in: M.D. Intriligator (ed.), Frontiers of Quantitative Economics, Amsterdam: Elsevier, 3-25

Arrow, K.J. (1974), The Limits of Organization, New York: Norton

Ault, D.E. und G.L. Rutman (1979), "The development of individual rights to property in tribal Africa", Journal of Law and Economics 22: 163-182

Aumann, R.J. (1981), "Survey of repeated games", in: Aumann, R.J. et al., Essays in Game Theory and Mathematical Economics, Mannheim: Bibliographisches Institut, 11-42

Axelrod, R. (1981), "The emergence of cooperation among egoists", American Political Science Review 75: 306-318

Axelrod, R. (1984), The Evolution of Cooperation, New York: Basic Books

Becker, G.S. (1976) The Economic Approach to Human Behavior, Chicago: The University of Chicago Press

Becker, G.S. (1979), "Economic analysis and human behavior", in: Lévy-Garboua, Louis (ed.), Sociological Economics, London: Sage, 7-24

Becker, G.S. (1981), A Treatise on the Family, Cambridge, Mass.: Harvard University Press

Ben-Porath, Y. (1980), "The f-connection: families, friends and firms and the organization of exchange", Population and Development Review 6: 1-30

Ben-Porath, Y. (1982), "Economics and the family - match or mismatch? A review of Becker's A Treatise on the Family", Journal of Economic Literature 20:52-64

Berman, S.M. und A. Schotter (1982), "When is the incentive problem real?", in: M. Deistler et al. (eds.), Games, Economic Dynamics and Time Series Analysis, Wien: Physica, 131-140

Berman, S.M. und A. Schotter (1983), "A duopoly model with endogenous leader-follower, follower-leader or follower-follower equilibrium conventions of behavior", International Journal of Game Theory (im Erscheinen)

Blalock, H.M. und P.H. Wilken (1979), Intergroup Processes, New York: Free Press

Blau, P.M. (1963), The Dynamics of Bureaucracy, Rev. Aufl., Chicago: University of Chicago Press (zuerst 1955)

Blau, P.M. (1964), Exchange and Power in Social Life, New York: Wiley

Blaug, M. (1980), The Methodology of Economics, Cambridge: Cambridge University Press

Borch, K.H. (1969), Wirtschaftliches Verhalten bei Unsicherheit, Wien: Oldenbourg

Borchardt, K. (1977), "Der 'Property Rights-Ansatz' in der Wirtschaftsgeschichte - Zeichen für eine systematische Neuorientierung des Faches?", in: J. Kocka (ed.), Theorien in der Praxis des Historikers, Sonderheft 3 von Geschichte und Gesellschaft, Göttingen: Vandenhoeck und Ruprecht, 140-160

Boudon, R. (1977), "Déterminismes sociaux et liberté individuelle", in: Effets pervers et ordre social, Paris: Presses Universitaires de France, 187-252

Boudon, R. (1979), "Generating models as research strategy", in: R.K. Merton et al. (eds.), Qualitative and Quantitative Social Research, New York: Free Press, 51-64

Bourricaud, F. (1977), L'individualisme institutionnel. Essai sur la sociologie de Talcott Parsons, Paris: Presses Universitaires de France

Buchanan, J.M. (1965a), "An economic theory of clubs", Economica 32:1-14

Buchanan, J.M. (1965b), "Ethical rules, expected values, and large numbers", Ethics 76: 1-13

Buchanan, J.M. (1975), The Limits of Liberty, Chicago: University of Chicago Press

Buchanan, J.M. und W.C. Stubblebine (1962), "Externality", Economica 42: 371-384

Buchanan, J.M. und G. Tullock (1962), The Calculus of Consent, Ann Arbor: University of Michigan Press

Buckley, W., T. Burns und L.D. Meeker (1974), "Structural resolutions of collective action problems", Behavioral Science 19: 277-297

Cheung, S. (1974), "The structure of a contract and the theory of a non-exclusive resource", in: Furubotn und Pejovich 1974, 11-30

Cheung, S. (1978), The Myth of Social Cost, London: Institute of Economic Affairs

Coase, R.H. (1937), "The nature of the firm", Economica 4:386-405

Coase, R.H. (1960), "The problem of social cost", Journal of Law and Economics 3:1-44

Coleman, J.S. (1964), "Collective decisions", Sociological Inquiry 34: 166-181

Coleman, J.S. (1966), "Individual rights and collective action", Papers on Non-Market Decision-Making 1:49-62

Coleman, J.S. (1972), "Systems of social exchange", Journal of Mathematical Sociology 2:145-163

Coleman, J.S. (1973), The Mathematics of Collective Action, London: Heinemann

Coleman, J.S. (1975), "Social structure and a theory of action", in: P.M. Blau (ed.), Approaches to the Study of Social Structure, New York: Free Press, 76-93

Coleman, J.S. (1982), "Systems of trust", Angewandte Sozialforschung 10 (3): 277-299

Coleman, J.S. (1983), "Recontracting, trustworthiness, and the stability of vote exchange", Public Choice 40:89-94

Collard, D. (1978), Altruism and Economy, Oxford: Robertson

Collins, R. und M. Makowsky (1978), The Discovery of Society, New York: Random House

Cook, K.S. und R.M. Emerson (1978), "Power, equity and commitment in exchange networks", American Sociological Review 43: 721-739

Dahlman, C.J. (1979), "The problem of externality", Journal of Law and Economics 22: 141-162

Davis, O.H. und A. Whinston (1962), "Externalities, welfare and the theory of games", Journal of Political Economy 70:241-262

Debreu, G. und H. Scarf (1963), "A limit theorem on the core of an economy", International Economic Review 4: 235-246

Demsetz, H. (1974), "Toward a theory of property rights", in: Furubotn und Pejovich 1974, 31-42

Downs, A. (1968), Ökonomische Theorie der Demokratie, Tübingen: Mohr (original 1957)

Durkheim, E. (1973), De la division du travail social, 9. Aufl., Paris: Presses Universitaires de France (zuerst 1893)

Durkheim, E. (1977), Über die Teilung der sozialen Arbeit, Frankfurt a.M.: Suhrkamp (übersetzt von L.Schmidts)

Ekeh, P.P. (1974), Social Exchange Theory, London: Heinemann

Elias, N. (1969), Über den Prozess der Zivilisation, 2 Bde., Bern: Francke, 2. Aufl.

Ellis, D.P. (1971), "The Hobbesian problem of order: a critical appraisal of the normative solution", American Sociological Review 36: 692-703

Elster, J. (1978), Logic and Society, Chichester: Wiley

Elster, J. (1979), Ulysses and the Sirens, Cambridge: Cambridge University Press

Emerson, R.M. (1976), "Social exchange theory", Annual Review of Sociology 2: 335-362

Eschenburg, R. (1978), "Mikroökonomische Aspekte von Property Rights", in: K.-E. Schenk (ed.), Ökonomische Verfügungsrechte und Allokationsmechanismen in Wirtschaftssystemen, Berlin: Duncker und Humblot, 9-27

Fararo, T.J. (1973), Mathematical Sociology, New York: Wiley

Frey, B.S. (1980), "Ökonomie als Verhaltenswissenschaft", Jahrbuch für Sozialwissenschaft 31: 21-35

Frey, B.S. und W. Stroebe (1980), "Ist das Modell des Homo Oeconomicus 'unpsychologisch'?", Zeitschrift für die gesamte Staatswissenschaft 136: 82-97

Friedman, J.W. (1977), Oligopoly and the Theory of Games, Amsterdam: North Holland

Frolich, N. und J. Oppenheimer (1978), Modern Political Economy, Englewood Cliffs, N.J.: Prentice-Hall

Furubotn, E. und S. Pejovich (eds.) (1974), The Economics of Property Rights, Cambridge, Mass.: Ballinger

Furubotn, E. und S. Pejovich (1974a), "Introduction: The new property rights literature", in: Furubotn und Pejovich 1974, 1-9

Furubotn, E. und S. Pejovich (1974b), "The Soviet manager and innovation: a behavioral model of the Soviet firm", in: Furubotn und Pejovich 1974, 203-216

Furubotn, E. und S. Pejovich (1974c), "Property rights and the behavior of the firm in a socialist state: the example of Yugoslavia", in: Furubotn und Pejovich 1974, 227-251

Goode, W.J. (1973), "A theory of role strain", in: Explorations in Social Theory, New York: Oxford University Press, 97-120 (zuerst 1960)

Gordon, H.S. (1975), "The economic theory of a common property resource: the fishery", in: H.G. Manne (ed.), The Economics of Legal Relationships, St. Paul: West Publishing Co., 413-436 (zuerst 1954)

Gouldner, A.W. (1973), "The norm of reciprocity: A preliminary statement", in: For Sociology, Harmondsworth: Penguin, Kap. 8 (zuerst 1960)

Hamburger, H. (1973), "N-person prisoner's dilemma", Journal of Mathematical Sociology 3:27-48

Hammond, P. (1975), "Charity: altruism or cooperative egoism?", in: Phelps 1975, 115-131

Hannan, M.T. (1982), "Families, markets, and social structures: an essay on Becker's Treatise on the Family", Journal of Economic Literature 20:65-72

Hardin, G. (1968), "The tragedy of the commons", Science 162: 1243-1248

Hardin, R. (1971), "Collective action as an agreeable n-prisoners' dilemma", Behavioral Science 16: 472-481

Hardin, R. (1980), "The emergence of norms", Ethics 90: 575-587

Hardin, R. (1982), Collective Action, Baltimore, Md.: Johns Hopkins University Press

Harsanyi, J.C. (1953), "Cardinal utility in welfare economics and in the theory of risk-taking", Journal of Political Economy 61: 434-435

Harsanyi, J.C. (1955), "Cardinal welfare, individualistic ethics, and interpersonal comparisons of utility", Journal of Political Economy 63: 309-321

Harsanyi, J.C. (1958), "Ethics in terms of hypothetical imperatives", Mind 67:305-316

Harsanyi, J.C. (1968), "Individualistic and functionalistic explanations in the light of game theory", in: I. Lakatos und A. Musgrave (eds.), Problems in the Philosophy of Science, Amsterdam: North Holland, 305-348

Harsanyi, J.C. (1975), "The tracing procedure: a Bayesian approach to defining a solution for n-person noncooperative games", International Journal of Game Theory 4: 61-94

Harsanyi, J.C. (1976), "Advances in understanding rational behavior", in: Essays on Ethics, Social Behavior, and Scientific Explanation, Dordrecht: Reidel, 89-117

Harsanyi, J.C. (1976a), "A bargaining model for social status in informal groups and formal organizations", in: Essays on Ethics, Social Behavior, and Scientific Explanation, Dordrecht: Reidel, 204-224 (zuerst 1966)

Harsanyi, J.C. (1976b), "Rational-choice models of political behavior vs. functionalist and conformist theories", in: Essays on Ethics, Social Behavior, and Scientific Explanation, Dordrecht: Reidel, 118-144

Harsanyi, J.C. (1977), Rational Behavior and Bargaining Equilibrium in Games and Social Situations, Cambridge: Cambridge University Press

Hayek, F.A. (1945), "The use of knowledge in society", American Economic Review 35: 519-530

Head, J.G. (1962), "Public goods and public policy", Public Finance 17: 197-219

Heath, A. (1971), "Review article: exchange theory", British Journal of Political Science 1: 91-119

Heath, A. (1976), Rational Choice and Social Exchange, Cambridge: Cambridge University Press

Hobbes, T. (1976), Leviathan, London: Everyman's Library (original zuerst 1651)

Hofstadter, D.R. (1983), "The prisoner's dilemma computer tournaments and the evolution of cooperation", Scientific American May 1983

Homans, G.C. (1958), "Social behavior as exchange", American Journal of Sociology 63: 597-606

Homans, G.C. (1961), Social Behavior, New York: Harcourt, Brace & World

Homans, G.C., (1964), "Bringing men back in", American Sociological Review 29: 809-818

Homans, G.C. (1974), Social Behavior, Rev. Aufl., New York: Harcourt, Brace, Jovanovich

Hutter, M. (1979), Die Gestaltung von Property Rights als Mittel gesellschaftlich-wirtschaftlicher Allokation, Göttingen: Vandenhoeck & Ruprecht

Kaneko, M. (1982), "Some remarks on the folk theorem in game theory", Mathematical Social Sciences 3: 281-290

Kliemt, H. (1983), Grundzüge einer empiristischen allgemeinen Theorie des Staates. Ein evolutionärer Erklärungsansatz, Habilitationsschrift, Universität Frankfurt (erscheint Freiburg: Alber, 1985)

Kliemt, H. und B. Schauenberg (1983), "Coalitions and hierarchies: some observations on the fundamentals of human cooperation", in: M.J. Holler (ed.), Coalitions and Collective Actions, Würzburg: Physica

Kunkel, J.H. (1975), Behavior, Social Problems, and Change. A Social Learning Approach, Englewood Cliffs, N.J.: Prentice-Hall

Kurz, M. (1977), "Altruistic equilibrium", in: B. Belassa und R. Nelson (eds.), Economic Progress, Private Values, and Public Policy, Amsterdam: North Holland, 177-200

Lehner, F. (1983), "Economists, sociologists, and the market", in: W. Sodeur (ed.), Ökonomische Erklärungen sozialen Verhaltens, Duisburg: Kooperative, 69-103

Leibenstein, H. (1982), "The prisoner's dilemma in the invisible hand", American Economic Review (Papers & Proceedings) 72(2): 92-97

Lewis, D. (1975), Konventionen, Berlin: de Gruyter (zuerst 1969)

Lindenberg, S. (1979), "Solidaritätsnormen und soziale Struktur", Ms, Rijksuniversiteit Groningen, (Papier für die Theoriesektion der DGS)

Lindenberg, S. (1980), "Marginal utility and restraints on gain maximization: the discrimination model of rational, repetitive choice", Journal of Mathematical Sociology 7: 289-316

Lindenberg, S. (1981), "Erklärung als Modellbau: Zur soziologischen Nutzung von Nutzentheorien", in: W. Schulte (ed.), Soziologie in der Gesellschaft, Bremen: Zentraldruckerei der Universität, 20-35

Lindenberg, S. (1982), "Sharing groups: theory and suggested applications", Journal of Mathematical Sociology 9:33-62

Lindenberg, S. (1983a), "The new political economy: its potential and limitations for the social sciences in general and for sociology in particular", in: W. Sodeur (ed.), Ökonomische Erklärungen sozialen Verhaltens, Duisburg: Kooperative, 7-66

Lindenberg, S. (1983b), "Utility and morality", Kyklos 36:450-468

Luce, R.D. und H. Raiffa (1957), Games and Decisions, New York: Wiley

Luhmann, N. (1972), Rechtssoziologie, Bd. 1, Reinbek: Rowohlt

Macneil, I.R. (1980), The New Social Contract, New Haven: Yale University Press

MacRae, D. (1978), "Review essay: the sociological economics of Gary S. Becker", American Journal of Sociology 83: 1244-1258

McKean, R.N. (1975), "Economics of trust, altruism, and corporate responsibility", in: Phelps 1975, 29-44

Menger, C. (1969), Untersuchungen über die Methode der Sozialwissenschaften und der politischen Ökonomie insbesondere, Tübingen: Mohr (zuerst 1883)

Merton, R.K. (1968), Social Theory and Social Structure, Erw. Aufl., New York: Free Press

Moore, J. (1974), "Managerial behavior in the theory of comparative economic systems", in: Furubotn und Pejovich 1974, 327-339

Mueller, D.C. (1979), Public Choice, Cambridge: Cambridge University Press

Münch, R. (1982), Theorie des Handelns. Zur Rekonstruktion der Beiträge von Talcott Parsons, Emile Durkheim und Max Weber, Frankfurt a.M.: Suhrkamp

Nelson, R.R. und S.G. Winter (1982), An Evolutionary Theory of Economic Change, Cambridge, Mass.: Belknap Press of Harvard University Press

Niskanen, W.A. (1971), Bureaucracy and Representative Government, Chicago: Aldine

North, D.C. (1971), "Institutional change and economic growth", Journal of Economic History 31: 118-125

North, D.C. (1981), Structure and Change in Economic History, New York: Norton

North, D.C. (1983), "Transaction costs, institutions and economic history", Ms, Paper presented at the Seminar on the New Institutional Economics, Mettlach/Saar, June 7-10

North, D.C. und R.P. Thomas (1970), "An economic theory of the growth of the Western world", Economic History Review 23: 1-17

North, D.C. und R.P. Thomas (1973), The Rise of the Western World, Cambridge: Cambridge University Press

Nozick, R. (1976), Anarchie, Staat, Utopia, München: mvg

Nurmi, H. (1977), Rationality and Public Goods, Helsinki: Societas Scientiarum Fennica

Oberschall, A. (1979), "Social exchange and choice", in: R.K. Merton et al. (eds.), Qualitative and Quantitative Social Research, New York: Free Press, 158-175

Olson, M. (1968), Die Logik des kollektiven Handelns, Tübingen: Mohr

Olson, M. (1969), "The relationship between economics and the other social sciences: the province of a 'Social Report'", in: S.M. Lipset (ed.), Politics and the Social Sciences, New York: Oxford University Press, 137-162

Olson, M. (1982), The Rise and Decline of Nations, New York: Yale University Press

Opp, K.-D. (1978), "Das 'ökonomische Programm' in der Soziologie", Soziale Welt 29: 129-154

Opp, K.-D. (1979), Individualistische Sozialwissenschaft, Stuttgart: Enke

Opp, K.-D. (1979a), "The emergence and effects of social norms", Kyklos 32(4): 775-801

Opp, K.-D. (1981), "The economic theory of social norms ('property rights') and the role of social structures and institutions", Archiv für Rechts- und Sozialphilosophie 67(3): 344-360

Opp, K.-D. (1982), "The evolutionary emergence of norms", British Journal of Social Psychology 21: 139-149

Opp, K.-D. (1983), Die Entstehung sozialer Normen, Tübingen: Mohr

Orbell, J.M. und L.A. Wilson (1978), "Institutional solutions to the N-prisoners' dilemma", American Political Science Review 72: 411-421

Owen, G. (1971), Spieltheorie, Berlin: Springer

Parsons, T. (1937), The Structure of Social Action, Glencoe, Ill.: Free Press

Parsons, T. (1951), The Social System, London: Routledge and Kegan Paul

Parsons, T. (1967), "Durkheim's contribution to the theory of integration of social systems", in: Sociological Theory and Modern Society, New York: Free Press, 3-34

Parsons, T. und E.A. Shils (eds.) (1951), Toward a General Theory of Action, Cambridge, Mass.: Harvard University Press

Phelps, E. (ed.) (1975), Altruism, Morality, and Economic Theory, New York: Russell Sage Foundation

Popitz, H. (1968), Prozesse der Machtbildung, Tübingen: Mohr

Popitz, H. (1980), Die normative Konstruktion von Gesellschaft, Tübingen: Mohr

Posner, R.A. (1977), Economic Analysis of Law, 2. Aufl, Boston: Little, Brown & Co.

Posner, R.A. (1980), "A theory of primitive society, with special reference to law", Journal of Law and Economics 23: 1-53

Radner, R. (1980), "Collusive behavior in noncooperative epsilon-equilibria of oligopolies with long but finite lives", Journal of Economic Theory 22: 136-154

Rapoport, A. und A. Chammah (1965), Prisoner's Dilemma, Ann Arbor, Mich.: University of Michigan Press

Rapoport, A. und M.J. Guyer (1966), "A taxonomy of 2x2 games", General Systems 11: 203-214

Raub, W. (1984), Rationale Akteure, institutionelle Regelungen und Interdependenzen. Untersuchungen zu einer erklärenden Soziologie auf strukturell-individualistischer Grundlage. Frankfurt a.M.: Peter Lang

Raub, W. und T. Voss (1981), Individuelles Handeln und gesellschaftliche Folgen, Darmstadt: Luchterhand

Rawls, J. (1971), A Theory of Justice, Cambridge, Mass.: Harvard University Press

Riker, W.H. und P.C. Ordeshook (1973), An Introduction to Positive Political Theory, Engelewood Cliffs, N.J.: Prentice-Hall

Roberts, S. (1981), Ordnung und Konflikt. Eine Einführung in die Rechtsethnologie, Stuttgart: Klett-Cotta

Samuelson, P.A. (1954), "The pure theory of public expenditure", Review of Economics and Statistics 36: 387-389 (zitiert nach dem Abdruck in: B.M. Barry und R. Hardin (eds.), Rational Man and Irrational Society?, Beverly Hills: Sage, 1982, 175-179)

Scheff, T.J. (1967), "Toward a sociological model of consensus", American Sociological Review 32: 32-46

Schelling, T.C. (1960), The Strategy of Conflict, Cambridge, Mass.: Harvard University Press

Schelling, T.C. (1978), "Hockey helmets, daylight saving, and other binary choices", in: Micromotives and Macrobehavior, New York: Norton (zuerst 1973)

Schoefield, N. (1975), "A game theoretic analysis of Olson's game of collective action", Journal of Conflict Resolution 14:181-193

Schoemaker, P.J.H. (1982), "The expected utility model: its variants, purposes, evidence and limitations", Journal of Economic Literature 20: 529-563

Schotter, A. (1981), The Economic Theory of Social Institutions, Cambridge: Cambridge University Press

Schotter, A. und G. Schwödiauer (1980), "Economics and the theory of games: a survey", Journal of Economic Literature 18: 479-527

Schumpeter, J.A. (1950), Kapitalismus, Sozialismus und Demokratie, Bern: Francke (original 1942)

Schwödiauer, G. (1982), "A game-theoretical approach to the analysis of social institutions", Ms, Paper prepared for the Ninth Interlaken seminar on Analysis and Ideology, May 31 - June 4

Sen, A. (1975) Ökonomische Ungleichheit, Frankfurt a.M.: Campus

Shubik, M. (1970), "Game theory, behavior, and the paradox of the prisoners' dilemma", Journal of Conflict Resolution 14: 181-194

Simon, H.A. (1955), "A behavioral model of rational choice", Quarterly Journal of Economics 69: 99-118

Simon, H.A. (1957), Models of Man, New York: Wiley

Simon, H.A. (1978), "Rationality as process and as product of thought", American Economic Review 68: 1-16

Smith, A. (1976), An Inquiry into the Nature and Causes of the Wealth of Nations, 2 Bände, eds.: Campbell, R.H. & A.S. Skinner, Oxford: Clarendon Press (1. Aufl. 1776)

Smith, T.E. und W. Yu (1982), "A prominence theory of context-sensitive choice behavior", Journal of Mathematical Sociology 8:225-249

Stigler, G. (1961), "The economics of information", Journal of Political Economy 69: 213-225

Stigler, G. und G.S. Becker (1977), "De gustibus non est disputandum", American Economic Review 67:76-90

Stinchcombe, A.L. (1968), Constructing Social Theories, New York: Harcourt, Brace and World

Taylor, M. (1976), Anarchy and Cooperation, London: Wiley

Taylor, M. (1982), Community, Anarchy and Liberty, Cambridge: Cambridge University Press

Telser, L.G. (1980), "A theory of self-enforcing agreements", Journal of Business 53: 27-44

Thibaut, J.W. und H.H. Kelley (1959), The Social Psychology of Groups, New York: Wiley

Thompson, E.A. und R.L. Faith (1980), "Social interaction under truly perfect information", Journal of Mathematical Sociology 7: 181-197

Thompson, E.A. und R.L. Faith (1981), "A pure theory of strategic behavior and social institutions", American Economic Review 71(3): 356-380

Turner, J.H. (1978), The Structure of Sociological Theory, Rev. Aufl., Homewood, Ill.: Dorsey

Tversky, A. (1972), "Elimination by aspects: a theory of choice", Psychological Review 79: 281-299

Tversky, A. (1975), "Critique of expected utility theory: descriptive and normative considerations", Erkenntnis 9: 163-173

Ullmann-Margalit, E. (1977), The Emergence of Norms, Oxford: Clarendon

Vanberg, V. (1983), "Der individualistische Ansatz zu einer Theorie der Entstehung und Entwicklung von Institutionen", in: E. Boettcher et al. (eds.), Jahrbuch für Neue Politische Ökonomie, Bd. 2, Tübingen: Mohr, 50-69

Vanberg, V. (1984), "'Unsichtbare-Hand Erklärung' und soziale Normen", in: H. Todt (ed.), Normengeleitetes Verhalten in den Sozialwissenschaften. Berlin: Duncker & Humblot (Schriften des Vereins für Sozialpolitik)

Voss, T. (1982), "Rational actors and social institutions: the case of the organic emergence of norms", in: W. Raub (ed.), Theoretical Models and Empirical Analyses, Utrecht: Explanatory Sociology Publications, 76-100

Voss, T. (1983a), "Rationale Akteure in der soziologischen Analyse", in: M.J. Holler (ed.), Homo Oeconomicus I, München: Leudemann, 89-106

Voss, T. (1983b), Besprechung zu Schotter, A., The Economic Theory of Social Institutions (1981), Kölner Zeitschrift für Soziologie und Sozialpsychologie 35: 154-156

Walster, E., E. Berscheid und G.W. Walster (1978), Equity Theory, Boston: Allyn & Bacon

Weber, M. (1973), Gesammelte Aufsätze zur Wissenschaftslehre, 4. Aufl., Tübingen: Mohr (zuerst 1922)

Weber, M. (1976), Wirtschaft und Gesellschaft, 5. Aufl. Studienausgabe, Tübingen: Mohr

Wegehenkel, L. (1980), Coase-Theorem und Marktsystem, Tübingen: Mohr

Weizsäcker, C.C. von (1983), "Adaptive Preferences", Ms, Paper presented at the Seminar on the New Institutional Economics, Mettlach/Saar, June 7-10

Williamson, O. (1974), "Managerial discretion and business behavior", in: Furubotn und Pejovich 1974, 109-132

Williamson, O.E. (1975), Markets and Hierarchies, New York: Free Press

Williamson, O.E. (1979), "Transaction-cost economics: the governance of contractual relations", Journal of Law and Economics 22: 233-261

Williamson, O.E. (1981) "The economics of organization: the transaction cost approach", American Journal of Sociology 87:548-577

Williamson, O.E. und W.G. Ouchi (1981), "The markets and hierarchies programm of research: origins, implications, and prospects", in: A. Van de Ven und W.F. Joyce (eds.), Perspectives on Organization Design and Behavior, New York: Wiley, 348-379

Wittman, D. (1982), "Efficient rules in highway safety and sports activity", American Economic Review 72(1): 78-90

Zablocki, B. (1980), Alienation and Charisma, New York: Free Press

Zerubavel, E. (1982), "The standardization of time: a sociohistorical perspective", American Journal of Sociology 88(1):1-23

Namenregister

Sachregister

Soziologie

Rolf Langeheine

Log-lineare Modelle zur multivariaten Analyse qualitativer Daten

Eine Einführung

1980. 124 Seiten

ISBN 3-486-50541-6

Andreas Diekmann

Dynamische Modelle sozialer Prozesse

Theoretische Ansätze zur Erklärung krimineller Prozesse und Möglichkeiten ihrer Formalisierung

Mit einem Vorwort von Heinz Renn

1980. XV, 316 Seiten

ISBN 3-486-50551-3

Heinz Renn

Die Messung von Sozialisierungswirkungen

1973. XII, 235 Seiten

ISBN 3-486-47821-4

Forschungsergebnisse bei Oldenbourg

Rolf Ziegler

Theorie und Modell

Der Beitrag der Formalisierung zur soziologischen Theorienbildung

1972. 319 Seiten

ISBN 3-486-47501-0

Oldenbourg

www.ingramcontent.com/pod-product-compliance
Lightning Source LLC
LaVergne TN
LVHW010549300926
849162LV00002B/281